中国法域外适用的理论构造

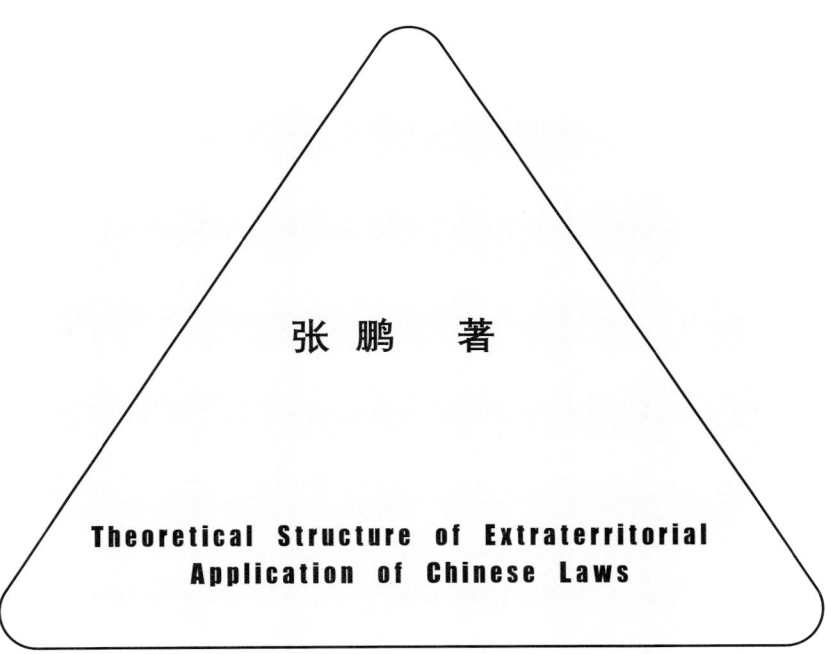

张 鹏 著

Theoretical Structure of Extraterritorial
Application of Chinese Laws

中国社会科学出版社

图书在版编目（CIP）数据

中国法域外适用的理论构造 / 张鹏著. —北京：中国社会科学出版社，2022.9（2024.9 重印）
ISBN 978-7-5227-0790-7

Ⅰ.①中⋯　Ⅱ.①张⋯　Ⅲ.①法律—研究—中国　Ⅳ.①D920.4

中国版本图书馆 CIP 数据核字（2022）第 154859 号

出 版 人	赵剑英
责任编辑	许　琳　高　婷
责任校对	谈龙亮
责任印制	郝美娜

出　　版	中国社会科学出版社
社　　址	北京鼓楼西大街甲 158 号
邮　　编	100720
网　　址	http://www.csspw.cn
发 行 部	010-84083685
门 市 部	010-84029450
经　　销	新华书店及其他书店

印刷装订	北京市十月印刷有限公司
版　　次	2022 年 9 月第 1 版
印　　次	2024 年 9 月第 2 次印刷

开　　本	710×1000　1/16
印　　张	17
字　　数	256 千字
定　　价	98.00 元

凡购买中国社会科学出版社图书，如有质量问题请与本社营销中心联系调换
电话：010-84083683
版权所有　侵权必究

序　言

何志鹏[*]

一国法律的域外适用是一个既具有实践性也具有理论性的问题。一国法域外适用首先涉及很多实践领域。其中最主要的是，一个国家在立法环节如何让本国的法律具有域外的管辖效力？这既涉及一系列的历史经验，也关系一系列的政治安排、技术设计，有时还会涉及法律体系自身的相容性问题。

一国法的域外适用是一个具有广泛实践基础的理论问题。因为很多国家的法律都会有域外的效力，其中最为传统深厚、角色鲜明的是民商事法律规范。民商事权利在很多国家被视为具有广泛应用性、在全球范围内都不会受到质疑的私权，基于西方近代以来被广泛认同的"私权神圣"的理念，国家之间会充分考虑和积极尊重自然人、法人、社会组织基于外国法所获得的权利。在这一理念基础上所形成的国际私法，现在已经成为各国都在积极推进，并且有着广泛教学研究的法律部门。而除了民商法之外，其他法律规范也都直接或间接的拥有域外效力。尤其是一个国家的经济、社会、文化事务的管理和约束，如果只能在本国范围之内生效，超越国界就归于消失，则不难想象，在这个跨国行动极为便利的时代，很多人都会以此为快捷方式，逃脱本来应当接受的监督和管理。同样，如果刑法没有域外效力，那么伤害一国国家利益、企业利益和个人利益的人，也可以通过遁形他国而躲过本来应当受到的制裁。这

---

[*] 何志鹏，吉林大学法学院院长，理论法学研究中心教授、公共外交学院教授，博士研究生导师。

种情况的出现和泛滥对于真正构建法治秩序显然是极为不利的。因此，古往今来，只要跨国交往数量增多，法律产生域外效力就是自然而然、理所当然的。在跨国交往成为不可或缺的全球时代、网络时代，法律的域外适用几乎成为法律系统运行中不可或缺的一部分。

从理论角度分析，一国法域外适用直接关涉的是国家主权的内涵和外延。值得我们深入思考的问题是，国家法律域外适用的动因何在？理性何在？作为国家主权的一部分，国家的立法、执法、司法管辖权的外部边界是什么？一个国家与另一个国家在管辖权出现了积极冲突的时候应当如何处理？在何种意义上，将本国的法律适用于外国的领土、外国人或者全球公共领域才不会被认为是侵犯了他国的主权，或者干涉了他国的内政？这些问题随着国际事务与局势的演进而不断变化，需要给出新的结论。

如果再将前述问题与具体案例相结合，就会发现：一国法的域外适用所涉及的理论问题数量繁多，不仅有基础层面的法律技术与法学原理问题，还有更为深入的跨学科延展，进而演变为政治学问题、经济学问题、社会学问题、哲学问题。例如：本国法在域外适用所付出的成本和所取得的代价是什么？国家在何种程度上可以付出现在和潜在成本？承担相关代价？在何种程度上则不存在承担成本、付出代价去推进本国法域外适用的机会？又如，一个国家允许外国法在本国适用其前提和基础何在？适用外国法所能够得到的正面回馈和负面回馈都有哪些？哪些法律才会有域外效力？域外适用会导致什么效果，对于一个国家的法律秩序呈现何种影响？这都是非常值得关注、深入探讨，并对于理论、学科、学术、话语产生广泛影响的理论问题。如果上述问题与国际法的各个领域、国际私法的各个方面结合起来，就会形成一个较为复杂的问题体系，也会逐渐积累形成一国法在外国适用所关涉的各方面思考问题的初步列表。

"我国法域外适用"这一概念提出的时间并不长，相关实践经验也显著不足。如何能做到让这一概念和相关制度安排既区分于我们所反对的、美式的以越界为表现、以霸权为本质的"长臂管辖"，又能够达到有效维护我国国家、企业和公民合法利益的法律适用目标，是值得我们细致观察、深入思考、认真研究的领域，也是需要法律理论界为实务界给出一个精细平衡、妥当行动区间的领域。对于这一领域的研究，显然有助于我国法域外适用方面的观念厘清、规范完善、实践改进。

本书作者张鹏研究员能够选取这一新生的理论和实践领域进行研究，本身就体现了强烈的学术探索勇气。与此同时，鉴于我国自身的实践经验相对缺乏，作者选取了数个国家的实践状况进行考察，以期为我国法域外适用的理论构造提供借鉴。正因为我国法域外适用的问题是一个新问题、新领域，很多方面还有待深入研究，所以本书作为较早出现的作品，显然会引领和推进大量的跟进和共鸣，形成这一领域的研究体系。通过聚集的研究逐渐跟进和完善思考框架，逐渐提升研究的水平，并为我国涉外法治理论和实践的推进贡献学术界的力量。以理论之深耕细作促实践之行稳致远，盖此之谓也。

2024 年 5 月 6 日

于怀柔 全国宣传干部学院

目　　录

导　言 …………………………………………………………………（1）

第一编　中国法域外适用及其影响力的实证分析

第一章　中国法在美加两国普通法中的适用现状与影响力 …………（9）
　　一　涉及中国法适用的美加两国普通法判例统计 ……………（10）
　　二　中国法与儒家传统文化域外影响力的对比 ………………（11）
　　三　中国法与其他国家法律域外影响力的对比 ………………（13）
　　四　适用中国法的需求来源 ……………………………………（14）

第二章　美加两国普通法对于中国法的误读与成因解析 ……………（17）
　　一　美加两国普通法对于中国法的误读 ………………………（17）
　　二　美加两国普通法误读中国法的主要成因 …………………（25）

第二编　美国法域外适用与域外管辖

第三章　美国国内法域外适用的域外管辖基础 ………………………（29）
　　一　域外管辖的概念界定与基本分类 …………………………（29）
　　二　超越属地管辖的域外管辖类型 ……………………………（31）
　　三　域外管辖的认定冲突 ………………………………………（34）
　　四　域外管辖的合法性前提 ……………………………………（36）

第四章　美国法域外适用与域外管辖的扩张检视 ……………………（38）
　　一　以国际关系为要的谨慎控制阶段 …………………………（38）

二　保留国际关注的松绑兴起阶段 …………………………………（40）
　三　无视国际关系的滥用阶段 ………………………………………（42）
　四　无视国际关系的退让阶段 ………………………………………（43）
　五　无视国际关系的恣意扩张阶段 …………………………………（45）

第五章　美国域外立法管辖及其限定 ……………………………………（48）
　一　宪法维度的界定与限制 …………………………………………（48）
　二　成文法解释的界定与限制 ………………………………………（52）
　三　冲突规范的界定与限制 …………………………………………（53）

第六章　美国域外司法管辖 ………………………………………………（57）
　一　宪法定位 …………………………………………………………（57）
　二　影响因素 …………………………………………………………（59）

第七章　美国法域外适用的司法限制：反域外适用推定 ………………（65）
　一　美国反域外适用推定的发展历史 ………………………………（66）
　二　美国反域外适用推定的适用标准 ………………………………（68）
　三　美国反域外适用推定的司法演变与内在缺陷 …………………（73）
　四　美国反域外适用推定的适用难点 ………………………………（78）

第八章　美国法域外适用的司法限制补充要素 …………………………（83）
　一　国际礼让 …………………………………………………………（83）
　二　合理性解释 ………………………………………………………（92）
　三　尊重行政机关意见原则 …………………………………………（93）

第九章　衡平法域外适用 …………………………………………………（96）
　一　衡平法域外适用的概念逻辑 ……………………………………（97）
　二　衡平法域外适用的命令类型 ……………………………………（98）
　三　衡平法域外适用的历史演进 ……………………………………（100）
　四　衡平法域外适用的规制拓展 ……………………………………（112）

五　衡平法域外适用的内在缺陷 …………………………………（113）
　　六　衡平法域外适用引发的潜在冲突 ……………………………（116）

第三编　美国法域外适用的国际争议与反措施

第十章　美国法域外适用的合法性争议与国际应对 ……………（121）
　　一　合法性争议 ……………………………………………………（121）
　　二　其他国家和地区出台阻断法 …………………………………（125）
　　三　国际习惯法的形成可能 ………………………………………（127）
　　四　国际组织的忧虑 ………………………………………………（128）

第十一章　域外管辖视角下的美国次级制裁及其合法性批判 ……（132）
　　一　次级制裁的基本界定 …………………………………………（133）
　　二　次级制裁的主要特征 …………………………………………（134）
　　三　次级制裁的功能考量 …………………………………………（136）
　　四　次级制裁的合法性批判 ………………………………………（137）
　　五　反对次级制裁的国际呼声 ……………………………………（143）

第十二章　反措施及其国际法依据 …………………………………（147）
　　一　反措施的缘起 …………………………………………………（147）
　　二　反措施的限定条件 ……………………………………………（149）
　　三　反措施与相关概念的区别 ……………………………………（158）
　　四　管辖权反措施的种类 …………………………………………（159）
　　五　管辖权反措施的合法性 ………………………………………（167）

第四编　反外国法域外适用的国际实践

第十三章　欧盟阻断立法 ……………………………………………（173）
　　一　欧盟阻断立法的历史发展 ……………………………………（173）
　　二　欧盟阻断立法的基本要求 ……………………………………（175）
　　三　欧盟阻断立法的适用对象 ……………………………………（176）
　　四　欧盟阻断立法的保护方式 ……………………………………（176）

  五 欧盟阻断立法的实施主体 …………………………………… (177)
  六 损失追偿机制 …………………………………………………… (178)
  七 例外授权申请机制 …………………………………………… (179)

第十四章 欧盟阻断法的适用进路 ……………………………………… (181)
  一 适用疑点一：外国制裁法的范围界定 …………………………… (183)
  二 适用疑点二：阻断法是否排除国内法上的合同终止权 …… (184)
  三 适用疑点三与适用疑点四：阻断法排除
    终止合同的无效判定 ………………………………………… (186)

第十五章 欧盟制裁制度 ……………………………………………………… (191)
  一 欧盟制裁制度的基本内涵 …………………………………… (191)
  二 欧盟制裁的分工合作机制 …………………………………… (193)
  三 欧盟制裁中的成员国责任 …………………………………… (194)
  四 欧盟制裁的"吹哨人"机制 ………………………………… (195)
  五 欧盟制裁的强化路径 ………………………………………… (195)

第十六章 加拿大阻断立法 …………………………………………………… (200)
  一 加拿大阻断美国次级制裁的斗争历史 …………………………… (200)
  二 《外国域外措施法》 ………………………………………… (205)
  三 1992年《外国域外措施（美国）令》 ………………………………… (207)
  四 2014年《特定外国域外措施（美国）令》 ………………………… (211)

第十七章 加拿大制裁措施体系 …………………………………………… (213)
  一 加拿大制裁的性质与种类 …………………………………… (213)
  二 加拿大制裁的规制对象 ……………………………………… (216)
  三 加拿大采用制裁措施的原因 ………………………………… (216)
  四 针对中国"新疆产品进口"的制裁措施被判定无效 ……… (219)

第五编 中国法域外适用的法理意蕴与体系构建

第十八章 中国法域外适用的法理意蕴 ……………………（223）
  一　中国法域外适用的概念范畴 ……………………（223）
  二　中国法域外适用的多重理论面向 ………………（227）
  三　中国法域外适用的立体效果 ……………………（230）

第十九章 中国法域外适用的立法体系 ……………………（233）
  一　中国法域外适用的立法模式 ……………………（233）
  二　中国法域外适用的立法进路 ……………………（234）
  三　阻断、反制立法及其衔接 ………………………（238）
  四　《阻断外国法律与措施不当域外适用办法》的适用进路 …（241）
  五　《反外国制裁法》的适用进路 …………………（246）

第二十章 中国法域外适用的司法体系 ……………………（250）
  一　遵循立法目的 ……………………………………（250）
  二　明确复杂涉外案件中焦点行为判断 ……………（251）
  三　明确司法解释在中国法域外适用中的有限效力 …（253）

第二十一章 提升中国法域外影响力的路径 ………………（256）
  一　中国法英译工作的自主化和专业平台建设 ……（256）
  二　打造中国法域外传播专业人才 …………………（258）
  三　推动具有国际影响力的中国法理论建设 ………（259）

后　记 …………………………………………………………（261）

导　言

中国法域外适用是习近平法治思想的有机构成，也是"统筹推进国内法治和涉外法治"的题中之意。① 党的十八大以来，以习近平同志为核心的党中央国高度重视我国法域外适用的法律体系建设。我国法域外适用已被载入党的文件和国家立法之中。纵观中国法域外适用的理论与实践发展历程，可归纳为四个主要阶段：一是理论准备阶段；二是正式提出阶段；三是融入涉外法治阶段；四是国家立法规定阶段。

第一阶段，是理论准备阶段。从中国知网（CNKI）的检索结果来看，最早提出的相关概念系个别部门法的域外适用问题。该数据库显示，以"域外适用"为篇名的第一篇论文刊发于1986年。② 自1986年－2017年底，共有以"域外适用"为篇名的论文129篇，涵盖经济法（主要体现为反垄断法、证券法）、刑法、民事诉讼法等领域。2018年1月刊载于《中国应用法学》的《中国法的域外适用现状与域外影响力研究》一文，从中国法的整体角度分析了域外适用效力与国际影响力问题。上述研究为中国法域外适用的概念形成提供了理论准备。

第二阶段，中国法域外适用概念被正式提出。2019年2月，习近平总书记在主持召开中央全面依法治国委员会第二次会议时，指出"要加快推进我国法域外适用的法律体系建设，加强涉外法治专业人才

---

① 《习近平在中央全面依法治国工作会议上强调 坚定不移走中国特色社会主义法治道路 为全面建设社会主义现代化国家提供有力法治保障 李克强主持 栗战书汪洋赵乐际韩正出席 王沪宁讲话》，《人民日报》2020年11月18日，第1版。

② ［日］小原喜雄：《经济法域外适用的法律原理》，雷法译，《现代外国哲学社会科学文摘》1986年第6期。

培养,积极发展涉外法律服务,强化企业合规意识,保障和服务高水平对外开放。"① 中国法域外适用概念就此正式提出。2019年10月31日,党的十九届四中全会通过的《中共中央关于坚持和完善中国特色社会主义制度 推进国家治理体系和治理能力现代化若干重大问题的决定》将"加快我国法域外适用的法律体系建设"载入党的文件。习近平总书记指出:"完善立法体制机制。坚持科学立法、民主立法、依法立法,完善党委领导、人大主导、政府依托、各方参与的立法工作格局,立改废释并举,不断提高立法质量和效率。完善以宪法为核心的中国特色社会主义法律体系,加强重要领域立法,加快我国法域外适用的法律体系建设,以良法保障善治。"② 2020年2月5日,在中央全面依法治国委员会第三次会议上,习近平总书记强调:"加快我国域外法适用的法律体系建设,加强国际法研究和运用,提高涉外工作法治化水平。"③

从这一阶段开始,中国法域外适用的理论研究进入快车道,《中国法学》在2019年第6期推出"国际法与'一带一路'法治"专题,刊载《中国法域外适用法律体系:现状、问题与完善》与《"长臂管辖权"的法理分析与对策研究》两篇论文。《法商研究》《环球法律评论》《政法论丛》《政法论坛》《国际法研究》等刊载多篇该领域的研究成果。《中国应用法学》于2020年第5期专题策划"中国法域外适用研究",推出《从司法视角看中国法域外适用体系的构建》等四篇论文。上述论文成为中国法域外适用研究深入推进的重要基础。

第三阶段,中国法域外适用被融入涉外法治范畴。2020年10月,党的十九届五中全会通过了《中共中央关于制定国民经济和社会发展第十四个五年规划和二〇三五年远景目标的建议》,明确提出了涉外法

---

① 莫纪宏、徐梓文:《善于运用法律武器维护国家利益 加强涉外法治体系建设》,《人民日报》2020年12月25日第9版。

② 《中共中央关于坚持和完善中国特色社会主义制度 推进国家治理体系和治理能力现代化若干重大问题的决定(2019年10月31日中国共产党第十九届中央委员会第四次全体会议通过)》,《人民日报》2019年11月6日第1版。

③ 《习近平主持召开中央全面依法治国委员会第三次会议强调 全面提高依法防控依法治理能力 为疫情防控提供有力法治保障 李克强栗战书王沪宁出席》,《人民日报》2020年2月6日第1版。

治概念，并在至少两个方面展开其规定性：一是我国涉外法律体系构建，要求"加强涉外领域立法"。二是要求提出"积极参与全球治理体系改革和建设，加强涉外法治体系建设，加强国际法运用，维护以联合国为核心的国际体系和以国际法为基础的国际秩序，共同应对全球性挑战"。2020年11月16日—17日，中央全面依法治国工作会议在京召开。习近平总书记在会上发表重要讲话，系统阐述了习近平法治思想。这篇重要讲话成为指导新时代全面依法治国的纲领性文献。此次讲话至少在两个维度强调涉外法治：第六部分"坚持建设中国特色社会主义法治体系"要求积极推进国家安全、涉外法治等重要领域立法；第九部分要求坚持统筹推进国内法治和涉外法治。"要加快涉外法治工作战略布局，协调推进国内治理和国际治理，更好维护国家主权、安全、发展利益。要强化法治思维，运用法治方式，有效应对挑战、防范风险，综合利用立法、执法、司法等手段开展斗争，坚决维护国家主权、尊严和核心利益。要推动全球治理变革，推动构建人类命运共同体。"[①] 2021年12月6日，习近平总书记在主持中共中央政治局第三十五次集体学习时强调："要坚持统筹推进国内法治和涉外法治，加强涉外领域立法，推动我国法域外适用的法律体系建设。要把拓展执法司法合作纳入双边多边关系建设的重要议题，提升涉外执法司法效能，坚决维护国家主权、安全、发展利益。"[②] 这些重要论述精辟阐明了中国法域外适用的丰富内涵、根本要求和重大意义，为推动中国法域外适用法律体系建设指明了前进方向。由此发展过程而言，中国法域外适用构成涉外法治的有机组成部分。

2022年10月，党的二十大报告有关中国法域外适用和影响力的内容至少涉及四个维度。第一，立法领域，加强涉外领域立法，统筹推进国内法治和涉外法治，以良法促进发展、保障善治。第二，健全国家安

[①] 《习近平在中央全面依法治国工作会议上强调 坚定不移走中国特色社会主义法治道路 为全面建设社会主义现代化国家提供有力法治保障 李克强主持 栗战书汪洋赵乐际韩正出席 王沪宁讲话》，《人民日报》2020年11月18日第1版。

[②] 《习近平在中共中央政治局第三十五次集体学习时强调 坚定不移走中国特色社会主义法治道路 更好推进中国特色社会主义法治体系建设》，《人民日报》2021年12月8日第1版。

全体系领域，强化经济、重大基础设施、金融、网络、数据、生物、资源、核、太空、海洋等安全保障体系建设。健全反制裁、反干涉、反"长臂管辖"机制。第三，增强中华文明国际传播力、影响力领域，加快构建中国话语和中国叙事体系，讲好中国故事、传播好中国声音，展现可信、可爱、可敬的中国形象。加强国际传播能力建设，全面提升国际传播效能，形成同我国综合国力和国际地位相匹配的国际话语权。第四，推动构建人类命运共同体领域，中国积极参与全球治理体系改革和建设，践行共商共建共享的全球治理观，坚持真正的多边主义，推进国际关系民主化，推动全球治理朝着更加公正合理的方向发展。

第四阶段，中国法域外适用被纳入国家立法规定。2023年6月28日通过、自2023年7月1日起施行的《中华人民共和国对外关系法》首次以法律形式写明中国法域外适用制度。该法第三十二条规定："国家在遵守国际法基本原则和国际关系基本准则的基础上，加强涉外领域法律法规的实施和适用，并依法采取执法、司法等措施，维护国家主权、安全、发展利益，保护中国公民、组织合法权益。"

从立法进路来看，中国法域外适用在国家立法中表现为三种模式：一是制定对外关系及其细分领域的专题立法，如《中华人民共和国对外关系法》与《中华人民共和国外国国家豁免法》；二是体现为立法专门章节，如《中华人民共和国民事诉讼法》专门设置第四编"涉外民事诉讼程序的特别规定"；三是体现为单独条款，如《中华人民共和国海洋环境保护法》《中华人民共和国体育法》等具体条款的规定之中。

从调整对象来看，中国法域外适用主要涵盖以下五个领域：第一类是明文规定中国法域外适用制度。又如，《中华人民共和国海洋环境保护法》第二条第三款规定：在中华人民共和国管辖海域以外，造成中华人民共和国管辖海域环境污染、生态破坏的，适用本法相关规定。第二类是针对国外遏制、打压我国所采取的反制和限制措施，如2021年通过的《中华人民共和国反外国制裁法》、商务部《阻断外国法律与措施不当域外适用办法》。其中，《中华人民共和国反外国制裁法》第三条第二款规定：外国国家违反国际法和国际关系基本准则，以各种借口或者依据其本国法律对我国进行遏制、打压，对我国公民、组织采取歧视性限制措施，干涉我国内政的，我国有权采取相应反制措施。阻断办法则明确了我国主体的报告义务、外国法律与措施不当域外适用的判定机制、禁令机制、豁免申请等。2022年修订的《中华人民共和国体育法》第一百二十条规定：任何国家、地区或者组织在国际体育运动中损害中华人民共和国主权、安全、发展利益和尊严的，中华人民共和国可以根据实际情况采取相应措施。第三类是因应国际法变化而作出的国内法转变。如长期以来，我国绝对国家豁免政策。但经过最近几十年发展，限制国家豁免制度已成为国际社会公认的法律制度。在此情况下，我国当事人如与外国国家发生商业纠纷，我方正当权益难以通过我国法院得到有效保护。同时，大部分国家实施限制国家豁免制度。这就形成外国法院可以管辖我国国家，而我国法院却不能管辖外国国家的不对等局面。为此，2023年制定出台的《中华人民共和国外国国家豁免法》适时调整国家豁免政策，将相关政策和法律制度从"绝对国家豁免"转向"限制国家豁免"。第四类是构建国家海外利益保护机制。如《中华人民共和国对外关系法》第三十七条规定：国家依法采取必要措施，保护中国公民和组织在海外的安全和正当权益，保护国家的海外利益不受威胁和侵害。国家加强海外利益保护体系、工作机制和能力建设。第五类是执法司法合作制度。又如《中华人民共和国对外关系法》第三十九条规定，我国同外国、国际组织在执法、司法领域开展国际合作。

党的二十届三中全会通过的《中共中央关于进一步全面深化改革、推进中国式现代化的决定》（以下简称《决定》）对于中国法域外适用作出了新的重要部署，充分体现出系统集成打造涉外法治体系的整体谋划。主要涉及五个方面：第一，立法领域。《决定》第九部分"完善中国特色社会主义法治体系"第三十三条"深化立法领域改革"中要求加强涉外领域立法。第二，适用领域。《决定》第九部分第三十七条"加强涉外法治建设"中规定，建立一体推进涉外立法、执法、司法、守法和法律服务、法治人才培养的工作机制。完善涉外法律法规体系和法治实施体系，深化执法司法国际合作。第三，国家安全领域。《决定》第十三部分"推进国家安全体系和能力现代化"第五十三条"完善涉外国家安全机制"中要求,强化海外利益和投资风险预警、防控、保护体制机制,深化安全领域国际执法合作,维护我国公民、法人在海外合法权益。健全反制裁、反干涉、反"长臂管辖"机制。第四,国际传播领域。《决定》第十部分"深化文化体制机制改革"第四十一条"构建更有效力的国际传播体系"中要求,加快构建中国话语和中国叙事体系,全面提升国际传播效能。第五,对外工作领域。中国法域外适用能够为《决定》中提出的"参与引领全球治理体系改革和建设"、推动构建人类命运共同体提供法治保障。

当前,世界百年未有之大变局加速演变,国际环境不稳定性不确定性明显上升,西方霸权国家愈加频繁地以其国内法实施"长臂管辖"和单边制裁。与此同时,我国日益走近世界舞台中央,在全球治理中发挥越来越重要的作用。加强中国法域外适用的法理研究,有利于夯实涉外领域立法的理论依据,为域外适用法律体系构建提供系统性指引,助力健全反制裁、反干涉、反"长臂管辖"法律法规和工作机制,丰富和完善对外斗争法律"工具箱",也为全球治理体系改革和建设提供中国智慧和中国方案。为此,本书从系统分析域外司法裁判对于中国法的主动引用与需求来源入手,回顾检视美国法域外适用与域外管辖的历史发展、司法标准、限制要素,深刻反思国内法域外适用所引发的国际争议,剖析总结国际法上克制美国长臂管辖的反措施依据,全面梳理加拿大、欧盟等国家和地区阻断、反制美国法域外适用、开展主动制裁的比较经验,力图为中国法域外适用的理论构造与体系构建贡献微薄之力。

第一编

中国法域外适用及其影响力的实证分析

习近平总书记强调中国社会科学要加强"话语体系"建设,集中讲好中国故事。① 国际话语权是话语权利与话语权力的统一结合:话语权利的内在面向重在确立中国作为讲述主体,坚实地站在自己的立场上发出自己的声音;话语权力的外在面向则侧重中国在国际话语体系中的支配权、影响力。② 话语权利是话语权力的根基,话语权力的建设为进一步推动话语权利建设提供了契机与动力。中国法学要真正提升世界影响力,必须走出"言必称西方"、照搬照抄西方道路的困境,获得独立发展。然而在这一目标的实现路径上,对于法学这样一个"西方拥有话语权的领域,非西方国家要拥有话语权,往往首先要把自己的研究纳入到西方话语体系中,在这个体系中争得一席之地。这就要求,非西方学者首先学会了解这个体系,用这个体系的符号系统说话,用世界或西方的眼光来研究中国法。"③ 深入西方法治实践的语境中评估中国法在域外所获得的关注、认同以及适用难点,将为中国特色社会主义法律体系国际话语权的提升获得更为从容的自信。本书选取美国和加拿大为样本,缘于中美、中加双边贸易关系的重要性,加强司法执法领域交流合

---

① 中共中央宣传部:《习近平总书记系列重要讲话读本》,学习出版社、人民出版社 2014 年版,第 102—104 页。
② 陈岳、丁章春:《国家话语权建构的双重面向》,《国家行政学院学报》2016 年第 4 期。
③ 朱景文:《比较法研究中的中国法——关于法律的地位和权力组织形式的思考》,《法学研究》2013 年第 4 期。

作的双边共识,以及美加两国最高法院对于中国法与中国文化的关注与引用。选取美加两国作为研究对象,可以集中反映出两国司法实践中当事人对于中国法的需求热点、中国法与美加两国法律的差异,以及国外司法界对于中国法的理解与争议,从而能够帮助我们更好地评估世界对于中国法的期待,帮助我们用国际通行的思维、语言及表达方式向世界清楚讲述中国法自己的故事,提升中国法的域外传播能力与全球话语权。①

---

① 张鹏:《中国法的域外适用现状与域外影响力研究——以美加两国普通法为例》,《中国应用法学》2018年第1期。

第一章 中国法在美加两国普通法中的适用现状与影响力

本部分将"中国法"作为与西方法律体系相对应的概念,涵盖我国广义上的法律法规规章、最高人民法院发布的案例判决和指导性案例。① 后者的纳入,主要原因在于西方,特别是以美国、加拿大等为代表的英美法在司法过程中注重借由中国司法判例来理解成文立法的逻辑进路和实际需求。"影响力",是指以特定的方式影响其他人或其他事物,并进而加以改变的能力。② 在此,中国法的域外适用及其影响力在以下两个层面展开:第一,域外司法裁判中对于中国法的被动需求,即案件争议涉及中国法的适用问题;第二,域外司法裁判中法院主动引用中国法作为司法推理依据。众所周知,过去几十年间,西方法律文化对中国影响甚深。但国内极少有学者关注中国法对其他国家法律已经产生的影响或者潜在的改变能力。国外有学者曾撰文指出中国文化和传统对美国法律体系所可能产生的影响,结论是在国际体系中中国所掌握的"权威杠杆"(authoritative leverage)将使得美国更容易接受中国思想的高压(coercion)或者诱导(inducements)。③ 但该研究单纯从中美两国的法律文化的差异出发,认定崛起的中国势必以高压态势强势影响美国法律未来的发展,这样的简单推论缺乏基本事实的支撑,对中国国际形

---

① 本部分暂未将我国港澳台地区法律纳入研究范畴。
② Mark A. Scott, "China's Influence on the American Legal System Resulting from China's Rise to Power", 32 *Suffolk Transnat'l L. REV.* 51 (2008).
③ Mark A. Scott, "China's Influence on the American Legal System Resulting from China's Rise to Power", 32 *Suffolk Transnat'l L. REV.* 51 (2008).

象也造成了负面影响。因此，本书采取实践进路，以美加两国普通法判例为样本，在域外司法实践中探寻中国法的域外适用状况、评估中国法的域外影响力。

一 涉及中国法适用的美加两国普通法判例统计

在"律商联讯（LexisNexis）"美国法律数据库的"联邦与各州判例法合集（Federal & State Cases, Combined）"子库（下简称"美国法律数据库"）中以"中国法（Chinese law）"为关键词查询，搜索结果共计99件案例。从法院系统分布来看，联邦法院审理85件，各州法院审理14件。从审级来看，最高法院审理3件，高级法院审理23件，初审法院审理73件。从地区分布来看，出自纽约州联邦或地方法院的案例最多，达到32件；加利福尼亚州次之，为11件；佛罗里达州共计9件；其余来自伊利诺伊州、俄亥俄州、康涅狄格州等等。另外，以"law of china"为关键词查询，搜索结果为164件案例，其中出自联邦法院127件、各州法院37件。在"加拿大法律信息学会（CANLII）"法律数据库（下简称"加拿大法律数据库"）中以"中国法（Chinese law）"为关键词搜索，[①] 共有193件案件。从法院系统分布来看，其中146件出自联邦法院，47件出自地方法院。从审级分布来看，在联邦法院系统内部，出自最高法院2件、联邦上诉法院4件、联邦法院40件、另有100件移民案件出自加拿大移民与难民委员会（Immigration and Refugee Board of Canada）及移民上诉部门；地方案件中，分别为安大略省23件、英属哥伦比亚省21件、纽芬兰与拉布拉多省1件。再以"law of China"为关键词查询，共有81件案例，出自联邦法院61件、地方法院20件。

[①] 加拿大法律信息学会数据库是由加拿大联邦法律协会成员创办的非营利性组织，是加拿大最权威的法律数据库之一。参见"About CanLII"，https://www.canlii.org/en/info/about.html，2022-06-19。

综合对比而言，涉及中国法适用的美加两国普通法判例具有以下特点：第一，两国法院对中国法一词的指称使用了不同的英译词汇，且使用频率不同。美国法院更多使用"law of China"，而加拿大法院则更多使用"Chinese Law"。第二，从案例出处来看，出自两国联邦法院的占大多数。各省或州法院审理的案件数量则仅为联邦判例的六分之一至三分之一左右。第三，从案件类型的统计结果来看，加拿大判例以移民类案件为主，占到总数的三分之二强；而美国有所不同，移民判例只有12件，其他大多数案件是以合同等商事纠纷为主。造成这一差别的主要原因是美加两国案例公布大数据的限制。加拿大移民与难民委员会和移民上诉部门的裁决被收录并公布在加拿大法律数据库中；而美国移民局与行政上诉办公室案件被单独收录，并未出现在美国法律数据库"法律原始文献资料"（即美国联邦和各州的判例）中，而是单独纳入"行政资料"数据库的"行政决定"之中。在"行政资料"之下"联邦移民机构决定""移民先例决定""移民无先例决定"三个子数据库中查询，共有100件案例涉及中国法适用问题。这一数量与出自加拿大移民与难民委员会和移民上诉部门的案件数量完全相同。如果将移民行政案件从加拿大判例的统计结果中剔除，则涉及中国法的两国判例的统计结果极为相似。第四，两国内部各省或州的判例数量的统计结果与双边贸易的繁荣程度及对法律服务的需求状况基本呈现正比例状态。在美国，涉及中国法案件最多的纽约州、加利福尼亚州、佛罗里达州，最大进出口贸易伙伴均是中国。[①] 加拿大涉及中国法的案件绝大多数出自于与中国贸易最为密切、同样也是中国移民最多的两个省——不列颠哥伦比亚省和安大略省，仅有一件案例出自两省以外的其他地区。

二 中国法与儒家传统文化域外影响力的对比

儒家传统文化，不仅仅在历史上、在有限的地域范围内对世界其他

---

① Andy Kiersz,"Every State's Biggest International Trading Partner", http://www.businessinsider.com.au/state-trading-partners-map-2016-10, 2016-12-21.

国家和地区产生过影响。当今，英美法判例中仍然能找到其踪影。[①] 例如，2015 年美国最高法院在 *Obergefell v. Hodges* 一案中，引用《礼记》中"礼，其政之本与"来支持同性婚姻权利的证成。无独有偶，加拿大最高法院在 *R. v. Nette* 一案中亦曾引用儒家经典学说。四位大法官在少数判决意见中引用孔子"名不正，则言不顺；言不顺，则事不成；事不成，则礼乐不兴"的名言来论证正确语言的使用对于法律推理的重要性，从而拒绝接受五位多数法官创新出的关于恶意杀人罪的新的因果关系证明标准。[②] 从普通法判例整体来看，美国法律数据库中有 123 件案例引用了儒家学说。这一数字与"中国法"在同一数据库中的引用数量相当。存在较大差距的是来自美国最高法院的判例，其中有 5 件引用了儒家思想，而仅有 1 件引用了中国最高人民法院判决。再从加拿大法律数据库的统计结果来看，仅有 6 件普通法判例直接引用了儒家学说。从审级分布情况来看，联邦法院引用 2 次，地方法院引用 4 次。这一数量远远低于"中国法"在同一数据库中的引用数量。概括起来，从美国判例的数据统计来看，中国法的影响力略逊于传统儒家文化；而在加拿大，情况却恰恰相反。

在加拿大，有一特殊情况值得关注：儒家经典语句成为判例的总结性标注。例如，在 *DDI Diamonds Direct Inc. et al v. Raney and Dhanji* 一案中，被告人因首饰质量问题向加拿大珠宝监督机构写信举报原告，结果被原告向法院控告其诬陷，被告则反诉原告违反合同并实施了故意欺诈。法院查明，举报信内容私密并未公开，被告也并未恶意行事，因而该诉讼纯因沟通有误所引起，最终诉讼被法院驳回。法官 Randall Wang 恰如其分地引用孔子名言"听讼、吾犹人也。必也、使无讼乎"对本案进行了概括总结。同样，在 *Vancouver City Savings v. Cawker* 一案中，Marilynne 的父母与其作为共同申请人从金融机构获得抵押贷款，但在该抵押贷款续约时，贷款利率发生了实质性改变；而且续约时申请人签

---

① 除了儒家经典，加拿大法院偶有引用中国谚语。例如，在 *Mesgarlou v. 3XS Enterprises Inc.* 一案中，安大略省高级法院引用中国"赢了官司输了钱"一语来说明民事诉讼的风险性。参见 *Mesgarlou v. 3XS Enterprises Inc.*，[2003] O. J. No. 15。

② *R. v. Nette*，2001 SCC 78。

名处仅有 Marilynne 一人的签字，法院因此推定其父母对续约及贷款条件的实质性变更并不知情，最终法院判决 Marilynne 的父母不对新的贷款合同负担法律责任。法官 Randall Wang 以《论语·里仁》中"以约失之者鲜矣"告诫该金融机构如若未尽到谨慎通知义务，则应自负其责。[①] 目前，中国法尚未能够起到上述作用。

三　中国法与其他国家法律域外影响力的对比

如果说中国法相对于中国儒家传统文化在美加两国的普通法判例中影响力尚且旗鼓相当或差距不大，那么当我们将其他国家法律纳入研究对象时，横向差距就凸显出来。以德国和法国为例，尽管与美加两国分属不同法系，其法律却引起了美加两国的高度重视。在美国法律数据库中搜索，"德国法"一词共计出现在 1616 件判决之中；"法国法"则出现 2093 次。这一结果是中国法被引用频率的十倍甚至二十倍有余。在加拿大法律数据库中搜索，比较结果并未展现出上述同样的巨大差异，但差距仍不容忽视："德国法"出现在 195 件判例中（含加拿大移民与难民委员会案件 9 件）；"法国法"的统计结果则为 449 次（含加拿大移民与难民委员会案件 9 件）。如果将移民行政案件统一剔除在外，则德国法与法国法的引用数量是中国法的两至四倍左右。

再来看其他国家最高法院判决在美加两国普通法中的被引用情况，法国最高法院的判例在美国法律数据库中的引用统计结果高达 77 件。同样作为发展中国家、兼采大陆法系与英美法系之长的南非，1995 年才开始正式运转的该国宪法法院的判例得到了美加两国法院的广泛引用。具体表现为：加拿大最高法院在 22 件判决中加以引用；美国最高法院在 9 件判例中予以采用。横向比较之下，美加两国最高法院对我国最高人民法院判决的引用仅各有 1 例。

总而言之，中国法在美加两国普通法中获得了不同程度的关注。尤其是中国最高人民法院的判例被加拿大最高法院"主动"引用（下一

---

① *Vancouver City Savings v. Cawker*, 2002 BCSC 1793.

部分详述），可以说取得了历史性的突破。但在总体上，中国法与传统儒家文化的输出状况不容乐观。尤其与德国、法国和南非等其他国家横向比较时，中国法的域外影响力显然处于落后地位。

四 适用中国法的需求来源

中国法最直接的域外适用需求来自于解决司法纠纷的需要。按照需求来源和影响力程度的不同，主要区分为以下两类情况：第一类是中国法作为案件争议焦点，中国法能否适用、如何理解、如何适用全然依赖当事人提供的专家证言等证据；第二类是中国法直接构成法院进行司法推理的依据。

前一类案件对于中国法的需求缘于美加两国法官没有法定义务主动查明案件所涉中国法。加拿大最高法院在 *Hunt v. T&N plc.* 一案中指出：普通法中外国法的内容是事实问题，应当由初审法官依据当事人提供的证据查明。[1] 在美国，对《联邦民事程序规则》第44.1条的理解存在争论，[2] 但是无论成文法还是普通法均未规定法官有义务主动查明外国法。如在 *Rotec Indus., Inc. v. Mitsubishi Corp.* 等案件中，由于当事人未能提供中国法的相关证据，其适用中国法的主张被法院驳回。[3] 该类案件又可被分为单一式查明和复合式查明两种。前一种方式仅仅涉及中国法律文本的适用。例如，在 *In Step Software, LLC v. Instep（Beijing）Soft-*

---

[1] *Hunt v. T&N plc*, [1993] 4 SCR 289.

[2] 《联邦民事程序规则》第44.1条规定："当事人意欲提出关涉外国法的问题，应主动申请或采取其他合理的书面通知方式。法院为决定外国法问题，可以考虑任何相关材料，不论其是否为当事人所提供，也不囿于《联邦诉讼规则》所规定的可接受的证据范围。法院对外国法问题之决定，应被视为对法律问题的裁决。"Arthur R. Miller 和 Aurora Bewicke 等学者认为，该条规定让美国初审法院法官既可依据当事人及其专家证人提交的证据，也可依据自己主动收集的证据来查明外国法的内容。See Arthur R. Miller, "Federal Rule 44.1 and the 'Fact' Approach to Determining Foreign Law: Death Knell for a Die-Hard Doctrine", *Michigan Law Review* (1967), p.690; Aurora Bewicke, "The Court's Duty to Conduct Independent Research into Chinese Law: A Look at Federal Rule of Civil Procedure 44.1 and Beyond", 1 *East Asia Law Review* (2005), p.97.

[3] *Rotec Indus., Inc. v. Mitsubishi Corp.*, 181 F. Supp. 2d (2002).

ware Co., Ltd. 中，案件焦点之一即是被告在中国是否具备独立法人人格。原告提供了有关中国《公司法》和《中外合资经营企业法》的专家证言，最终获得法院的采信。复合式查明，则是由于美加两国法院采用普通法的推理模式，同时分析中国法成文立法及相应法院判决，在案例分析中掌握中国成文立法条款的相应解释。如在 Global Material Techs., Inc. v. Dazheng Metal Fibre Co. 一案中，美国地方法院采信当事人提供的有关中国《民事诉讼法》第 111 条和中国最高人民法院判例的专家证言：中国最高人民法院在美国 EOS 工程公司诉新绛发电公司一案（（2003）民四终字第 2 号）与黄金假日诉携程机票预订一案（（2007）民三终字第 4 号）裁定中明确的"一事不再理"原则，"当事人在提起的民事诉讼已获得人民法院终审判决后，又基于同一标的和相同的被告，再次向人民法院提起民事诉讼的，应按不符合受理条件裁定驳回起诉"。[①] 在司法实践中，有极少数美国法院走得更远，会根据当事人所提供的有关中国法信息的引用出处，进一步查询该引用所指向的详细内容。如在 Rapoport v. Asia Elecs. Holding Co., Inc. 一案中，原告提交了被告的招股说明书和《华盛顿邮报》的文章以证明被告违反了中国法的规定，但未给法院提供相应中国法的详细内容，法院主动查明了这两份材料内容。[②] 又如在 Trans Chem. Ltd. v. China Nat'l Mach. Imp. & Exp. Corp. 一案初审中，美国地方法院在中国法专家证言的基础上搜索和研究中国法，并据此判断中国法的具体含义。[③] 上述法院虽然在表面上主动采取行动，但中国法查明的基础仍然是当事人所提供的信息出处，因而不宜被认定为突破了前述普通法规则。

相对而言，第二类案件可谓凤毛麟角，中国法不再是被动出现，而是由法院主动查明，并构成司法推理的组成部分。唯一出现在研究视野的案例是加拿大最高法院审理的 Tercon Contractors Ltd. v. British Columbia (Minister of Transportation & Highways) 一案（下简称"Tercon"案）。

---

① Global Material Techs., Inc. v. Dazheng Metal Fibre Co., 2015 U. S. Dist. LEXIS 57778.
② Rapoport v. Asia Elecs. Holding Co. Inc., 88 F. Supp. 2d 179, 184 (S. D. N. Y. 2000).
③ Trans Chemical Ltd. v. Chinese Nat'l Mach., 978 F. Supp. 266 (1997).

在判决中，四位法官在判决意见中引用中国三鹿奶粉案的判决结果，以论证合同免责条款仅有在压倒一切的公共政策考量因素出现时的极端情况下方能被拒绝执行。① 这无疑是令人鼓舞的，中国案例开始进入域外国家最高法院的视野，并且成为司法推理的组成部分。这也是在本书中中国法域外影响力迄今为止奏响的最强音。事实上，美加两国法院很少接受本国以外的判例。美国法的自我定位是全球法律输出端，直至 2003 年美国最高法院在 *Lawrence v. Texas* 和 *Grutter v. Bollinger* 两个案件中引用了外国法，被认为里程碑式的时刻——外国法开始被美国最高法院认定为有益的辅助判案手段。② 在加拿大，外国法的引用多来自美国、英国，这与加拿大的政治传统密不可分。据统计，在 2001 至 2008 年间，加拿大最高法院平均每年引用的英国法、美国法和其他外国法的案件分别只有 26 件、15 件和 32 件。③ 由此看来，中国法出现在加拿大最高法院的判决中无疑是具有历史意义的。

---

① *Tercon Contractors Ltd. v. British Columbia（Minister of Transportation & Highways）*, 2010 SCC 4.

② Janet KovenLevit, "Going Public with Transnational Law: the 2002 – 2003 Supreme Court Term", 39 *Tulsa Law Review* 1（2003）, p. 165.

③ Peter McCormick, "Waiting for Globalization: An Empirical Study of the McLachlin Court's Foreign Judicial Citations", 41 *Ottawa Law Review* 2（2009 – 2010）, p. 218.

第二章 美加两国普通法对于中国法的误读与成因解析

一 美加两国普通法对于中国法的误读

法律专业化、国别化的特点决定了信息披露的不充分抑或文化背景的不同,[①] 特别是法律传统和法律体系的差异,都会造成对于域外法律的误读。对于中国学者而言,理解判例法存在难点。例如,被誉为教科书式的案例 Sinochem Int'l Co. v. Malay. Int'l Shipping Corp. 中,确立了"不方便法院原则"的新标准:[②] 联邦地区法院有权在确认属人管辖权和属地管辖权之前直接判定该法院不方便行使管辖权。[③] 该案的基本案情是:中国化工进出口国际有限公司(下简称中化公司)与美国公司订立钢材买卖合同,后者雇佣了马来西亚国际航运公司作为承运人。中化公司申请我国海事法院扣押承运人船舶,并起诉其恶意倒签提单;之后,承运人向美国地方法院起诉中化公司在向我国海事法院提出的保全申请中做出虚假陈述,要求就扣船损失获得赔偿;中化公司辩称美国法院不具有诉讼标的管辖权、属人管辖权及不方便法院原则。就不方便法院原则,美国地方法院认为双方当事人的同一争议正由中国法院依据中

[①] 沈四宝、沈建:《中国涉外经贸法律制度发展的战略新思路》,《WTO 经济导刊》2011年第 12 期。

[②] Sinochem Int'l Co. v. Malay. Int'l Shipping Corp., 549 U.S. 422(2007).

[③] Hill, J. Stanton, "Towards Global Convenience, Fairness, and Judicial Economy: An Argument in Support of Conditional Forum Non Conveniens Dismissals before Determining Jurisdiction in United States Federal District Courts", 41 VAND. J. Transnat'l L. 1177(2008).

国法律审理，并且其毫无理由对中国法效力以及中国法院的审理能力进行二次猜测，认定中国法院是更为适格的审理法院，判决驳回起诉。①但美国第三巡回上诉法院认为在明确其拥有诉讼标的管辖权和被告属人管辖权前，不能适用不方便法院原则，推翻了地方法院的判决。美国最高法院认为上诉法院适用法律有误，对不方便法院原则进行了澄清：美国地方法院有权就不方便法院诉求直接做出判决，尤其是当地方法院判定外国法院更为适合审理当事人双方纠纷时，则无需考量地方法院是否对该案件拥有属地抑或属人管辖权等其他因素。即"法院在最终确定管辖权之前可以基于非实质性的不方便法院作为拒绝案件审理的理由"。②我国不同学者在总结该案判决得出的共同结论是："美国联邦最高法院之所以作出这样的裁决，主要是为了节省司法资源"，是"美国法院内在的司法效率驱使"使然。③这一认定实际上忽视了该案判决的核心要素，进而混淆了美国不方便法院原则的判定标准：该案的争议发生在"外国"水域、由"外国"法院对"外国"船只进行了扣押，没有任何美国公司或者公民利益牵涉其中。对于这样一个与美国毫无关联的纠纷，美国最高法院方才仅依据"方便、公平和司法效率原则"作为唯一判断标准即判定在中国的诉讼将是充分而且更为合适的。④但是，如果美国公司或公民利益牵涉其中，不方便法院原则将无法单纯通过司法效率原则获得足够的合法性支持。

同样，在美加两国普通法中存在着不少对于中国法的误读，可主要归类为以下几个方面：

（一）翻译错误

常识性翻译错误首当其冲。美加两国有判例误将广西（Guangxi）

---

① *Malay. Int'l Shipping Corp. v. Sinochem Int'l Co.*, 2004 U. S. Dist. LEXIS 4493.
② 徐伟功：《美国不方便法院原则的典型判例评析》，《河南省政法管理干部学院学报》2009 年第 6 期。
③ 彭奕、彭小铮：《不方便法院原则在美国的最新发展——以 Sinochem 案为视角》，《公民与法》2012 年第 10 期。
④ *Sinochem Int'l Co. v. Malay. Int'l Shipping Corp.*, 549 U. S. 422（2007）.

译为 Guanxi,① 将广东（Guangdong）误译为 Guandong,② 将山东（Shandong）误译为 Shangdong,③ 将浙江（Zhejiang）误译为 Zehjiang,④ 将江苏（Jiangsu）误译为 Jiansu,⑤ 将云南（Yunnan）误译为 Yunan。⑥

另一类是对中国立法机关的名称翻译错误。例如，在 In Step Software, LLC v. Instep（Beijing）Software Co., Ltd. 一案中，美国法院引用《中外合资经营企业法》和《中华人民共和国公司法》（下简称《公司法》），结果误将上述法律的立法机关"全国人民代表大会"和"全国人民代表大会常务委员会"混为一谈，均译为 National People's Congress。实际上，《公司法》在 2005 年的修订是由中华人民共和国第十届全国人民代表大会常务委员会第十八次会议审议通过的。该案判决误将"第十届全国人民代表大会常务委员会第十八次会议"译作"the 18th Session of the 10th National People's Congress"，实际应为"the 18th session of the Standing Committee of the Tenth National People's Congress"。⑦

---

① *Jen Ching Zheng v. Ashcroft*, 112 Fed. Appx. 813（2004）; *Herbasway Labs. v. Zhou*, Conn. Super. LEXIS 1170（2004）; *Xiao Jun Liang v. Holder*, 626 F. 3d 983（2010）; *Gerber Food（Yunnan）Co. v. United States*, 33 C. I. T. 186（2009）.

② 该错误出现于加拿大 Bolivar Mining Corp.（Re），2008 BCSECCOM 62; *Luo v. Canada（Citizenship and Immigration）*, 2013 FC 383 等 25 件案例中、美国 *Li Hua Zheng v. Gonzales*, 416 F. 3d 97（2005）; *SMP Logic Sys., LLC v. GuandongYifang Pharm. Co.*, 2012 U. S. Dist. LEXIS 80055 等 30 件案例中。

③ 该错误出现于加拿大 *Chen v. Canada（Citizenship and Immigration）*, 2012 FC 1218; *Tianjin Pipe（Group）Corporation v. Tenarisalgomatubes Inc.*, 2009 FCA 164 等 7 件案例中、美国 *Goldrich Ocean Int'l Shipping Ltd. v. Pan World Logistics Co., Ltd.*, 2009 U. S. Dist. LEXIS 40697; *Zhong Qin Zheng v. Mukasey*, 523 F. 3d 893（2008）等 15 件案例中。

④ 该错误出现于加拿大 *Chen v. Canada（Citizenship and Immigration）*, 2012 FC 1218 一案中。

⑤ 该错误出现于加拿大 *Zong v. Canada（Minister of Citizenship and Immigration）*, 2001 CanLII 22079 一案中、美国 *Mid Continent Nail Corp. v. United States*, 999 F. Supp. 2d 1307（2014）等 3 件案例中。

⑥ 该错误出现于加拿大 *Canada（Minister of Citizenship and Immigration）v. Yan*, 2004 FC 864 等 13 件案例中、美国 *Xiao Jun Liang v. Holder*, 626 F. 3d 983（2010）等 3 件案例中。

⑦ In Step Software, *LLC v. Instep（Beijing）Software Co.*, 2012 U. S. Dist. LEXIS 56108.

（二）对于中国法院判决的认知偏颇

信息化时代的来临、我国审判信息的公开，都为国外法学界和司法实务界迅速了解中国司法动态提供了可能。如前所述，加拿大最高法院在 Tercon 案中，少数法官引用中国三鹿奶粉的判决结果，以论证合同免责条款仅有在压倒一切的公共政策考量因素出现时的极端情况下方能被拒绝执行。然而，在该案判决书中，三鹿奶粉案的基本案情被表述为"罔顾婴儿生病或死亡的危险，在婴儿配方奶粉中添加有害成分……的奶制品生产商（milk supplier who adulterates its baby formula with a toxic compound）……被判处死刑"。① 按照此处引用，是向消费者提供奶粉的供应商被判处了极刑。然而事实上，三鹿奶粉一案中被判处死刑的是制造含三聚氰胺"蛋白粉"的张玉军和销售掺杂"蛋白粉"的原奶给三鹿集团等的耿金平。加拿大最高法院四位大法官引用三鹿奶粉案判决结果的原意在于证明在仅有涉及严重刑事犯罪、极恶欺诈等案件中，法院方能行使最终权力（ultimate power）排除合同双方（奶粉供应商与消费者）之间订立的免责条款。但实际上，三鹿奶粉案中的原奶供应商与消费者之间并不存在直接合同关系，这就使得上述论证由于案件事实引用的错误而变得牵强附会。② 最后，值得一提的是，加拿大最高法院一反常态的，在上述引用中并未给出任何注释来说明信息出处。没有准确信息来源是否是造成上述理解和引用失误的直接原因不得而知。

---

① *Hunt v. T&N plc*，[1993] 4 SCR 289.
② 该案的基本案情是：不列颠哥伦比亚省政府招标设计和建设高速公路，包括 Tercon、Brentwood 等在内的六个小组参与了投标活动。在招标合同中，有一项免责条款——"除非在招标邀请中明示和特别允许，任何投标者不享有任何形式的索赔权利"。由于自身不具备投标资格，Brentwood 在招标过程中与另一公司共同组成了投标伙伴，并最终中标。Tercon 公司诉称 Brentwood 并不符合招标公告中确定的资格条件，因而要求省政府赔偿损失。加拿大最高法院的九位大法官以 5∶4 多数判定 Tercon 公司获胜。大法官们的论辩焦点在于该免责条款是否具有法定效力并应当被适用。多数派认为：免责条款免除的是投标参与者均为适格的情况下省政府所承担的法律责任，但在本案中，Brentwood 显然是不适格的参与者，因而这一过程不再是免责条款中所确定的招标邀请过程。少数派法官则认定上述免责条款在本案中应当被适用，尽管省政府违反了其法定义务，但不承担任何责任。

(三) 对于中国立法的认识错误

加拿大普通法体系中对于中国成文立法的判断存在诸多错误。例如，在 *Luu v. Wang* 一案中，英属哥伦比亚省最高法院采信了原被告双方所聘请的专家的"一致意见"："如果中国法在本案中适用，那么本案中的合同将受到《中国统一合同法》（Chinese Unified Contract Law）和《合同法通则》（General Principles of Contract Law）的调整。在中国合同法中，涉嫌欺诈的合同是无效的"。众所周知，早在1999年中国即已出台《中华人民共和国合同法》，同时废止了《经济合同法》、《涉外经济合同法》和《技术合同法》，对合同形式的规定及适用趋于统一。所谓《中国统一合同法》的称呼并不准确。导致这一失误的原因很可能是20世纪末，国内外学者在论文中为将中国新合同法区别于旧有三项合同法，而表述为新的统一合同法。此外，我国并未颁布所谓《合同法通则》的法律文件。从该案具体情况来看，合同关系应受《合同法》和《民法通则》的共同调整，此处《合同法通则》应是错误地理解和翻译了《民法通则》的名称。此外，有关欺诈合同无效的判断同样是错误的。中国《合同法》第54条第2款有明确规定，一方以欺诈手段，使对方在违背真实意思的情况下订立的合同，属于可变更可撤销合同；仅有第52条规定的以欺诈手段损害国家利益时，合同方为无效。加拿大司法实务界在中国合同法的基本原理判断上也出现了失误。同样的问题出现在对中国《侵权责任法》的认识之中。在2015年判决的 *Huang v. Silvercorp Metals Inc.* （下简称 *Huang*）一案中，英属哥伦比亚省最高法院采信了当事人双方所提供的"并无冲突的（uncontradicted）"有关中国侵权法的证据。其中是这样描述中国侵权法的："自2010年中国《侵权责任法》通过，中国有了侵权法……个人因而能够依据该成文法提起侵权之诉。"显然，该判断有误。毋庸多言，我国自1986年《民法通则》颁布时起，当事人即可依据其中"侵权民事责任规定"提起侵权之诉。其次，该判决中认定"中国并不存在非法拘禁（false imprisonment）的侵权之诉"。诚然，我国《侵权责任法》并未就非法拘禁单独做出侵权之诉的规定。但是，《侵权责任法》第2条对民事权益做出了一般规定："侵害民事权益，应当依照本法承担侵权责任"。根据《人民法院案例选》（2015 年第 3 辑（总第 93 辑））中"周茂政、袁国凤诉周茂全、周山山等生命权案"的判决意见，人身自由权当属民事权益的一种。这就与前述加拿大法院的认定截然相反。而且，我国刑法中第 238 条规定了非法拘禁罪，被害人可依据《最高人民法院关于刑事附带民事诉讼范围问题的规定》第 1 条的规定"因人身权利受到犯罪侵犯而遭受物质损失或者财物被犯罪分子毁坏而遭受物质损失的"，在刑事诉讼中提起附带民事诉讼；对于"受到行使侦查、检察、审判职权的机关以及看守所、监狱管理机关及其工作人员"非法拘留、非法逮捕的受害人，还可依据《国家赔偿法》第 17 条第 1 项和第 2 项分别请求国家赔偿。造成对于中国法上非法拘禁民事责任的判断出现偏差的主要原因，在于两国法律体系中有关非法拘禁概念的界定存在差异。在加拿大，非法拘禁作为侵权之诉的单独类别，是指个人自由被他人、警察以个人行为或者通过其代理人所限制。[①] 在 Huang 案中，原告指控被告公司通过当地公安机关实施了非法拘禁的行为，因而被代理人也需承担侵权责任。对此，我国《侵权责任法》虽未作出明确的单独规定，但第 8 条（共同侵权）、第 9 条（教唆帮助他人实施侵权行为）存在适用可能。

（四）对于中国法治发展状况的误读

1. 对于中国法治发展的认识滞后

在诸多移民案件中，加拿大移民及难民委员会及移民上诉部门、联邦法院指出中国行政部门存在系统性腐败。如在 Cho v. Canada（Minister of Citizenship and Immigration）一案中，加拿大联邦法院指出："尽管中国意在打击腐败，但是《中国日报》（China Daily）报道称国家监督体制尚不成熟，未能铲除腐败"。[②] 对中国腐败问题的忧虑不仅存在于加拿大一

[①] J. G. Fleming, *The Law of Torts*, 9th ed., Sydney: The Law Book Company Ltd., 1998, p. 36; Foth v. O'Hara, (1958), 24 W. W. R. 533 (Alta. S. C.); Benedetto v. Bunyan, [1981] 5 W. W. R. 193 (Alta. Q. B.).

[②] Cho v. Canada (Minister of Citizenship and Immigration), [2000] CanLII 16395.

国之中,在 X(Re)一案中,加拿大当局所采纳的英国内政部文件表达了同样的观点。① 与腐败紧密相关的是中国的营商环境。在美加两国判例中,"关系"被认定为在中国营商的前提条件和重要因素,地方政府也被认为深陷其中无法自拔。例如,在 Las Vegas Sands Corp. v. Suen 一案中,美国内华达州最高法院审理的是通过关系运作帮助他人获得在澳门开设赌场许可的回扣纠纷。该判决书中认定"'关系'……可能'基于家族纽带'或者'家庭关系'——这一关系通过各种'社会活动'和一系列的'礼尚往来'而维系和发展……通过礼尚往来而建立关系的文化,包括借此结识政府官员,已然有了数百年的历史记载"。② 又如,在 Penn, LLC v. Prosper Bus. Dev. Corp. 一案中,美国地方法院采纳了原被告双方之前的仲裁裁决,判定被告将原告引荐给中国某公司的关系运作为原告带来了商机,原告随后抛弃被告的行为违背了与被告公司之间的商业信任关系,应予赔偿。"鉴于中国政府的官僚管理体制,'外国公司在进入或拓展中国市场时拥有与中国的关系'是非常重要的……中国的商业文化是建立在相互信任和人情关系上的。建立关系需要时间,维持这一关系则需要更多的投入。关系是帮助公司或个人与其他公司或个人建立合作关系的通货。其提供了公司或个人所需的在复杂环境中'审慎'或'保证'按照预期方式完成任务的手段。降低了外国公司可能面临的风险。"③ 然而实际上,自 2012 年以来,党风廉政建设和反腐败斗争取得明显成效,"不能腐、不想腐的效应初步显现,反腐败斗争压倒性态势正在形成"。④ 中国法治环境和市场经济的不断发展已然改变了上述现象。对此,加拿大等国司法和行政部门尚未引起足够重视。

2. 对于中国法的认识空白

当事人及其律师对中国法不了解,造成了不应有的败诉。例如,在 Yi Qiang Yang v. United States AG 一案中,当事人的难民申请被移民法官

---

① X(Re),[2015] CanLII 52099(CA IRB).
② Las Vegas Sands Corp. v. Suen, 2016 Nev. Unpub. LEXIS 580.
③ Penn, LLC v. Prosper Bus. Dev. Corp., 2013 U.S. Dist. LEXIS 19985, pp. 7 – 8.
④ 本报评论员:《肩负起管党治党的政治责任——一论学习贯彻习近平同志在十八届中央纪委六次全会讲话精神》,《人民日报》2016 年 1 月 15 日第 1 版。

和移民上诉庭拒绝,原因之一在于无法判断当事人的事实婚姻在中国是否有效。无法判断婚姻效力的难点在于:当事人在 2000 年举办婚宴时,当事人 20 岁、其"妻"只有 17 岁;并且没有证据显示双方领取了结婚证。对此,当事人在到法院申诉时,故意绕开了事实婚姻的有效性问题,而是转向主张根据美国宪法中平等保护条款,事实婚姻应当具有与合法婚姻同样的法律地位。但美国最高法院维持了第十一巡回上诉法院的判决,认定当事人在移民上诉庭审期间并未提及平等保护问题,因而未能穷尽救济手段,判定法院就此问题并无管辖权。[1] 实际上,在诉讼之时(2007 年),双方均已达到我国法定婚龄,并且当事人获得了其"妻"对于双方婚姻关系的证言。根据我国《最高人民法院关于适用〈中华人民共和国婚姻法〉若干问题的解释(一)》第 5 条的规定:"1994 年 2 月 1 日民政部《婚姻登记管理条例》公布实施以后,男女双方符合结婚实质要件的,人民法院应当告知其在案件受理前补办结婚登记;未补办结婚登记的,按解除同居关系处理"。美国移民局和法院对此并未主动查明,当事人也由于缺乏对中国法的认识放弃了法定支持理由。

3. 冷战思维的惯性影响

美国最高法院在 *Zschernig v. Miller* 一案中判定,外国政策事务是联邦政府而不是美国法院所要判断的对象,法院不应当带有政治偏见来审判案件。[2] 但在司法实践中,冷战思维残留的对于社会主义国家的担忧,导致美国法院难免戴着有色眼镜审理有关中国当事人的案件。这主要涉及两类案件:1. 移民案件;2. 涉及《外国人侵权赔偿法》(*Alien Tort Claims Act*)和《酷刑受害者保护法》(*Torture Victim Protection Act*)的案件。例如,在 *Li v. Ashcroft* 一案中,美国联邦第九上诉法院的法官们没有聚焦于中国法律的分析,而是纷纷卷入了对于社会主义国家性质和人口政策的政治讨论。无论是多数派还是少数派意见,都在判决结论中表达了社会主义条件下政府干预个人生活的无端忧虑。[3]

---

[1] *Yi Qiang Yang v. United States AG*, 494 F. 3d 1311 (2008).
[2] *Zschernig v. Miller*, 389 U. S. 429 (1968).
[3] *Li v. Ashcroft*, 356 F. 3d 1153 (2004).

二　美加两国普通法误读中国法的主要成因

从根本上而言，美加两国普通法中对中国法的误解根源于中国法信息的匮乏。这主要是由以下三个方面的原因造成的：第一，美加两国法学界和司法实务界中国法专家的匮乏。加拿大各级法院在不同案例中表达了对缺乏中国法专家意见问题的忧虑。如在 *Lau v. Canada（Citizenship and Immigration）* 等案件中，中国法专家意见证据的匮乏，直接影响到普通法审判的实体和程序两个方面。① 在同一案件中，不同中国法专家所给出的基本判断也往往是相互冲突的。如在 *Grammercy Ltd. v. Dynamic Tire Corp.* 一案中，加拿大安大略省高级法院面对相互冲突的中国法专家意见，最终并未采信任何一方的观点，而是基于当事人提交的该案件在中国法院的程序进展做出了自己的判断。② 又如，在 *Trans Chemical Ltd. v. Chinese National Machinery* 一案仲裁条款纠纷中，当事人提供的有关全民所有制企业性质的专家证词完全相反，因而美国联邦地区法院认定中国法上所谓第三类产权——"社会所有权"并不成立，涉案中国全民所有制公司是中国政府所有，而非社会共有，不受《外国主权豁免法》（*Foreign Sovereign Immunities Act*）的保护，最终败诉。③ 这一判决在上诉时得到了美国第五上诉巡回法院的确认。但是，美国联邦巡回上诉法院以及其他地方法院做出了完全相反的判定。在 *Trans Chem. Ltd. v. China Nat'l Mach. Imp. & Exp. Corp.* 一案反倾销纠纷中，④ 美

---

① See *Lau v. Canada（Citizenship and Immigration）*，[2010] CanLII 87404；*Li v. Canada（Minister of Citizenship and Immigration）*，[1996] I. A. D. D. No. 1017；*Livingston v. I. M. W. Industries Ltd.*，2015 BCSC 1627；*Nom v. You*，[1934] B. C. J. No. 32.

② 该案中，双方当事人聘请的中国法专家对于仲裁协议是否有效各自提交了相互冲突的专家证言。该案主审法官并未采信这些证据，而是根据中国法院查明当事人双方之间签订了仲裁协议，仍然做出判决这一事实，判断仲裁协议是可选择性而非诉讼的必经前置程序。

③ 之后该案原告公司股东曾就该一审中提出的公司股权问题上诉，美国联邦第五巡回上诉法院判决其败诉，上诉审并不涉及上述中国法问题。See *Trans Chemical Ltd. v. Chinese Nat'l Mach.*，978 F. Supp. 266（1997）.

④ 该案起因是美国商务部认定中国刹车盘生产商在美国市场并不构成倾销，因而给予优惠税率；一美国公司对此结论不服，提起诉讼。

国联邦巡回上诉法院判定涉案中国国有企业能够"自由订立合同免于遭受政府干预、能够自主设定出口价格、并控制销售所得",因而在"法律上"和"事实上"是独立于中央政府的。① 同样,在 Intercontinental Indus. Corp. v. Wuhan State Owned Indus. Holdings Co. 一案中,美国地方法院将中国地方政府的行政行为与国有企业的商业行为明确分割开来,国有企业的商业行为不再被视为或者先行推定为政府行为。② 已有美国学者注意到这一问题,强调统一美国法院对于中国国有企业的审判标准,并采取有利于美国企业的共同态度。③ 这对我国国有企业合法权益的保障而言无疑是不利的。

第二,在美加两国,法官并没有主动查明外国法的义务。如果当事人双方未能提交专家证言或者双方证言存在矛盾冲突,法官不会对外国法进行主动查明。我曾就此问题求教于加拿大最高法院大法官 Rosalie Abella,得到的回答是否定的——"尽管法官们会为当事人感到难过"。这也就将中国法查明的全部责任放在了当事人及其聘请的中国法专家身上。因此,中国法查明陷入了一个死胡同:法官完全依赖当事人提交的专家证言,而能够准确提供这一证言的中国法专家却是极为匮乏的。

第三,中国法信息的闭塞以及交流障碍。在过去一段时间内,中国法并未很好地被翻译。目前,中国成文法英译本的公布取得了长足的进步,然而,配套实施条例、司法解释以及大量案例未能及时英译,给国外律师了解中国成文法造成了障碍。特别是英美法思维模式中案件推理对于准确把握成文法适用而言不可或缺。然而,中国判例英译本的发布工作刚刚起步、数量极为有限,最高人民法院指导性案例尚未得到地方法院的广泛引用,④ 让国外法学界和司法实务界查明中国判例变得异常困难。

---

① Trans Chem. Ltd. v. China Nat'l Mach. Imp. & Exp. Corp. ,2000 U. S. App. LEXIS 8217.

② Intercontinental Indus. Corp. v. Qingquan Luo,U. S. Dist. LEXIS 9081(2011);刘云:《招商引资失败引发跨国索赔案湖北省政府在美胜诉》,新浪财经网,http://finance.sina.com.cn/china/dfjj/2016-11-23/doc-ifxxwrwk1714342. shtml,最后访问日期:2016 年 11 月 23 日。

③ Aurora Bewicke, "The Court's Duty to Conduct Independent Research into Chinese Law: A Look at Federal Rule of Civil Procedure 44. 1 and Beyond",1 Chinese L. & POL'y REV. 97(2005) .

④ Mark Jia,"Chinese Common Law? Guiding Cases and Judicial Reform",129 HARV. L. REV. 2213(2016) .

第 二 编

美国法域外适用与域外管辖

联合国国际法委员会报告显示，域外管辖逐渐成为国际上的普遍现象。其主要成因在于：一是自然人跨境流动愈发频繁；二是跨国公司数量不断增加，国际业务不断拓展；三是世界经济的全球化，国际银行业务与国际证券交易所等作用增强；四是跨国犯罪活动增加，包括贩毒、洗钱、证券欺诈和国际恐怖主义等；五是非法移民的增多；六是跨境互联网的运用，无论是合法还是非法目的，包括电子合同的签订、跨境商务、网络犯罪等。①

与此相适应，近年来，我国学界开始系统思考国内法域外适用与域外管辖问题，力图为中国法域外适用体系建设提供科学合理的理论框架。现有研究大致分为两种分析进路，一是从国家的域外管辖权角度切入，分析国家管辖权的边界及其在国际法上的合法性；② 二是避开管辖问题，直接从国内法的域外适用角度切入，探究国内法如何适用于域外的人、行为和财产。③ 但也有研究指出，第二种分析进路回避了立法管辖与司法管辖的本质差异，无法为中国法域外适用研究提供理论全貌。④ 由此而言，域外管辖是分析国内法域外适用的基础性概念。因

---

① United Nations, *Report of the International Law Commission*, General Assembly Official Records, Sixty-first Session Supplement No. 10 (A/61/10), 2006.
② 肖永平：《"长臂管辖权"的法理分析与对策研究》，《中国法学》2019 年第 6 期。
③ 廖诗评：《中国法域外适用法律体系：现状、问题与完善》，《中国法学》2019 年第 6 期。
④ 宋晓：《域外管辖的体系构造：立法管辖与司法管辖之界分》，《法学研究》2021 年第 3 期。

此，本编首先从域外管辖入手，力求夯实国内法域外适用的理论基础。尔后，回顾美国法域外适用与域外管辖的扩张历史，分析美国域外立法管辖与域外司法管辖的维度差异，总结美国法域外适用的司法限制，阐述衡平法域外适用的补充进路，以及美国次级制裁的域外适用特征。

第三章 美国国内法域外适用的域外管辖基础

一 域外管辖的概念界定与基本分类

"管辖"(jurisdiction)一词来源于拉丁语,意即阐释法律(speak the law)的权力。① 在国际法语境下,管辖是指一国规定自然人、法人、其他组织等的权利和义务,并调整其行为的合法权力。② 与此相对应,联合国国际法委员会报告中将"域外管辖"界定为"一国在其境外行使主权权力或权威"(sovereign power or authority)。③

管辖并非单一概念,具有不同的意义面向,涵盖立法管辖、司法管辖和执法管辖三个维度。④ 与此相适应,域外管辖区分为域外立法管辖(prescriptive/legislative jurisdiction)、⑤ 域外司法管辖(adjudicative jurisdiction)、域外执行管辖(enforcement jurisdiction)三个层面。所谓域外立法管辖,是指一国对其域外的人、财产、行为进行立法规制的权力⑥。域外司法管辖,是指一国通过司法程序等对域外的人、财产、行

---

① Costas Douzinas, "The Metaphysics of Jurisdiction", in Shaun McVeigh ed., *Jurisprudence of Jurisdiction*, 2007, pp. 21 – 22.
② Bernard H. Oxman, "Jurisdiction of States", in Rudolf Bernhardt (dir.), *Encyclopedia of Public International Law*, vol. 3, Elsevier Science Publishers, 1997, pp. 55 – 60.
③ United Nations, *Report of the International Law Commission*, General Assembly Official Records, Sixty-first Session Supplement No. 10 (A/61/10), 2006.
④ Restatement of the Law Fourth: The Foreign Relations Law of the United States § 401.
⑤ 域外立法管辖又被译为域外规范管辖。
⑥ *Hartford Fire Ins. Co. v. California*, 509 U. S. 764, 813 (1993) (Scalia, J., dissenting); Restatement of the Law Fourth: The Foreign Relations Law of the United States § 401 (a).

为适用法律的权力，即域外当事人接受一国司法程序的管辖。域外司法管辖包括对人管辖权（personal jurisdiction）、对物（财产）管辖权（in rem jurisdiction）和对事（行为）管辖权（subject-matter jurisdiction）。[1] 域外执行管辖，则是指一国强制他人遵守法律的权力。易言之，一国在域外引导或强制执行该国国内法，并对违反该国国内法的行为进行处罚的权力。[2]

这一分类也得到了美国法的认可。美国对域外管辖的分类经历了从两分法至三分法的转变。此前，美国坚持两分法，对外关系法重述第2版（1965年）中仅区分域外立法管辖和域外执法管辖。但美国对外关系法重述在第4版（2018年）和第3版（1987年）中采用了与第2版中截然不同的分类方式，新增域外司法管辖。

从域外立法管辖、域外司法管辖和域外执行管辖的内在联系来看，域外立法管辖是域外司法管辖、域外执行管辖的前提条件，是一国法发挥域外适用效力的规则基础；域外执法管辖是国家执行和实施一国法域外适用规则的权力；而域外司法管辖则是法院在受理和审判案件过程中适用这类规则的权力。[3]

同时，三者也保持相对的独立性。主要体现为：（1）三分法为私法领域的域外管辖提供了生存空间。坚持两分法的学者主张国际习惯法仅调整公法领域，因此域外立法管辖和域外司法管辖由于均属于国家公权力行使范畴而无需区别对待。在三分法下，法院裁判可能独立于本国立法规定，如法院针对私法领域的侵权、合同等纠纷选择适用外国法而非本国立法。[4]（2）一国在没有域外司法管辖权和域外执法管辖权的前提下可先行行使立法管辖权。例如，甲国即使在乙国没有执法权，不能未经乙国同意进入乙国逮捕甲国国民，但甲国仍可在其刑法规定某一犯

---

[1] Morrison v. Nat'l Austl. Bank Ltd., 561 U.S. 247, 130 S. Ct. 2869 (2010).
[2] Restatement of the Law Fourth: The Foreign Relations Law of the United States § 401 (c).
[3] 廖诗评：《国内法域外适用及其应对——以美国法域外适用措施为例》，《环球法律评论》2019年第3期。
[4] Anthony J. Colangelo, "What Is Extraterritorial Jurisdiction", 99 CORNELL L. REV. 1303 (2014).

罪行为，并明确该法适用于其在域外（包括乙国）居住的国民。①（3）一国可在没有域外立法管辖权、域外执法管辖权的前提下行使域外司法管辖权。这一情形常见于私法领域：一国法院有权根据冲突规范适用另一国的实体法进行裁判，即使法院所在地国尚未对该案件争议行使立法管辖权，抑或被告人在该国并无任何可执行的资产而导致该国并无执法管辖权。②（4）域外司法管辖可限制域外立法管辖的实施。如一国司法机关以国家豁免、出庭辩护等实体性和程序性要求，限制该国立法对于人、财产、行为的管辖权域外延伸。③（5）在域外立法管辖权和域外司法管辖权缺位的情况下，一国可单独行使域外执法管辖权。如一国可根据另一国的请求逮捕犯罪嫌疑人。④

二　超越属地管辖的域外管辖类型

现代国际法和国际体系是以国家主权为基石的，⑤而域外管辖是主权国家在实践中发展出来的行使管辖权的一种具体方式。⑥如前所述，国家管辖权包括立法管辖、司法管辖和执法管辖。三者具有共同的逻辑起点：属地（territoriality）原则，即主权国家对本国境内的人、财产和行为行使管辖权。⑦随着国际习惯法的发展，域外管辖已经得到认可。

---

① Anthony J. Colangelo, "What Is Extraterritorial Jurisdiction", 99 *CORNELL L. REV.* 1303 (2014).
② Restatement of the Law Fourth: The Foreign Relations Law of the United States § 401 Comment and Reporter's Notes.
③ Anthony J. Colangelo, "What Is Extraterritorial Jurisdiction", 99 *CORNELL L. REV.* 1303 (2014).
④ Restatement of the Law Fourth: The Foreign Relations Law of the United States § 401 Comment and Reporter's Notes.
⑤ 宋晓：《域外管辖的体系构造：立法管辖与司法管辖之界分》，《法学研究》2021年第3期。
⑥ 廖诗评：《国内法域外适用及其应对——以美国法域外适用措施为例》，《环球法律评论》2019年第3期。
⑦ James Crawford, *Brownlie's Principle of Public International Law*, 8th ed., Oxford, 2012, 456.

(一) 超越属地管辖的起点：荷花号案

联合国国际法委员会在报告中将国际常设法院对于"荷花号案 (Lotus)"的判决，作为一国可行使域外管辖权这一国际习惯法规则的逻辑起点。① 国际常设法院指出，国际法对主权国家基本的和首要的限制在于：一国不得在他国领土范围内行使主权。一国管辖权在本质上具有属地性质；在"国际习惯或者条约的许可性规范"缺位的情况下，一国不得在其领土范围以外行使管辖权。② 易言之，主权国家的管辖权是以领土管辖为基础的。③ 尽管如此，该案判决并未完全排除主权国家对涉外事务的管辖权。国际常设法院区分了两类不同情形：其一，一国在其境外行使管辖权；其二，一国就其境外的人、财产和行为在境内行使管辖权。国际常设法院强调，对于后者，各国完全具备广泛的自由裁量权。即国际法并不禁止主权国家在其境内管辖发生于域外的行为；只是在此类情况下，必须符合以下限制条件——不应超越现行国际法规则对该国管辖权的限制。④

(二) 超越属地主义的管辖原则

荷花号案之后，国际法上衍生出一系列为主权国家域外管辖提供正当性依据的管辖原则，主要包括：客观属地原则 (objective territoriality principle)、效果标准 (effects doctrine)、被动属人原则 (passive personality principle)、保护管辖、普遍管辖等。无论何种管辖方式，主权国家根据国际法规则行使域外管辖权的共同要求是：该国管辖权与管辖事项（人、财产和行为）之间存在真实有效的联系。⑤

---

① United Nations, *Report of the International Law Commission*, General Assembly Official Records, Sixty-first Session Supplement No. 10 (A/61/10), 2006.

② S. S. Lotus (*Fr. v. Turk.*), 1927 P. C. I. J. (ser. A) No. 10 (Sept. 7).

③ 陈一峰：《国际法不禁止即为允许吗？——"荷花号"原则的当代国际法反思》，《环球法律评论》2011 年第 3 期。

④ S. S. Lotus (*Fr. v. Turk.*), 1927 P. C. I. J. (ser. A) No. 10 (Sept. 7).

⑤ [英] 伊恩·布朗利：《国际公法原理》，曾令良、余敏友等译，法律出版社 2003 年版，第 333 页。

一是客观属地原则。目前，客观属地原则已得到国际社会的广泛承认。[1] 国内现有研究将属地管辖区分为主观属地原则和客观属地原则，以行为发生地和结果发生地作为两者区分的标准。[2] 虽然两者均以属地管辖作为名称，但其所规制的行为并非均发生于主权国家的领土范围之内。客观属地管辖强调一国对发生于其领土范围之外、对该国产生有害影响的行为行使管辖权。但是，上述分类方式也存在并不准确的一面。从国外研究来看，客观属地原则的适用前提是：行为的后果影响和构成要素之一发生于一国领土范围之内，则该国可对其领土之外的人、财产和行为行使管辖权，即使行为人从未在该国领土上出现。[3] 以刑法为例，客观属地管辖的适用场景包括：犯罪行为直接发生于域外，但犯罪行为的构成要素之一如"协助、教唆、命令、怂恿、诱导"等情形发生于本国。[4] 由此而言，客观属地管辖是指当某一行为的构成要素之一和结果影响发生于一国境内，则该国可对其领土范围之外的人、物、行为行使管辖权。[5]

二是效果标准。效果标准与客观属地管辖密切相关，但两者也存在根本区别。效果标准是指一国对于外国国民在该国管辖领域之外实施的、对该国具有实质性影响的行为所行使的管辖权。效果标准与客观属地管辖的根本区别在于：是否以某一行为的构成要素发生于一国境内为前提。效果标准给出了否定答案，客观属地管辖则完全相反。[6]

三是被动属人原则。以属人管辖权为依据的域外管辖权，往往以国籍、住所、居所、经常居住地等作为行使管辖权的连接点。属人管辖权在实践

---

[1] Malcolm N. Shaw, *International Law*, 4th ed. NewYork: Cambridge University Press, 1997, 459.

[2] 廖诗评：《国内法域外适用及其应对——以美国法域外适用措施为例》，《环球法律评论》2019年第3期。

[3] United Nations, *Report of the International Law Commission*, General Assembly Official Records, Sixty-first Session Supplement No. 10 (A/61/10), 2006.

[4] Kenneth S. Gallant, Jurisdiction to Adjudicate and Jurisdiction to Prescribe in International Criminal Courts, 48 VILL. L. REv. 763, 814 (2003).

[5] United Nations, *Report of the International Law Commission*, General Assembly Official Records, Sixty-first Session Supplement No. 10 (A/61/10), 2006.

[6] United Nations, *Report of the International Law Commission*, General Assembly Official Records, Sixty-first Session Supplement No. 10 (A/61/10), 2006.

中还演化出一种特殊形式——被动属人管辖权，是指国家针对外国人在国外实施的危害本国国民利益的行为主张管辖权。① 尽管被动属人管辖权在以往遭到反对，但近年来愈发受到广泛认可。②

四是保护管辖。以保护管辖为基础的域外管辖权强调其所规制的对象侵害了本国的基本利益。保护管辖权是国家针对管辖领域外危害本国基本利益的行为所实施的管辖权，与属人管辖权和属地管辖权存在区别。③ 何为本国基本利益，这一表达过于抽象，是否行使管辖权往往由国家根据情况自行判断。也正因如此，各国尤其是大国针对域外行为实施域外管辖时，经常援引国内关于保护国家利益的规定作为依据。④

五是普遍管辖。以普遍管辖为基础的域外管辖针对的是违背国际法、并侵害国际社会利益的行为。⑤ 普遍管辖权仅针对极其严重的国际罪行，如海盗罪、灭绝种族罪、贩卖人口或麻醉品等。⑥ 一国对于外国人实施的、针对其他国家的、并且发生于该国管辖领域之外的犯罪行为实施管辖，自然具有域外效力。⑦

三 域外管辖的认定冲突

（一）解释差异

尽管"域外"具有相对明确的语义边界，⑧ 但国内管辖与域外管辖的

---

① 廖诗评：《国内法域外适用及其应对——以美国法域外适用措施为例》，《环球法律评论》2019 年第 3 期。

② United Nations, *Report of the International Law Commission*, General Assembly Official Records, Sixty-first Session Supplement No. 10（A/61/10），2006.

③ 参见邵沙平《国际法》，高等教育出版社 2017 年版，第 72 页。

④ 廖诗评：《国内法域外适用及其应对——以美国法域外适用措施为例》，《环球法律评论》2019 年第 3 期。

⑤ United Nations, *Report of the International Law Commission*, General Assembly Official Records, Sixty-first Session Supplement No. 10（A/61/10），2006.

⑥ 廖诗评：《国内法域外适用及其应对——以美国法域外适用措施为例》，《环球法律评论》2019 年第 3 期。

⑦ United Nations, *Report of the International Law Commission*, General Assembly Official Records, Sixty-first Session Supplement No. 10（A/61/10），2006.

⑧ 域外即指超越一国领土的范围限制。See *Black's Law Dicnonary*, 9th ed., 2009, 929.

最终确定还取决于解释规则。即使是同一管辖原则，由于管辖连接点的认定不同，最终将产生完全不同的管辖效果。以"行为发生地"的管辖规则为例，可能衍生出行为实施地与伤害发生地两项不同的管辖连接点。美国学界常常加以引用的经典案例是：A 国公民甲在 A 国毗邻 B 国的本国边境内开枪，射杀身处 B 国的乙。此时，甲开枪的行为发生于 A 国，而行为后果发生于 B 国。由此可能产生不同的管辖后果：(1) 在国际私法上，对于损害赔偿请求而言，一般进路是在跨国行为链条中选择其中一个关键要素，以其为基础为所有行为提供管辖连接点。若准据法将伤害发生地作为连接点，则 B 国被确定为行为发生地。此时，B 国可对该案（包括外国人甲）行使管辖权。反之，若准据法中将行为实施地作为连接点，则 A 国享有案件管辖权。(2) 在国际公法上，对于杀人行为而言，两国均可主张基于行为发生地的本国管辖：A 国可依据犯罪行为实施地主张国内管辖，而 B 国可依据客观属地原则、效果原则主张本国管辖。

（二）排他性域外管辖与管辖冲突

域外管辖可能造成排他性域外管辖（exclusive extraterritorial jurisdiction）与域外管辖冲突两种不同后果。第一，排他性域外管辖。若行使域外管辖权的国家是世界上唯一一个与该行为具有实质联系的国家，则其享有排他性的域外管辖权。第二，管辖冲突。针对同一行为，若不同国家均主张管辖权，将发生域外管辖权之间的冲突。其中又包括积极冲突与消极冲突两类。所谓积极冲突，是指两个或者两个以上的国家依据不同的准据法规则，均主张管辖权。如前例中，A 国以开枪行为作为准据法的关键因素，而 B 国以伤害发生地作为连接点。所谓消极冲突，则是指各国均主张不具有管辖权。

就管辖冲突而言，如何判定不同国家之间管辖权的优先性，需要对立法管辖、司法管辖、执法管辖加以区分。就立法管辖权而言，一些国家已发展出一般规则加以解决，如美国司法管辖中的反域外适用推定，除非立法有明确指引，法院不应擅自推定立法具有域外适用效力。后详述。此外，司法实践中还产生出外国强制原则（foreign State compulsion doctrine），即行为人不应因其在另一国实施该国法律所要求的行为而被法院判处刑事处罚或承担民事责任。[1] 由此，与该行为人本国法律直接冲突的外国域外措施将不会被法院所适用，即使外国所主张之管辖权是合理的。[2] 举例而言，如果甲国 A 企业根据乙国法律强制的要求而实施特定行为，该行为同时违反甲国法律，则在相关诉讼中，A 企业可依据外国强制原则豁免甲国法律的适用，免于承担法律责任。外国强制原则集合了国际礼让和正当程序的要求，得到了美国等广泛承认；但这一原则尚未上升为国际法规则。[3] 尽管各国为解决管辖冲突进行了有益尝试，但随着科技进步和经济全球化的进程，各国对于他国法的域外适用和域外管辖产生出更大分歧。[4]

四 域外管辖的合法性前提

国际法、国内法存在着管辖权的不同规定。一方面，国际习惯法影响着国内管辖权的发展和解释。如 1804 年"默里诉席纳查名贝蒂案"（Murray v. Schooner Charming Besty）一案（以下简称"查名贝蒂案"）一案中阐明：如果任何其他可能的解释存在，美国国会立法不得采用违反国际法的解释方式。[5] 另一方面，国内管辖权的发展也推动着国际习惯法不断发展。[6]

尽管两者之间相互影响，但国内法与国际法上的管辖权范畴并不一致。国家规定的管辖权范畴可能超越或者窄于国际法所允许的范畴。后一种情况并不存在法律争议，因为国际法并不要求一国按照国际法允许的全部管辖权范围加以立法。[7] 但是，一国超越国际法限制行使管辖权则可能违

---

[1] Richard K. Gardiner, *International Law*, Pearson Education Ltd., 2003, 325.

[2] United Nations, *Report of the International Law Commission*, General Assembly Official Records, Sixty-first Session Supplement No. 10 (A/61/10), 2006.

[3] Don Wallace Jr. & Joseph P. Griffin, "The Restatement and Foreign Sovereign Compulsion: A Plea for Due Process", 23 *INT'l L.* 593 (1989).

[4] United Nations, *Report of the International Law Commission*, General Assembly Official Records, Sixty-first Session Supplement No. 10 (A/61/10), 2006.

[5] *Murray v. Schooner Charming Betsy*, 6 U.S. (2 Cranch) 64 (1804).

[6] International Law Commission, *Report to the General Assembly*, *Identification of Customary International Law? Text of Draft Conclusions Provisionally Adopted by the Drafting Committee*, May 30, 2016.

[7] Arrest Warrant of 11 April 2000 (Dem. Rep. Congo v. Belg.), 2000 I.C.J. 182 (Order of Dec. 8).

背国际法。① 易言之，一国管辖权是国内立法所规定的，而域外管辖权的行使是否具有合法性则是由国际法确定的。② 这也就意味着一国法定管辖权的行使却可能不被国际法所允许。

因此，一国主张域外管辖权只有在符合国际法的前提下才能够得到其他国家的承认。若其他国家认为该国超越了国际法承认的必要限度，则可能以多种方式加以反对，包括：外交抗议，不承认具有域外效力的外国法律、命令和判决，进行阻断立法、追偿立法，采用司法禁令、国际诉讼等加以反制。美国单边主义的法律域外适用，又被称为"长臂管辖"，引发了国际社会的广泛担忧。后述第三编、第四编详述。

---

① International Law Commission, *Report to the General Assembly*, *Identification of Customary International Law? Text of Draft Conclusions Provisionally Adopted by the Drafting Committee*, May 30, 2016.

② S. S. Lotus (Fr. v. Turk.), 1927 P. C. I. J. (ser. A) No. 10 (Sept. 7).

第四章　美国法域外适用与域外管辖的扩张检视

回顾美国法发展历史，国内需求与国际关系是形塑美国法域外适用与域外管辖的双重驱动力。一方面，美国法域外适用的扩张与其国家实力的强弱成正相关关系。而美国自身经济、社会和政治实力及其国际竞争力的强弱，是根本决定因素。另一方面，美国法域外适用与其对国际关系的重视程度呈现逆相关关系。美国在建国之初，力量尚且弱小，更为重视国际关系和国际法因素，因而美国法域外适用的情形极为罕见。随着美国国家实力的增强，其企图领导世界的野心昭然若揭，对于国际关系和国际法的关注度也大大降低。相应地，美国法开始强调域外效力的发挥以及管辖权的扩张，在更为广泛的领域以联邦立法规制域外的人、财产和行为。除此以外，美国法域外适用和域外管辖的历史发展还受到以下因素的影响：一是对美国国内安全的忧虑；二是保护本国人的必要性；三是提升美国法域外影响力的考量。[①]

一　以国际关系为要的谨慎控制阶段

美国建国之初至 20 世纪初期，国家尚处于不稳定状态，其自认无法应对强大的英国、法国的入侵抑或战争威胁，因而注重遵循国际法，国内法域外适用处于异常谨慎的阶段，基本不介入域外法律纠纷的管辖

---

① Alina Veneziano, "The Eras of Extraterritoriality in the United States", 5 *U. Bologna L. Rev.* 240 (2020).

权争夺，以确保美国的领土安全。在这一阶段，国际关系的考量是美国法适用效力范围的重要限定因素，域外管辖权的扩张并非易事。美国法延伸至域外被认为是"对威斯特伐利亚原则的危险否定"。[1] 例如，在向法国购买路易斯安那的问题上，美国总统杰斐逊曾质疑购地的合宪性，即宪法是否赋予总统处理此类事务的权力，担忧行政权的扩张而损害联邦和各州利益。[2]

从这一时期的司法判例来看，美国最高法院坚持严格的属地主义（territorialism）管辖原则。1812 年，美国最高法院在"斯库诺交易号诉麦克法登案"（*The Schooner Exch. v. McFaddon*）中判定，美国法律适用于其享有"完全和绝对属地管辖权"的领土范围之内；并且，对于其他国家的主权没有任何加以控制的意图。[3]

这一时期，尽管美国领土不断扩张、联邦政府逐渐强大，但美国最高法院仍然以极为谨慎的方式限制宪法的适用范围。1891 年，美国最高法院在"罗斯案"（*In re Ross*）中判定，美国宪法不能在其他国家发生域外适用效力，因而身处外国的美国公民无法同美国境内的公民一样享有宪法保障。[4] 在该案中，美国最高法院采用了"严格形式主义的方法"，将宪法保护的范围限定于美国境内。即使是对美国领土扩张中新并入的地区，也坚持并非自动适用美国宪法和法律，而是继续保留原有的法律体系。这也造成美国国内不同地区公民宪法和法律权利的区别待遇。[5] 1901 年至 1922 年，美国最高法院判定了被统称为"岛屿案"的一系列案件。针对新并入领土（incorporated territories），美国宪法完整地适用于该地方政府和公民；[6] 而非合并领土（unincorporated territo-

---

[1] 1648 年《威斯特伐利亚条约》（*Treaty of Westphalia*）确定了国际关系中应遵守的国家主权、国家领土与国家独立等原则。See Kal Raustiala, *Does the Constitution Follow the Flag? The Evolution of Territoriality in American Law*, Oxford University Press, 2009, 239.

[2] Kal Raustiala, *Does the Constitution Follow the Flag? The Evolution of Territoriality in American Law*, Oxford University Press, 2009, 37.

[3] *The Schooner Exch. v. McFaddon*, 11 U. S. 116 (1812).

[4] *In re Ross*, 140 U. S. 453 (1891).

[5] *De Lima v. Bidwell*, 182 U. S. 1 (1901).

[6] 美西战争，指 1898 年美国为了夺取西班牙的在美洲和亚洲的殖民地古巴、波多黎各和菲律宾而发动的战争。

ries）上的居民则仅拥有宪法中的部分基本权利。[1] 总之，在这一时期，美国宪法的适用对象是以领土为基础，甚至并不顾忌对于美国公民的差异化宪法保障。[2]

二　保留国际关注的松绑兴起阶段

自20世纪初期至50年代，美国在国际舞台上逐渐站稳脚跟。罗斯福新政在进行经济和工业改革的同时，也颁布了旨在促使美国摆脱金融危机的联邦立法。此时，将美国法效力束缚于美国本土的严格解释论被认为已不再符合美国的发展需要，应当被历史所淘汰。美国经济的快速发展为其在世界上发挥影响力提供了必要的财政支持，对权力的渴望也促使美国法适用范围的域外扩张。[3]

这一阶段中，美国联邦宪法与法律从严格的地域管辖转变为开始发挥域外适用效力。20世纪30年代之后，美国出台的联邦证券立法和反垄断立法，开始采用效果原则为其实现长臂管辖提供法律依据。例如，美国在1934年《证券交易法》第3（7）条中将与其他国家的证券交易纳入调整范畴。证券法和反垄断立法也将其他国家的上市公司纳入调整范围。如1945年"美国诉美洲铝业公司案"（United States v. Aluminum Company of America）中，美国第二巡回上诉法院法官认可任何国家都可对在其境内产生效果的行为和主体加以管辖；[4] 若域外行为的后果及于一国境内，任何国家都可对在其域外的行为施加约束。[5]

---

[1] 美国合并建制领土是指在1789年至1959年间获得联邦州地位的地区。美国1898年在美西战争后拥有非合并领土（也称海外领地或者岛屿地区），如美属萨摩亚、关岛、北马里亚纳群岛、波多黎各和美属维尔京群岛。See "U. S. Territories Introduction: Developments in the Law", Harvard Law Review, 2022 - 04 - 30.

[2] Alina Veneziano, "The Eras of Extraterritoriality in the United States", 5 U. BOLOGNA L. REV. 240 （2020）.

[3] Kal Raustiala, Does the Constitution Follow the Flag? The Evolution of Territoriality in American Law, Oxford University Press, 2009, 28 - 29.

[4] United States v. Alcoa, 148 F. 2d 416 （2d Cir. 1945）.

[5] 孙南翔：《美国法律域外适用的历史源流与现代发展——兼论中国法域外适用法律体系建设》，《比较法研究》2021年第3期。

美国法院在司法裁判中并不忌讳对外政策的考量，因为美国法的域外适用不免关注国际法规则和国与国之间的关系。这一立场肇始于对身处外国的美国公民的法律保护，旨在保护美国公民免受外国法律的规制。① 从美国宪法适用来看，法院俨然已经取代国会成为美国宪法域外适用效力的决定者。② 美国最高法院在 1942 年"奎林"（Ex parte Quirin）案中触及美国宪法是否适用于其他国家公民的棘手问题。③ 此后，美国最高法院在 1950 年"约翰逊诉艾森特拉格"（Johnson v. Eisentrager）案中判定，美国宪法可延伸适用于外国公民，但前提是外国人必须进入美国国土。由于该案中在中国被俘获、拘押于德国境内的德国战俘未曾出现于美国境内，因而无权在美国法院提起宪法保护诉讼。④ 由此可见，此时美国宪法适用仍强调地域上的联系，而非以美国公民为适用基础。直至 1957 年"利德诉卡威特"（Reid v. Covert）案，美国最高法院判定，美国公民并不因其身处海外而不受宪法保护。此前"严格形式主义的方法"被彻底放弃，美国宪法对于公民的保护范围拓展至海外。⑤

以此为基础，美国借口世界各国法律的不一致给美国公民海外利益的保护带来了挑战，主张美国法域外适用可有效促进国际法律领域的一致性，"控制和尽量减少法律差异"。⑥ 美国法也藉此将法律体系输出至其他国家，尤其是弱小的发展中国家。这一初步尝试取得了预期效果，使身处海外的美国公民不受其他国家所谓"奇怪、不同、危险"的法律规则的不利影响。⑦ 但归根结底，美国法域外适用是与征服海外领土具有同样效果的国际扩张工具，能够达成控制欧洲列强在世界其他国家

---

① Alina Veneziano, "The Eras of Extraterritoriality in the United States", 5 *U. Bologna L. Rev.* 240（2020）.
② Alina Veneziano, "The Eras of Extraterritoriality in the United States", 5 *U. Bologna L. Rev.* 240（2020）.
③ Exparte Quirin, 317 U. S. 1, 20－21（1942）.
④ *Johnson v. Eisentrager*, 339 U. S. 763（1950）.
⑤ *Reid v. Covert*, 354 U. S. 1, 3－5（1957）.
⑥ Kal Raustiala, *Does the Constitution Follow the Flag? The Evolution of Territoriality in American Law*, Oxford University Press, 2009, 180.
⑦ Alina Veneziano, "The Eras of Extraterritoriality in the United States", 5 *U. Bologna L. Rev.* 240（2020）.

和地区影响力的目的。

但在这一阶段,美国法院并未完全放弃对于国际管辖的关注。例如。在1949年"福利兄弟诉菲拉尔多"(*Foley Brothers v. Filardo*)一案中,美国最高法院强调在跨国案件中适用反域外适用推定的重要性。即法院应首先假定美国国会立法主要针对国内情况。① 以此防止违背国会意图的美国法域外适用状况。同时,美国重视维护国际礼让,避免因美国法律的海外输出而导致国际摩擦的发生。

三 无视国际关系的滥用阶段

20世纪50年代至90年代,美国法域外适用得到广泛推动,以促进美国政治和经济利益的实现。美国法域外适用不再顾忌国际关系以及国家之间的潜在摩擦;长臂管辖也不再仅仅指向弱小国家,而是拓展至大国盟友。② 尤其冷战期间,美国在跨国事务方面的自我决定性(self-determination)得以高度强化。③ 具有域外管辖效力的联邦立法因此不断增多,通过海外监管的强化进一步巩固国内监管。在此期间,美国对国际法、其他国家及其公民、组织的利益基本不加以考虑。例如,对于跨国犯罪的惩治,与其他国家寻求国际合作的方式不同,美国倾向于单边模式的自我处置。特别是在外国法相对宽松或者与美国法存在根本差异的情况下,美国法更加强调域外适用效力。由此,美国在全球的法律霸权逐渐成型,妄图单方面在其他国家领土上行使管辖权,以更好地控制和阻止跨国威胁。美国法域外适用成为美国在国际领域发挥主导作用的"金票"(golden ticket)。④ 对此,国际社会进行了强烈的批评,美国与

---

① Foley Bros., Inc. v. Filardo, 336 U. S. 281 (1949).
② Kal Raustiala, *Does the Constitution Follow the Flag? The Evolution of Territoriality in American Law*, Oxford University Press, 2009, p. 155.
③ Alina Veneziano, "The Eras of Extraterritoriality in the United States", 5 *U. Bologna L. Rev.* 240 (2020).
④ Alina Veneziano, "Studying the Hegemony of the Extraterritorialityo f U. S. Securities Laws: What It Means for Foreign Investors, Foreign Markets, and Efforts at Harmonization", 17 *Geo. J. L. & Pub. Pol'y* 343 (2019).

其他国家甚至其盟友也是摩擦不断。①

在此期间，美国法域外适用依据效果标准进一步拓展管辖边界，美国法将对其国内市场、主体利益和国家利益的外国人、财产和行为一并纳入规制范畴。这一现象在证券法领域最为突出：美国法的域外适用范围不仅包括对美国投资者个体利益、证券市场产生负面影响的行为，还涵盖与域外证券欺诈行为具有实质联系的行为等。效果标准一度成为美国法院证券欺诈案件管辖权的"司法指南"。②但是，效果标准的主观性过强。如在"美国证监会诉卡塞尔"（SEC v. Kasser）一案中，尽管在域外实施的欺诈行为并未对美国投资者造成直接影响，美国第三巡回上诉法院还是判定美国证券法发生域外管辖效力。③进一步而言，美国法院往往在行为标准与效果标准之间选择其中之一加以适用，导致司法标准的适用混乱。甚至出现同一法院对于适用标准判定前后不一的尴尬。如在同一天作出判决的"贝尔施诉德雷克塞尔凡士通公司"（Bersch v. Drexel Firestone，Inc.）④和"国际投资信托诉文卡普有限公司"（IIT v. Vencap Ltd.）⑤两个案件，美国第二巡回上诉法院采用了截然相反的判定标准。前一案件中，法院判定在美国进行的"准备活动"（merely preparatory activities）不足以触发美国证券法对于身处境外的外国人的管辖；而在后一案件之中，证券欺诈的准备行为则构成美国法域外管辖的充分条件。

四　无视国际关系的退让阶段

20世纪90年代至2010年间，美国法域外适用和域外管辖一度呈现退让局面。一方面，美国仍然无视国际关系，对于国际协商和缔结国

---

① Alina Veneziano,"The Eras of Extraterritoriality in the United States", 5 *U. Bologna L. Rev.* 240（2020）.
② 许庆坤：《美国长臂管辖权的多维检视及我国因应之策》，《环球法律评论》2021年第6期。
③ *SEC v. Kasser*, 548 F. 2d 109, 116 (3d Cir. 1977).
④ *Bersch v. Drexel Firestone, Inc.*, 519 F. 2d 974, 992 (2d Cir. 1975).
⑤ *IIT v. Vencap Ltd.*, 519 F. 2d 1001, 1018 (2d Cir. 1975).

际条约丧失兴趣；另一方面，反域外适用推定限制得以勃兴，未明确域外适用的立法规制范畴得到司法限制。① 1991 年，在"美国平等就业机会委员会诉阿拉伯美国石油公司"（*EEOC v. Arabian Am. Oil Co.*）一案（以下简称"EEOC 案"）中，美国最高法院确定了反域外适用推定的核心地位，强调美国法的域外适用必须以国会的明晰立法意图为前提。

但是，这一阶段美国最高法院对于美国法域外适用的规则解释前后矛盾。如在 1993 年"哈特福德火灾保险公司诉加州案"（*Hartford Fire Insurance Company v. California*）中，美国最高法院判定在反垄断领域，《谢尔曼法》不受反域外适用推定的限制，对于具有域内效果的、在国外发生的行为具有域外管辖权。但在 2004 年"F. 霍夫曼·拉罗氏有限公司诉恩帕格兰案"（*F. Hoffmann-La Roche Ltd v. Empagran*）中，美国最高法院判定《谢尔曼法》不适用于行为发生于国外、对美国存在不利效果和影响、针对域外损害而提起赔偿的案件。法院指出，若世界各地的维生素销售商共同垄断商品价格，从而导致美国和厄瓜多尔市场上的维生素价格上涨，美国境内的维生素购买者可根据《谢尔曼法》获得索赔，但厄瓜多尔的购买者不能以厄瓜多尔境内所遭受的损害、依据谢尔曼法主张赔偿。② 由此，美国最高法院对《谢尔曼法》的适用范围作出了不同于先例的判定。美国学者指责法院对于反域外适用推定的适用标准前后不一，陷入了"毫无意义的"尴尬解释境地。③

美国宪法的域外适用也呈现出退让趋势。美国最高法院在"美国诉瓦多戈-阿奎德兹"（*United States v. Verdugo-Urquidez*）一案中判定，美国宪法第四修正案不适用于在美国境外被美国当局所搜查和扣押的外国犯罪嫌疑人。该案中，被告人是墨西哥公民，在墨西哥被当地警方逮捕。此后美国缉毒局特工与墨西哥警方合作，搜查了被告人住所并没收

---

① Alina Veneziano, "Studying the Hegemony of the Extraterritorialityo f U. S. Securities Laws: What It Means for Foreign Investors, Foreign Markets, and Efforts at Harmonization", 17 *Geo. J. L. & Pub. Pol'y* 343 (2019).

② *F. Hoffmann-La Roche Ltd v. Empagran S. A.*, 542 U. S. 155, 159 (2004).

③ Alina Veneziano, "Studying the Hegemony of the Extraterritorialityo f U. S. Securities Laws: What It Means for Foreign Investors, Foreign Markets, and Efforts at Harmonization", 17 *Geo. J. L. & Pub. Pol'y* 343 (2019).

了部分文件。美国最高法院判定，美国宪法第四修正案中免于不合理搜查和扣押的规定不适用于身处国外的外国人。这一案例代表着美国宪法回归传统属地（territoriality）管辖范畴，司法机关从国际关系领域的退出也受到了行政机关的欢迎。[1]

这一阶段中，美国最高法院在数起案件中全然无视国际法中的人权保障要求。"9·11"恐怖袭击，美国与伊拉克、阿富汗的冲突等引发出一系列管辖难题：包括美国法是否适用于海外受雇于美国政府的军事公司；美国法是适用关塔那摩湾被拘留的外国人等。关塔那摩湾之所以被选为关押战俘的场所，被学界认为超出了联邦法院的管辖范畴。关塔那摩湾被国际社会谴责为充满酷刑和虐待猖獗的地方，并以制度化的方式存在，法治被完全忽视，正义被彻底剥夺。[2] 美国最高法院在此期间审理的"哈姆迪诉拉姆斯菲尔德案"（Hamdi v. Rumsfeld）、"拉苏尔诉布什案"（Rasul v. Bush）、"哈姆丹诉拉姆斯菲尔德案"（Hamdan v. Rumsfeld）以及"布迈丁诉布什案（Boumediene v. Bush）"以强调美国宪法的绝对属地主义、毫无宪法约束的践踏人权而臭名昭著。[3]

五　无视国际关系的恣意扩张阶段

2010年至今，美国为追逐全球霸权，无视国际法，全然以服务国内需求为核心。[4] 20世纪初，美国还在宪法传统与全球野心中纠结；到目前为止，美国法的域外管辖已经可谓"漫无边际"，呈现出"复杂、混乱且随机的"适用状态。[5] 无视国际关系与恣意扩张成为这一阶段美

---

[1] Kal Raustiala, *Does the Constitution Follow the Flag? The Evolution of Territoriality in American Law*, Oxford University Press, 2009, 189.
[2] 《联合国人权专家："可耻的"关塔那摩拘留设施必须立即关闭》，联合国网，https://news.un.org/zh/story/2021/01/1075392，2022年6月1日。
[3] Alina Veneziano, Applying the U. S. Constitution Abroad, from the Era of the U. S. Founding to the Modern Age, 46 Fordham Urb. L. J. 602（2019）.
[4] EEOC v. Arabian Am. Oil Co., 499 U. S. 244, 111 S. Ct. 1227（1991）.
[5] Alina Veneziano, "The Eras of Extraterritoriality in the United States", 5 *U. Bologna L. Rev.* 240（2020）.

国法域外适用与域外管辖的显著特征。

在这一进程中,美国最高法院明确将域外适用的范围界定问题交由立法机关和行政机关加以解决。① 2010 年"莫里逊诉澳大利亚国民银行案"(*Morrison v. Nat'l Austl. Bank Ltd.*)(以下简称"Morrison 案")中,争议焦点是美国《证券交易法》第 10(b)条是否适用于外国原告起诉外国被告和美国被告在外国证券交易所进行的不当交易行为。美国最高法院最终判定该法不发生域外适用效力,并明确反域外适用推定将被适用于所有案件,以期为确保国会立法达成预期效果提供坚实基础。该案将美国法域外适用的判断重心从行为地、效果地等转向焦点判断;并明确法院在适用反域外适用推定时,不必再考虑美国法与其他国家法律是否会发生实际冲突。② 2016 年,在"RJR 纳贝斯克公司诉欧洲共同体案"(*RJR Nabisco, Inc. v. European Cmty*)(以下简称"RJR 案")中,美国最高法院强调:在没有国会明确指示的情况下,给予在外国发生伤害以损害赔偿将存在引发国际冲突的危险;尽管美国法与外国法之间存在冲突风险不是反域外适用推定的前提条件,但当这一风险已然明确时,则有必要适用这一推定。③ 从美国司法现状而言,下级法院在处理涉外纠纷时缺乏足够的司法指导,法院各自凝练司法标准的情况屡见不鲜。④

这一趋势也体现于美国宪法的域外适用之中。如在 2017 年"埃尔南德斯诉梅萨案"(*Hernandez v. Mesa*)中,美国海关和边境保护局特工在美国境内开枪射杀身处墨西哥境内的埃尔南德斯。该案争议焦点在于政府官员在不违背宪法人权基础上的职务履行行为是否可以豁免民事赔偿责任。美国最高法院并未对美国宪法第四修正案和第五修正案是否适用加以裁判,因为这一问题是极为敏感的且可能会产生深远影响的。时

---

① Alina Veneziano,"The Eras of Extraterritoriality in the United States", 5 *U. Bologna L. Rev.* 240(2020).

② *Morrison v. Nat'l Austl. Bank Ltd.*, 561 U. S. 247, 130 S. Ct. 2869(2010).

③ *RJR Nabisco, Inc. v. European Community*, 579 U. S. 325(2016).

④ Alina Veneziano,"The Eras of Extraterritoriality in the United States", 5 *U. Bologna L. Rev.* 240(2020).

隔三年之后，2020年2月，美国最高法院判定，依据宪法第四修正案和第五修正案、给予行政人员豁免权是一个崭新问题，需要进行下述考量：首先，需要考虑美国与其他国家的关系。美国最高法院指出，应当由行政机关而非司法机关对涉外问题加以判断。跨境枪杀行为显然构成国际问题，涉及两国边界和利益。美国与墨西哥在本案中均具有相关利益：美国要确保政府工作人员在履行边界巡逻这一重要任务时受到美国法律的合理评判，而不损害工作效率和士气；墨西哥则主张领土主权并保护国民利益、为死者伸张正义。因而，这一问题应当交由行政机关处理，以防止司法权力对行政运作的破坏性干预。美国相关部门已经查实该特工的行为并未有悖于使用武力的边境巡逻政策及相关培训，因而决定不对特工采取措施。法院也应假定在边境巡逻政策及相关培训中已包含宪法第四修正案的相关要求。两国应通过外交途径解决这一问题。"外交政策和国家安全的决定是'微妙、复杂、涉及大量预测要素'，司法机构既无能力、也无设施和责任对此加以判断。"[1] 为避免阻碍国际关系，美国最高法院不提供任何司法救济。[2]

---

[1] *Jesner v. Arab Bank*, PLC, 138 S. Ct. 1386（1986）.
[2] *Hernandez v. Mesa*, 140 S. Ct. 735（2020）.

第五章　美国域外立法管辖及其限定

作为判例法系国家，美国的域外立法管辖在宪法、冲突规范、成文法解释的三重维度中展现出其内在规定性。美国司法实践中对于域外立法管辖又形成了判定域外管辖权合宪性、合法性的限定标准。

一　宪法维度的界定与限制

域外立法管辖的根本渊源是宪法规定。美国域外立法管辖是否符合宪法要求是一个崭新问题。近年来，司法实践中出现了前所未有的合宪性挑战。美国理论界和实务界总结到，美国宪法对于域外立法管辖作出了权力运行、权利保障两方面的界定和限制。前者聚焦美国立法机关如何保证具有域外效力的国内立法符合合宪性要求；后者检视基于宪法规定排除法律适用于特定人的情形。[1] 易言之，权力运行是对国会立法权进行的结构性考察；权利保障则是个体性限制，为避免个人遭受违背基本公平（fundamental fairness）的法律适用提供保护屏障。两者的分析逻辑存在根本差别：即使立法符合权力维度上的合宪性要求，但当其适用于特定主体时仍需进一步分析是否侵害了个人的宪法权利。[2]

（一）权力运行

美国宪法对于域外立法管辖设定了两项基本要求：一是属于国会立

---

[1] Anthony J. Colangelo, "The Foreign Commerce Clause", 96 *VA. L. Rev.* 949, 951 – 58 (2010).

[2] Anthony J. Colangelo, "What Is Extraterritorial Jurisdiction", 99 *Cornell L. Rev.* 1303 (2014).

法事权范畴；二是限定于宪法确定的地域范围。美国宪法中明确列举了一系列域外管辖的立法事权，包括：管理对外贸易事项（宪法第1条第8款第3项），界定和惩罚海盗罪、在公海所犯之重罪、违背国际公法罪行事项（第1条第8款第10项），制定必要适当法律的事项（第1条第8款第18项）。简言之，美国立法域外管辖对象必须属于宪法所确认的立法事项及地域范围之内。具体而言：

第一，美国立法域外管辖必须符合宪法所明确的立法事项。例如，2012年"美国诉贝莱扎克-乌尔塔多案"（*United States v. Bellaizac-Hurtado*，以下简称BH案）中，争议焦点是美国《海事禁毒执行法》对于域外贩毒行为的规定是否属于宪法第1条第8款第10项国会对于违背国际公法罪行所拥有的立法事项。该案中，被告在美国之外的巴拿马水域贩运毒品，被依据美国《海事禁毒执行法》提起刑事诉讼。该法第70503条、第70506条均明文规定具有域外适用效力，得以规制发生于美国领土之外的贩毒行为。但美国第十一巡回上诉法院认为，宪法所规定之违背国际公法的罪行，从宪法的文本表述、历史解释和体系解释而言，均指向国际习惯法中所界定的犯罪行为。贩卖毒品，无论从历史还是现代视角来看，均不属于前述宪法赋予国会的规制犯罪的立法权限范畴，因为无论是在美国联邦成立之初还是在案发之时，贩毒都并非违反国际习惯法的犯罪行为。因此，包含域外适用效力条款的《海事禁毒执行法》被判定超越宪法赋予的立法权限，构成违宪，被判定无效。[①]

第二，美国立法域外管辖必须符合宪法所界定的地域范围。例如，美国宪法第1条第8款第10项中把重罪纳入域外管辖的前提是相关行为发生于"公海"之上。前述BH案中发生于巴拿马水域的贩毒行为不能纳入该项规定的"在公海所犯之重罪"的范畴，因为巴拿马水域并非国际法上的公海范畴，而是另一主权国家水域范围。其次，宪法第1条第8款第3项中规定的对外贸易事项同样不能为《海事禁毒执行法》的域外适用提供合宪性支撑。对外贸易事项调整的是"美国与外国之间"的贸易行为，而非"其他国家之间的"贸易行为，即美国必须参与贸易之中。[②] 因此，美国不

[①] *United States v. Bellaizac-Hurtado*, 700 F. 3d 1245 (11th Cir. 2012).

[②] *United States v. Bellaizac-Hurtado*, 700 F. 3d 1245 (11th Cir. 2012).

能单方面通过立法创制针对国际贸易的监管体系。①

宪法有关地域范围的界定与当事人所在地并无直接联系，而是指向行为发生地。例如，在"美国诉卡瓦哈尔案"（United States v. Carvajal）中，身处内陆国家的犯罪嫌疑人策划了在公海上的贩毒行为，鉴于该当事人从未离开其所在国，美国立法加以管辖是否符合宪法第1条第8款第10项中"在公海所犯之重罪"的要求？美国法院对此给出的答案是肯定性的。② 即不论犯罪嫌疑人地处何方，只要犯罪行为发生于公海之上，美国立法都有域外管辖权。

此处需要明确的是，若跨国行为（如跨境国际商事交易等）的某一要素发生于美国境内，则即使该要素相对于其余行为而言是短暂的和次要的，美国法仍可发生域外管辖效力。③ 易言之，与美国存在连接点（nexus）的行为，无论发生于域外任何地方，美国立法给予域外管辖均符合宪法中的权力规定。而与美国没有任何联系的行为，美国法将不发生任何域外管辖效力。如对于两名加拿大犯罪分子在加拿大从事的贩毒行为，美国法不发生域外适用效力；但是，若在孟买街头，两名印度人有意将毒品运往美国，美国立法域外管辖即可获得合宪性支撑。④

（二）权利保障

美国宪法中正当程序对于美国法域外适用起到了限定作用。正当程序（due process）规定于美国宪法第五修正案和第十四修正案："任何人……不经正当法律程序，不得被剥夺生命、自由和财产"。⑤ 正当程

---

① Anthony J. Colangelo, "What Is Extraterritorial Jurisdiction", 99 Cornell L. Rev. 1303 (2014).
② United States v. Carvajal, 924 F. Supp. 2d 219 (D. D. C. 2013).
③ Anthony J. Colangelo, "What Is Extraterritorial Jurisdiction", 99 Cornell L. Rev. 1303 (2014).
④ Anthony J. Colangelo, "What Is Extraterritorial Jurisdiction", 99 Cornell L. Rev. 1303 (2014).
⑤ 美国宪法第五修正案规定，非经大陪审团提出报告或起诉，任何人不受死罪和其他重罪的惩罚，唯在战时或国家危急时期发生在陆、海军中或正在服役的民兵中的案件不在此限。任何人不得因同一犯罪行为而两次遭受生命或身体伤残的危害；不得在任何刑事案件中被迫自证其罪；未经正当法律程序，不得剥夺任何人的生命、自由和财产；非有恰当补偿，不得将私有财产充作公用。第十四修正案规定，凡在合众国出生或归化合众国并受其管辖的人，均为合众国的和其居住州的公民。任何一州，都不得制定或实施限制合众国公民的特权或豁免权的任何法律；不经正当法律程序，不得剥夺任何人的生命、自由或财产；对于在其管辖下的任何人，亦不得拒绝给予平等法律保护。

序在美国域外立法管辖中的核心要求是给予实施主要行为的当事人以合理通知（fair notice）。① 对此，美国法院的一致底线是：美国法域外适用不能出现随意、根本不公（arbitrary or fundamentally unfair）的缺陷，即正当程序中所蕴含的法律适用合理通知的核心要求。在美国域外立法管辖领域，必须保证当事人通过适当的连接点（nexus），就适用于其行为的美国法律得到了合理通知。这一规则存在例外情形：国际法上的普遍管辖原则无需受到合理通知的限制，因为在此情况下当事人被视为已经得到合理通知。易言之，美国法通过刑法上的普遍管辖等所发生的域外适用已经满足正当程序的合宪性要求。普遍管辖无需连接点，是因为全世界对于相关行为的道德谴责和刑事处罚早已满足了对于所有人的普遍告知要求。由此而言，普遍管辖并非真正的域外管辖，而是国内法院对于国际法统一规则的执行措施。②

由于美国最高法院尚未介入这一领域，下级法院对于美国域外立法管辖是否符合正当程序给出了相互冲突的司法判断标准。美国地方法院将域外立法管辖中的连接点要求与域外司法管辖权中的正当程序要求混为一谈，即将司法领域对人管辖（personal jurisdiction）中的"最低联系标准"混同于域外立法管辖中的连接点要求。但实际上，对人管辖与立法管辖及其内含的属人管辖并非同一概念。③ 对人管辖，被限定于民事诉讼领域，是指当事人是否能够在美国法院出庭、并解决民事纠纷

---

① 有学者指出，正当程序是反域外适用推定的限定条件，并将其总结为第三步考量程序。参见韩永红《美国法域外适用的司法实践及中国应对》，《环球法律评论》2020 年第 4 期。从美国司法实践来看，反域外适用推定仍然坚持两步骤分析法，正当程序属于立法域外适用合宪性的判断步骤。

② Anthony J. Colangelo, "What Is Extraterritorial Jurisdiction", 99 *Cornell L. Rev.* 1303 (2014).

③ 美国最高法院在国际鞋业公司诉华盛顿州（*International Shoe Co. v. State of Washington*）一案中确立的关于对非本州岛民事被告行使对人管辖权（personal jurisdiction）的最低法律要求的原则。依据该原则，如果被告与诉讼地州有足够的或实质性的联系，从而对该案的审理不违反传统的公平对待和实质公正的概念，则州法院对不在该州居住的民事被告有对人管辖权。在另一案例中，被告的有目的性的积极商业行为被认为是足够的联系。同样，州税务机关对与本州岛有某些最低限度联系的外国公司可以合法征收地方所得税。

的合理预期，并不涉及法院所在国的法律是否加以适用的问题。① 将对人管辖中的最低联系标准与域外立法管辖中的正当程序混为一谈，难免引发以下三个方面的问题：其一，普遍管辖无需连接点，若将最低联系标准和域外立法管辖混为一谈，则将排除美国在严重刑事犯罪领域的管辖权，导致其背弃国际义务。其二，以最低联系标准替代域外立法管辖将导致美国域外管辖范围更为宽泛。对人管辖并非以属人管辖中是否具有美国国籍作为前提条件，对人管辖可对外国人发生管辖效力。若以最低联系标准替代域外立法管辖，则当事人只要出现于美国境内，法院即可获得管辖权。由此将进一步拓展美国法域外适用的范畴，引发更为激烈的国际反对之声。其三，从本质上而言，最低联系标准与合理通知存在根本差异。即使当事人与美国存在最低联系，仍可能会发生当事人无法获得美国法上合理通知的问题。如外国当事人在美国之外实施相关行为后方才入境美国，在行为发生之时并无预知美国法如何适用。这一问题被归结为"空间性溯及既往"（spatial retroactivity）或"空间性合法性"（spatial legality）问题，从而区别于新法颁布在先后、行为发生在先的"时间性溯及既往"（temporal retroactivity）或"时间性合法性"（temporal legality）概念。②

二 成文法解释的界定与限制

美国国会在制定立法之初即应确定其是否具有域外效力。但作为判例法国家，美国法院所遭遇的特殊问题是如何在立法没有明确适用地域范围的情况下来判断该法是否具有域外适用效力。长期以来，美国法院形成了反域外适用推定这一立法解释工具。反域外适用推定被定性为立法实施的解释规则，而非域外司法管辖判定标准。即其判断焦点是立法规则，而非法院审判权的行使。鉴于美国反域外适用推定的内容丰富性，将在下一章中专门对此加以详述。

---

① Klimavicius-Viloria, 144 F. 3d at 1257 (9th Cir. 1998).
② Anthony J. Colangelo, "Spatial Legality", 107 *Nw. U. L. Rev.* 69 (2012).

三　冲突规范的界定与限制

普通法中冲突规范的指引拓展了美国域外立法管辖的范畴。鉴于联邦法律与各州法律在域外适用方面的差异，相较于被反域外适用推定严格限制的美国联邦立法，冲突规范展现出更为广阔的潜在域外适用可能。[①] 尽管在传统研究中该问题并未得到充分探讨，但是从跨国民商事案件来看，美国法通过冲突规范而获得域外适用是毋庸置疑的一项客观事实。[②] 在国际私法实践中，法院地法（forum law）的适用率往往高于外国法。造成这一现象的主要原因有二：一是当事人选择在一国法院起诉，通常因为该国与案件有某种事实联系，法院地法因此联系而被选中。二是各国的国际私法规范体系中都有导向法院地法的规定，如单边规范、公共秩序保留条款、因外国法不能查明而适用本地法的规定等。由此，法院地法适用于与法院地国存在联系、即使其他案涉行为发生于该国之外的司法案件，从而发生域外适用的效力。[③]

尤其是近年来，两项国际发展趋势进一步显现出上述问题的重要性。一是全球化趋势下国际交往、尤其是不同国家之间经贸往来逐渐增多，各国法律之间存在潜在的域外适用。二是公法和私法的融合。Morrison 案和"美国平等就业机会委员会诉阿拉伯美国石油公司案"（*EEOC v. Arabian Am. Oil Co.*）（以下简称 EEOC 案）中均存在民刑交叉现象，借助民事诉讼的救济机制来执行美国公法、甚至是国际公法的规则要求。如 Morrison 一案中，争议焦点是美国《证券交易法》的反欺诈条款，是以私法救济执行公法要求的典型代表。这一现象也出现在美国最高法院所审理的反垄断、反歧视等领域案件中。[④]

[①] Katherine Florey, "State Law, U. S. Power, Foreign Disputes: Understanding the Extraterritorial Effects of State Law in the Wake of Morrison v. National Australia Bank", 92 *B. U. L. Rev.* 535 (2012).

[②] Anthony J. Colangelo, "What Is Extraterritorial Jurisdiction", 99 *Cornell L. Rev.* 1303 (2014).

[③] 王艺：《法院地法扩大适用探因——中、美两国比较研究》，《现代法学》2015 年第 3 期。

[④] Anthony J. Colangelo, "What Is Extraterritorial Jurisdiction", 99 *Cornell L. Rev.* 1303 (2014).

经由冲突规范所发生的美国法域外适用，主要限于美国各州地方立法，即法院所在地的地方法律规范，而非联邦立法。美国联邦法律体系中也存在冲突规范，但其并非是当事人在美国法与外国法之间进行选择的依据，而是针对存在竞合关系的联邦内法律体系如何适用进行选择。[1] 而在地方司法实践中，反域外适用推定与冲突规范均被法院用于地方法律域外适用的判定过程。即美国地方法院并不区分国内、国际两种域外适用规则。据统计，美国 20 个州采用反域外适用推定，17 个州未采用该规则，而另外 13 个州未能加以明确。[2] 此处，"域外"并不仅仅是指美国一州与其他州之间的相互关系，也包括美国与其他国家之间的国际关系。例如，在"扬克诉迪尔公司案"（*Jahnke v. Deere & Co.*）中，爱荷华州最高法院判定，该州就业歧视立法不适用于受雇于美国公司、并在中国工作的美国公民。在适用反域外适用推定规则的过程中，法院将冲突规范作为考量因素，将其认定为"大多数法院拒绝在其明确的地理管辖范围之外实现人权相关立法域外适用"的依据。[3]

对于经由冲突规范所发生的美国法域外适用是否受到司法限制，即冲突规范与反域外适用推定之间的相互关系究竟如何处理，美国学界存在不同认识：美国学者凯瑟琳·弗洛里（Katherine Florey）认为，两者的考量因素不同，冲突规范应更多依靠本土效果标准、国际礼让等国际要素考量；而反域外适用推定不适用于各州法律，因为其本质上是联邦立法的解释工具。[4] 但安东尼·科朗杰洛（Anthony Colangelo）认为，应区分涉及公法规则与私法规则的不同种类案件：在涉及传统私法规则适用的案件中，一国法是否发生域外适用问题需要通过准据法选择加以解决；而在涉及传统公法规则的领域，即以私法救济执行公法规则的案件（如 Morrison 和 Kiobel 案）中，则应通过反域外适用推定加以解决。

---

[1] William S. Dodge, "Extraterritoriality and Conflict-of-Laws Theory: An Argument for Judicial Unilateralism", 39 *HARV. INT'L LJ.* 101 (1998).

[2] William S. Dodge, "Presumptions against Extraterritoriality in State Law", 53 *UC Davis L. REV.* 1389 (2020).

[3] *Jahnke v. Deere & Co.*, 912 N. W. 2d 136 (Iowa 2018).

[4] Jeffrey A. Meyer, "Extrateritoial Common Law: Does the Common Law Apply Abroad?", 102 *GEO. L. J.* 301 (2013).

从美国各州司法实践来看，冲突规范与反域外适用推定的关系认定主要有四种类型：第一类是将反域外适用推定内含于准据法判断的第一步骤之中。准据法的确定程序包含两个步骤：首先，探明存在适用可能的法律"范围"，即是否有多项法律可供选择；其次，若存在不止一项法律依据，则确定哪项法律具有优先性。如加利福尼亚州最高法院在"沙利文诉甲骨文公司案"（Sullivan v. Oracle Corp.）中判定，确定该州《劳动法》的加班条款是否适用于非居民，[①] 需要考虑两个方面的问题：一是对《劳动法》相关条款进行法律解释，确定相关规定能否加以适用；二是根据该州冲突规则，确定上述规则与其他州法律规则究竟哪一项得以适用。反域外适用推定被置于在第一步判断中，法院对于该州立法是否能够成为其他州的非居民要求支付加班费的法律依据。[②]

第二类是将前述两项步骤顺序进行倒置，在优先性判断之后考量反域外适用推定。如在"哈珀诉席尔瓦案"（Harper v. Silva）中，争议焦点是内布拉斯加州为医院发生的医疗事故而设立超额责任基金的《医院医疗责任法》，是否适用于已在内布拉斯加州和堪萨斯州均获得医生资格、并在堪萨斯州发生医疗事故的医生的相关行为。内布拉斯加州最高法院首先确定州与州之间的冲突规则，认定堪萨斯州法律得以适用。继而判断反域外适用推定问题，最终判定该州立法仅覆盖本州境内的执业医生。[③]

第三类是在两项步骤的判断中放弃反域外适用推定，而直接依据冲突规范作出判定。华盛顿州、马萨诸塞州、蒙大拿州最高法院均采取了这一模式。如华盛顿州最高法院在"伯恩赛德诉辛普森纸业公司案（Burnside v. Simpson Paper Co.）"中，基于该州《反歧视法》的立法目的和立法声明，判定该法适用于在其他州为华盛顿公司工作的非居民，继而依据华盛顿州冲突规则，判定该州立法发生域外适用，从而与反域外适用推定无涉。[④]

---

① 该案中，非居民雇员被加利福尼亚州雇主雇用，在加州和其他州从事相关工作。
② *Sullivan v. Oracle Corp.* 254 P. 3d 237（Cal. 2011）.
③ *Harper v. Silva* 399 N. W. 2d 826（Neb. 1987）.
④ *Burnside v. Simpson Paper* Co. 864 P. 2d 937（Wash. 1994）.

第四类是以反域外适用推定替代冲突规则作出判断。得克萨斯州、肯塔基州最高法院在反垄断法、劳动法等领域中采取这一模式。如得克萨斯州最高法院在"可口可乐公司诉哈玛装瓶公司案"（*Coca-Cola Co. v. Harmar Bottling Co.*）中，运用反域外适用推定替代准据法选择来判定该州反垄断法不适用于在其他州发生的损害。原因在于：鉴于各州实施反垄断的重要性，反垄断案件应当适用实际损害发生地的反垄断法或联邦立法。①

---

① *Coca-Cola Co. v. Harmar Bottling Co.*, 218 S. W. 3d 671（Tex. 2006）.

第六章　美国域外司法管辖

不同于前述域外立法管辖，域外司法管辖形成了自己的方法论进路。[①] 美国域外司法管辖主要体现在联邦法院的角色定位、反域外适用推定、衡平法域外管辖三个方面。[②] 前一问题主要关系美国宪法对于联邦法院的基本定位。后两个问题将在第七章、第八章中专门阐述。

总体而言，美国法院在对外关系中的功能发挥取决于两项限定因素：一是宪法赋予总统和国会的职权范围，二是立法及其解释规则对法院作用的界定。上述两项要素紧密联系，共同制约着美国法院的域外司法管辖权：其一，国会和总统通过不同立法形式，从根本上决定着法院的域外管辖以及当事人在司法诉讼中的权利义务；其二，国会通过立法明确排除反域外适用推定，也就意味着拒绝法院对于立法域外效力的擅自揣测；其三，总统和国会若不满司法机关在对外事务中的功能发挥，则有权重新缔结或修改国际条约，抑或颁布实施性立法为司法裁判划定界限。从目前状况而言，美国司法机关在对外关系、涉外纠纷解决中不再如美国建国之初那样居于核心地位。[③]

一　宪法定位

在美国，域外司法管辖的首要问题是宪法层面的依据。[④] 美国宪法

[①] 宋晓：《域外管辖的体系构造：立法管辖与司法管辖之界分》，《法学研究》2021年第3期。

[②] Ryan C. Williams, "'Judicial Role' and Judicial Duty in Foreign Affairs", 43 *Fordham Int'l L. J.* 1235 (2020).

[③] David J. Bederman, "The Feigned Demise of Prize", 9 *Emory Int'l L. Rev.* 31, 64 (1995).

[④] Ryan C. Williams, "'Judicial Role' and Judicial Duty in Foreign Affairs", 43 *Fordham Int'l L. J.* 1235 (2020).

第 3 条明确规定了联邦法院在涉外领域发挥裁判功能所覆盖的案件类型：一是基于宪法、联邦法律而提起的诉讼；二是基于美国与其他国家缔结条约而提起的诉讼；三是涉及大使、其他使节及领事的案件；四是海事案件；五是涉及外国、外国主体及域外事务的诉讼。[1] 但是，美国学者认为，上述宪法规定只是向联邦法院"发出了指导美国外交政策的权力邀请"，[2] 并没有给出联邦法院在涉外事务处理领域的准确角色定位，尤其是缺乏司法机关与立法机关、行政机关在这一领域如何处理相互关系的明确指引。对此，美国最高法院严格划定了法院系统参与国际事务的边界，并默认总统职权的扩张，避免法院陷入总统和国会的分权之争。[3] 对此，有批评意见指出，美国最高法院应重拾建国之初的积极姿态来处理涉外关系。[4] 彼时，联邦法院在涉外纠纷处理中扮演了极为"突出而又自信的"角色。但至 20 世纪早期，美国法院的这一实质性作用呈现消减趋势。

毋庸置疑，美国联邦法院在处理对外关系方面的司法定位，取决于美国宪法框架下宏观权力的分配与定性。司法权的根本定位是法院承担着将现行立法适用于具体案件的权力和基础性义务。[5] 在"马布里诉麦迪逊案"（*Marbury v. Madison*）中，最高法院首席大法官马歇尔指出："断定什么是法律显然是司法部门的职权和责任"；法院"必须阐明和解释法律规则。如果两部法律相互冲突，法院必须就各自如何实施作出决定。"[6] 由此衍生出两项重要推定：其一，美国法院不介入特定对外关系问题，是对立法机关和行政机关的尊重，并非逃避或违背美国宪法

---

[1] Ryan C. Williams, "'Judicial Role' and Judicial Duty in Foreign Affairs", 43 *Fordham Int'l L. J.* 1235 (2020).

[2] Edward Corwin, *The President: Office and Powers* 1787–1957, *history and analysis of practice and opinion*, 4th edition, New York University Press, 1957, p. 171.

[3] Martin S. Flaherty, *Restoring the Global Judiciary: Why The Supreme Court Should Rule in U. S. Foreign Affairs*, Princeton University Press, 2019, p. 81.

[4] Ryan C. Williams, "'Judicial Role' and Judicial Duty in Foreign Affairs", 43 *Fordham Int'l L. J.* 1235 (2020).

[5] *Marbury v. Madison*, 5 U. S. (1 Cranch) 137, 178 (1803).

[6] *Marbury v. Madison*, 5 U. S. (1 Cranch) 137, 177 (1803).

所赋予的法律适用职责。美国宪法规定法院具有法律适用权,同时也明确立法机关和行政机关各自拥有差异化的立法解释进路,从法律解释这一角度而言,三者具有一致性。① 正如亚历山大·汉密尔顿(Alexander Hamilton)所强调:"总统是宪法规定的法律执行者……必须首先自行判断法律的含义。"② 因此,美国法院避免介入域外管辖的特定领域,从而防止与立法机关、行政机关的权限冲突。其二,美国法院的司法角色依赖于个案争议焦点和对外关系的相关法律规定。是否介入对外事务是法院被动的选择,取决于案涉法律规则的实质性规定。因此,分析美国域外司法管辖以及法院在涉外关系中承担司法角色的准确定位,离不开对于规则变迁和法律解释的影响考察。③

二 影响因素

美国法院在处理对外关系中的角色变化,主要受到国际法规则变迁、美国国内法规则演变、立法解释的观念转变等三方面的影响。三者的发展导致美国法院在对外关系中所扮演的角色发生了天翻地覆般的变化:18世纪末至19世纪初,美国法院对于国际条约与国内联邦立法的解释和适用并无任何差别;④ 20世纪以来,美国国内法院不再倾向于介入国际条约的解释和执行,转为尊重总统和国会的选择。⑤

(一)国际法规则依据弱化

在美国建国之后的近百年间,捕获法管辖权(prize jurisdiction)构

---

① Keith E. Whittington, "Extrajudicial Constitutional Interpretation: Three Objections and Responses", 80 *N. C. L. REv.* 773 (2002).

② Alexander Hamilton, Pacificus No 1 (June 29, 1793), in The Pacificus-Helvidius Debates of 1793–1794: Toward the Completion of the American Founding, Morton J. Frisch, ed. 2007, 16.

③ Ryan C. Williams, "'Judicial Role' and Judicial Duty in Foreign Affairs", 43 *Fordham Int'l L. J.* 1235 (2020).

④ Michael D. Ramsey, "A Textual Approach to Treaty Non-Self-Execution", 2015 *Byu L. Rev.* 1639 (2015).

⑤ 美国国际条约的通过需要总统批准,并经三分之二以上的参议员的同意和建议。

成美国法院处理对外关系的重要法律依据之一。① 由于捕获法是国际战争法不可或缺的组成部分，美国法院在审判中获得了决定对外事务的"突出发声权"。1804 年、查名贝蒂案 1812 年"斯库诺交易号诉麦克法登"（The Schooner Exchange v. McFaddon）等知名案件都源自联邦法院据此实施的管辖。在此类案件中，联邦法院必须对国家的权利和义务作出判决，因而在对外关系争议的确定中发挥着重要作用。

早在 18 世纪，国际战争法中明确交战国家有权夺取属于敌国及其国民的财产，以削弱甚至消除敌人的进一步抵抗。捕获法形成了国际战争法的重要分支之一。美国法院在其中起到了积极作用：保障海军船员和私掠者通过诉讼获得交战国对缴获财产合法所有权的许可。② 遵守捕获法的国家能够得以确定在财产扣押程序中的权利义务，并最大限度地减少海军俘获造成抑或加剧国际冲突的可能性。为此，美国国会在立法中明确赋予国内法院捕获法管辖权。③

19 世纪中叶，国际法中捕获案件开始减少。1856 年《海商法巴黎宣言》（ParisDeclaration Respecting Maritime Law）的缔结，反映出欧洲多数大国承诺放弃私掠的实践做法，从而消除了此类案件中原有的物质激励因素。④ 尽管美国最初坚决反对该宣言，但最终还是默认了这一国际发展趋势，不再将私掠作为国际法上的战争方式。⑤ 国际惯例的这一转变，给美国法院保留了海军船员捕获裁判机制的作用发挥空间。19 世纪末 20 世纪初，国际法中的捕获法管辖权逐渐走向消亡。随之，美国联邦法院在对外关系方面的作用也大打折扣。⑥ 至 20 世纪中期，捕

---

① 捕获法是近代西方国际法的重要领域。有关战争、捕获物、战利品归属等参见［荷］雨果·格劳秀斯著，张乃根等译《捕获法》，上海人民出版社 2015 年版。

② Joseph Story, *Commentaries On The Constitution Of The United States: With A Preliminary Review Of The Constitutional History Of The Colonies And States Before The Adoption Of The Constitution*, Nabu Press, 2012, 162.

③ Ryan C. Williams, "'Judicial Role' and Judicial Duty in Foreign Affairs", 43 *Fordham Int'l L. J.* 1235 (2020).

④ David J. Bederman, "The Feigned Demise of Prize", 9 *Emory Int'l L. Rev.* 31, 33 (1995).

⑤ Proclamation No. 8, 30 Stat. 1770 (Apr. 26, 1898)

⑥ Ryan C. Williams, "'Judicial Role' and Judicial Duty in Foreign Affairs", 43 *Fordham Int'l L. J.* 1235 (2020).

获法案件已经不再属于美国法院的审理范畴。①

简言之，随着调整捕获争议的当代国际法规则呈现弱化现象，美国法院的捕获管辖亦呈现出消退趋势。

（二）国际条约的执行功能弱化

美国法院对于执行国际条约的功能发挥，首先取决于多边条约中有关权利保障和实现机制的设定。美国参与多边条约所作出的国际承诺，客观上需要国内法加以落实，并要求法院管辖给予保障。例如，1783年《巴黎条约》明确规定了成员国国内法院执行该条约的相关义务：② 该法第 4 条中规定"债权人获得善意合同中的全额赔偿"不得遭遇任何国内法律障碍。在"韦尔诉希尔顿案"（Ware v. Hylton）中，美国最高法院不顾弗吉尼亚州立法中给出的相反规定，坚持适用国际条约的规定。③ 但是，并非所有条约义务都需要法院的司法保障。如《巴黎条约》第 5 条与前述条款不同，并未直接规定被没收财产的个人所享有的补偿权，而是明确了联邦议会对于各州立法的建议权，即"联邦议会将诚挚地建议各州立法机构承认所有被没收土地的合法所有人"，并规定恢复和补偿所有被英国国民没收的财产。④

其次，不同类别的国际条约对于美国法院的实施保障要求不同。美国采用"并入方式"将国际条约合并到一国法律体系之中，无须立法转化过程；在国内法院适用时，又区分"自身可执行"（self-executing）与"非自身可执行"的条约或条款。前者自动取得与国内法同样的实施效力，在美国法院直接获得司法适用；后者则需经过某种立法行为（通常是通过一个履行某条约的立法）之后方可在美国法院适用。⑤ 更

---

① Curtis A. Bradley & Jack L. Goldsmith, "Customary International Law as Federal Common Law: A Critique of the Modern Position", 110 *Harv. L. Rev.* 815（1997）.
② 《巴黎条约》是 1783 年美国与英国在巴黎签署的和平条约。
③ *Ware v. Hylton*, 3 U. S. (3 Dall.) 199, 242-45（1796）.
④ Michael D. Ramsey, "A Textual Approach to Treaty Non-Self-Execution", 2015 *BYU L. Rev.* 1639（2015）.
⑤ 《国际公法学》编写组：《国际公法学》，高等教育出版社 2018 年第二版，第 69 页。

为复杂的问题是,如何确定两类条约或条款?一般情况下,需要借助国际条约缔约者的主观意图等外部证据来加以判断。19世纪初期,美国签订的大多是双边条约,因而确定条约订立时的国家意图并非难事。① 但在此后美国加入的多边条约中,缔约意图的判断查证的难度大幅增长。而且,鉴于各成员国国际条约的执行机制呈现多样化,多边条约极少就国内司法实施机制作出规定。② 美国法院所能发挥的域外管辖功能因而缺乏明确的条约依据。

最后,条约保留(reservation)进一步限制了美国法院参与对外关系处理的范围的深度。美国最高法院在多个案例中强调宪法赋予参议院批准国际条约的职权,并以此限制法院对于国际条约的强制执行功能。20世纪中期,条约保留事项更多地出现在国际条约之中,允许各国不必就保留事项征得其他各成员国的同意即可加入条约。美国出现了由参议员约瑟夫·布里克(Joseph Bricker)倡导的限制国际条约在美国本土发生法律效力的改革运动。③ 其主张,美国签订的国际条约必须符合宪法,一旦违反宪法,必须被认定为无效。约瑟夫及其同僚提出了宪法修正案,旨在限制国际条约一般事项的自我执行性,这一运动的最终效果影响到了国际人权条约的本土法律效力,尤其是条约保留问题。④ 20世纪后半期,美国参议院在多项多边人权条约的签订中以"保留""谅解""声明"等方式限制这些条约在美国发生法律效力。⑤ 在美国,条约签署后由国务卿呈送总统,经总统同意后,再以总统名义送交参议院审议,同时会附有总统致参议院的函,请求参议院就条约表示其建议和同意。参议院收到条约后,由全会对条约进行一读,并决定是否撤销对

---

① Charles Bevans, *Treaties and Other International Agreements of the United States of America*, 1776-1949, Hard Press, 2019, 1-6.

② *Medellin v. Texas*, 552 U. S. 491 (2008).

③ Natalie Hevener Kaufman, David Whiteman, "Opposition to Human Rights Treaties in the United States Senate: The Legacy of the Bricker Amendment", 10 *Hum. Rts. Q.* 309 (1988).

④ Martin S. Flaherty, *Restoring the Global Judiciary: Why the Supreme Court Should Rule in U. S. Foreign Affairs*, Princeton University Press, 2019. 230.

⑤ Martin S. Flaherty, *Restoring the Global Judiciary: Why the Supreme Court Should Rule in U. S. Foreign Affairs*, Princeton University Press, 2019. 226-227.

条约的保密禁令。参议院全会收到外交关系委员会的报告后，对条约进行"二读"。在这一阶段，参议员可以对条约约文提出修正案，即要求改变条约对美国施加的义务，但只能针对双边条约，因为多边公约已完成谈判，变更几乎不可能。修正案将列入《批准决议案》，即参议院同意批准条约的前提是其他缔约方接受美国参议院提出的修正案，如果其他缔约方不同意，将有可能导致重开谈判重新缔结条约。随后，参议院审议条约《批准决议案》。在这一阶段，参议员不得再对条约约文提出修正案，但可对《批准决议案》提出保留和理解。保留是针对多边公约提出的，即声明不受某一条款的约束；理解也是一种声明，仅是澄清条约内容而不是变更条约义务。除了可以提出保留和理解，参议员也可要求将条约退回外交关系委员会重审或者就某些事项举行更多的听证会。之后，参议院即可对《批准决议案》表决，须获出席并参加投票的参议员三分之二多数赞成方能通过。参议院也可以搁置条约不付诸表决，甚至搁置数十年，如《维也纳条约法公约》。[①]

除美国国会作出的明示保留之外，关于多边条约的承诺解释也经常出现争议，究竟由司法机关还是行政机关执行条约承诺仍待进一步加以明确。[②]

（三）法律解释的发展

美国法院与立法机关在进行法律解释时所拥有的不同权限，对于法院在对外关系中所扮演的角色也起到了重要影响作用。法院所进行的司法解释包括美国法院识别立法含义中所运用的原则、假定和指南等。长期以来，美国法律缺乏统一、精确、协调的立法解释和司法解释规则；[③] 并且，法律解释规则和标准呈现出不断变化的趋势。由此，司法

---

① 王怀胜：《一件公约的批准所引发的思考——浅析中美两国条约批准程序之异同》，《中国人大》2013 年第 20 期。

② Michael D. Ramsey, "A Textual Approach to Treaty Non-Self-Execution", 2015 *BYU L. Rev.* 1639（2015）.

③ William Baude & Stephen E. Sachs, "The Law of Interpretation", 130 *Harv. L. Rev.* 1079（2017）.

解释标准出现了巨大争议。有学者认为，法律文本的解释应当始终以法律颁布时被广泛接受的解释规则和准则为标准。[1] 另有学者指出，法律解释规则应当随着时间推移而适应社会发展，可以超越不同于法律最初制定者所可能预期的方式加以演变。[2] 但即使是在前一观点中，当下法律适用条件的变化也会对解释规则产生影响，以应对新的现实状况的变化。

反域外适用推定的适用变迁集中反映出美国法院与立法机关在法律解释时的地位变迁。20世纪后半期，最初采用反域外适用推定的严格领土主权概念几乎消失殆尽。美国法院面临着如何应对这一历史发展的困境。可能解决方案之一是放弃反域外适用推定，转为将联邦立法的管辖界限扩张至国际法许可下的最大范围。[3] 由此引发的矛盾是：这一转变发生前后所颁布的法律在管辖范围的确定上将适用完全不同的解释规则。最终，美国最高法院采取了另一进路，判定反域外适用推定必须尊重立法机关的立法意图。即以美国联邦立法为中心，反域外适用推定以立法机关意图作为根本出发点。[4]

---

[1] William Baude & Stephen E. Sachs, "The Law of Interpretation", 130 *Harv. L. Rev.* 1079 (2017).

[2] William N. Eskridge, Jr. & Philip P. Frickey, "The Supreme Court, 1993 Term-Foreword: Law as Equilibrium", 108 *Harv. L. Rev.* 26 (1994).

[3] John H. Knox, "A Presumption against Extrajurisdictionality", 104 *Am. J. Int'l L.* 351 (2010).

[4] Ryan C. Williams, "Judicial Role' and Judicial Duty in Foreign Affairs", 43 *Fordham Int'l L. J.* 1235 (2020).

第七章　美国法域外适用的司法限制：反域外适用推定

陷入单边主义的美国法域外适用，不可避免地存在干涉其他国家主权的嫌疑，容易引发国与国（地区）之间管辖权冲突与外交摩擦，有损国与国（地区）之间的关系、甚至国际关系。对此，美国国内学界和实务界已然意识到恣意扩张的美国法域外适用所带来的危机，法院系统开始运用反域外适用推定原则作为限制美国法域外适用效力的统一标准。所谓反域外适用推定，是指美国法院在对联邦法律条款进行解释时，除非国会立法目的作出明确相反指示，否则该条款仅适用于美国地域管辖范围之内，而不具有域外适用效力。① 易言之，法院不可对立法机关的域外适用意图进行二次猜测，以确保立法的预期效果。②

然而，值得注意的是，法院表面上强调对美国法域外适用施加限制，但从本质上而言，仍然支持在一定前提下美国法发挥长臂管辖效力，并尝试为其提供"合法性"依据。在域外适用推定的判断标准中，美国法院在立法并无清晰、明确的域外适用指示时，转为鉴别立法焦点：若立法焦点所指向的案涉行为发生于美国境内，即使有其他行为发生于其他国家，美国立法也具有域外适用效力。由此，美国法将具有跨国要素的行为链条转变为"获得准许的域内适用"（permissible domestic application），而非"不被准许的域外适用"（an impermissible extraterri-

---

① 参见美国《对外关系法重述》（*Foreign Relations Law of the US*）（第4版）第203条。
② *Western Geco LLC v. ION Geophysical Corp.*, 138 S. Ct. 2129, 201 L. Ed. 2d 584 (2018).

torial application）。[1] 易言之，在立法没有给出域外适用指示时，法院通过美国法焦点规制的域内适用而发生规制外国人、财产和行为的效力，将"涉外"案件统一纳入国内管辖范畴。反域外适用推定也从最初的行为规制规则转变为集诉因管辖（即域外司法管辖）与行为管辖（即域外立法管辖）于一体的判断标准。[2]

一 美国反域外适用推定的发展历史

反域外适用推定距今已有 200 余年的发展历史，从最初的国际法限制原则发展为礼让原则，再进化成为立法目的的发现原则，经历了一波三折的发展变化。该原则肇始于 1804 年查名贝蒂案，强调美国法院对于任何法律条款的司法解释均不得违背国际法。[3] 在初始阶段，即使美国法院认为立法中有明确的域外效力的抽象表述，仍然拒绝加以适用。这与当时国际社会以地域管辖为主国家管辖权主张相适应。20 世纪初，随着国际习惯法中国家管辖权突破地域限制，反域外适用推定从查名贝蒂案中分离出来，立基于国际礼让原则重新加以构建。美国最高法院在 1909 年的 "美国香蕉公司诉联合水果公司案"（American Banana Co. v. United Fruit Co.）（以下简称"香蕉公司案"）中将案涉行为的发生在作为管辖权归属的唯一判断标准，即"任何法律解释均需以立法者享有一般权限和立法权的地域范围作为其实施并产生效果的限定条件"。[4] 1949 年"福利兄弟公司诉菲拉多案"（Foley Brothers, Inc. v. Filardo）中，美国最高法院强调反域外适用推定的基础是国会主要关注国内状况。由此至 1991 年间，美国法院逐渐忽略甚至拒绝反域外适用推定，转为愈发认可反垄断法等立法的域外效力，[5] 并将行为、

---

[1] *RJR Nabisco, Inc. v. European Cmty.*, 136 S. Ct. 2090, 195 L. Ed. 2d 476 (2016).
[2] William S. Dodge, "The New Presumption against Extraterritoriality", 133 *Harv. L. Rev.* 1582 (2020).
[3] *Murray v. Schooner Charming Betsy*, 6 U. S. 64, 2 L. Ed. 208 (1804).
[4] *American Banana Co. v. United Fruit Co.*, 213 U. S. 347, 29 S. Ct. 511 (1909).
[5] William S. Dodge, "The New Presumption against Extraterritoriality", 133 *Harv. L. Rev.* 1582 (2020).

效果作为域外适用标准，仅需任何一项发生于美国国内，即不必考虑反域外适用推定，可直接判断美国法直接发生域外适用效力。① 在此期间，美国最高法院将反域外适用推定适用于《海员法》《联邦雇主责任法》《八小时法》等特定立法之中，同时明确排除了适用于《国内税收法》《国家禁酒法》和《兰哈姆法》的可能。1965 年，《美国对外关系法重述》第 2 版将反域外适用推定归纳为：除非立法中有相反的清晰指示，无论是联邦还是地方成文立法，仅适用于美国领土之内发生的行为或对美国产生影响的行为。1987 年《美国对外关系法重述》第 3 版第 402（1）（a）条则将美国立法管辖权拓展为：主权国家有合理理由将其法律适用于全部或者部分发生于本国领土内的行为，或者发生于其境外但对本国或意在对本国产生效果的行为。自 1989 年开始，美国最高法院又将反域外适用推定适用于《外国主权豁免法》《公民权利法（1964 年）》《联邦侵权索赔法》《移民和国籍法》《专利法》《证券交易法》《外国人侵权法》《受敲诈勒索影响与腐败组织法》的相关案件，同时明确其不适用于《谢尔曼法》《联邦电汇欺诈法》《版权法》等相关案件中。美国国会则在新出台的《公民权利法（1991 年）》《多德－弗兰克华尔街改革和消费者保护法》中推翻了美国最高法院前述关于反域外适用推定的判决结果。② 1991 年，在 EEOC 案中，美国最高法院确定了反域外适用推定的核心地位，判断重心由以往的行为和效果标准转为立法目的判断，实现了对该原则的重塑。美国最高法院援引并认可 1949 年 "福利兄弟公司诉菲拉多案"（Foley Bros., Inc. v. Filardo）的判决，③ 强调在通常情况下，立法机关以国内焦点（domestic focus）为立法目的，因而美国法仅具本土规制效力。但同时指出上述一般规则存在例外情况：若立法中清晰表明该法具有域外适用效力的立法意图，则

---

① Restatement of the Law Fourth: The Foreign Relations Law of the United Sates § 204 Comment B.

② Restatement of the Law Fourth: The Foreign Relations Law of the United Sates, Reporter's Notes.

③ *Foley Bros., Inc. v. Filardo*, 336 U. S. 281, 69 S. Ct. 575（1949）.

该法可发生域外适用效力。① 在此后近 20 年间,美国法院愈发重视并推广适用反域外适用推定。② 2010 年,美国最高法院在 Morrison 案中认定行为、效果标准造成了"司法推测造就法律"的尴尬,导致个案裁判结果相差甚远。③ 为此,美国最高法院赋予反域外适用推定新的内涵,在以下三个维度重塑该原则:一是一改以往反域外适用推定作为"明确表述原则"的定性,代之以强调其可被推翻的假定性质。法律文本中是否明确规定域外适用效力不再是法院作出最终判断的唯一标准,而是需要根据立法文本作出整体性判断。④ 二是将判断重心从行为地、效果地等转向两步骤判断框架(下详述)。三是在适用反域外适用推定时,美国法院不必再考虑美国法与其他国家法律是否会发生实际冲突。⑤ 2016 年,在历经 16 年马拉松式诉讼之后,"RJR 纳贝斯克公司诉欧洲共同体案"(*RJR Nabisco, Inc. v. European Cmty*)(以下简称 RJR 案)得以审结,美国最高法院也在此案中整合 EEOC 案中的立法目的原则和 Morrison 案中的焦点原则,确立了最新的两阶段判断框架。迄今为止,美国最高法院仍以两阶段判断框架限制美国法的域外适用。⑥

二 美国反域外适用推定的适用标准

(一) 判断框架

美国反域外适用原则的基本假定是立法机关通常仅针对国内事项加以立法,因而若立法中并无明确表达,法院应判定立法并无域外适用效力。⑦ 美国最高法院自 RJR 案确立反域外适用推定由两阶段判断框架构

---

① EEOC v. Arabian Am. Oil Co., 499 U. S. 244, 111 S. Ct. 1227 (1991).
② Franklin A. Gevurtz, "Determining Extraterritoriality", 56 *Wm. & Mary L. Rev.* 341 (2014 – 2015).
③ Aaron D. Simowitz, "The Extraterritoriality Formalisms", 51 *Conn. L. Rev.* 375 (2019).
④ William S. Dodge, "The New Presumption against Extraterritoriality", 133 *Harv. L. Rev.* 1582 (2020).
⑤ Morrison v. Nat'l Austl. Bank Ltd., 561 U. S. 247, 130 S. Ct. 2869 (2010).
⑥ Hernandez v. Mesa, 140 S. Ct. 735, 206 L. Ed. 2d 29 (2020).
⑦ Western Geco LLC v. ION Geophysical Corp., 138 S. Ct. 2129, 201 L. Ed. 2d 584 (2018).

成：步骤一，判断反域外适用推定是否已在立法中被明确推翻。即立法中是否有清晰、明确的指示表明该法具有域外适用效力。若国会在立法目的中给出该法适用范围的明确指示，则反域外适用推定将被推翻。在这一判断中，反域外适用推定并非依据已有判例的归纳阐发而直接加以适用的规则（a clear-statement rule），而是要求法院在个案中综合判断有助于查明国会立法目的的所有证据，方可确定反域外适用推定能否被推翻。① 当立法中并无域外适用的清晰、明确的指示时，则进入第二步骤立法焦点的鉴别。步骤二，若与立法焦点相关的案涉行为发生于美国境内，即使有其他行为发生于其他国家，美国立法此时被允许适用于该案，但仍被认定为域内适用；若与立法焦点相关的案涉行为发生于其他国家，即使有其他行为发生于美国境内，美国法也不可发生域外适用效力。② 在步骤二前一种情形下，美国法在客观上适用于外国人、财产和行为，但由于立法焦点相关行为发生于美国，仍被认定为美国法域内适用的结果。易言之，即使美国立法并未规定域外适用效力，但若焦点行为发生于美国，美国法院仍可在立法进行域内适用的同时规制外国人、行为和财产。归根结底，此时美国法的域外适用藏身于域内适用之中，被作为域内适用的间接效果，由此为并未明确规定域外效力的美国法在实际上发挥域外适用功效提供合法性依据。

（二）立法焦点

立法焦点包括行为、交易或伤害等。③ 第一类着眼于行为。如《联邦电汇欺诈法》调整发生于美国境内的欺诈行为，即使该欺诈计划的目标是外国政府。④ 第二类聚焦交易行为。如莫里森案中立法调整证券买卖交易行为、EEOC 案中的雇佣行为。第三类关注的是损害。如 RJR

---

① Restatement of the Law Fourth: The Foreign Relations Law of the United States § 203 Comments.
② *RJR Nabisco, Inc. v. European Cmty.*, 136 S. Ct. 2090, 195 L. Ed. 2d 476 (2016).
③ Restatement of the Law Fourth: The Foreign Relations Law of the United States § 203 Comments.
④ *Pasquantino v. United States*, 544 U. S. 349, 371 (2005).

一案中要求对美国境内的商业、财产造成本土伤害，当事人不能仅以在美国之外遭受损失而获得赔偿。[1] 又如在 Hartford 一案中，谢尔曼法仅调整那些旨在美国境内产生实质影响或已经造成实质影响的境外行为。[2]

立法焦点判断所对应的立法条款分为三类不同情形：

（1）涉地域范围条款——一部立法中部分条款明确规定了域外适用效力，其他条款不当然发生域外适用，而是要根据每一具体条文的固定加以判断。从另一方面而言，立法中的部分条款规定了域外适用例外，也不表明其他条款均不发生域外适用效力。[3]

（2）非地域范围条款（Non-geographic provisions）——即法律条款的核心并非以地域范围为目的，而是以政府权力等为目的。[4] 基于此，立法焦点的判断注重的是立法语言、制定背景和历史。在这一类情况下，法律条款全方位适用于美国境内外，无需域外适用的明晰指示。

（3）附属刑事条款。包括合谋、帮助和教唆等犯罪行为，此类规定的立法目的是基础犯罪的延伸惩罚，因此附属条款是否发生域外适用效力取决于基础犯罪的作用范围。"一般来说，协助和教唆或共谋等附属犯罪的域外适用范围与基础犯罪规定是一致的。"[5]

（三）适用顺序

两阶段判断框架具有严格的适用顺序，不得在步骤一中混入立法焦点的鉴别，也不得跳过步骤一、径行进入步骤二的判断。在 RJR 一案中，RJR 公司辩称《反敲诈勒索及受贿组织法》规制焦点在于"组织"而非"行为"，因而即使该法适用于美国境外的敲诈勒索行为，依旧不能适用于外国组织。美国最高法院对此加以驳斥，判定这一主张混淆了

---

[1] *RJR Nabisco, Inc. v. European Cmty.*, 136 S. Ct. 2090, 195 L. Ed. 2d 476 (2016).
[2] *Hartford Fire Ins. Co. v. California*, 509 U.S. 764, 796 (1993).
[3] *Smith v. United States*, 507 U.S. 197, 204 (1993).
[4] *United States v. Bowman*, 260 U.S. 94, 98 (1922).
[5] *United States v. Ali*, 718 F.3d 929, 939 (D.C. Cir. 2013).

反域外适用推定的两个步骤，焦点判断并非第一步骤之中立法明确指示的组成部分。鉴于《反敲诈勒索及受贿组织法》调整主体行为的实体性条款明文规定规制域外行为，表明该法确定无疑具有域外适用效力，因而反域外适用推定被直接推翻，无需再进入第二步骤以判断案涉组织是否在美国境内，抑或与美国组织存在关联。①

步骤二中立法焦点的判断主要依凭立法表述来判断管辖美国域外所发生的事件是否构成美国国会的立法焦点。在 Morrison 一案中，澳大利亚国民银行的股票在澳大利亚股票市场上市，该银行在美国收购不动产贷款公司后，股价大跌。购买该公司股票的澳大利亚股民起诉国民银行故意调低不动产贷款的应收账款，构成虚假陈述行为。美国最高法院判定，《证券交易法》第 10 条第 2 款的规制焦点并不在于欺诈行为从哪里肇端，而是与欺诈行为相关的证券交易行为到底在哪里发生。易言之，该法并不处罚欺诈行为本身，而是调整美国国内与欺诈有关的股票交易行为。因此，尽管在美国境内发生的欺诈行为影响到澳大利亚股票价格，但美国《证券交易法》第 10 条第 2 款并不发生域外适用效力。

有学者将正当程序作为反域外适用推定的第三步骤，并援引美国加州北区地方法院等判决加以说明。② 但这一判断在 RJR 案中已被澄清。美国最高法院判定，正当程序是在不方便法院原则适用中的考量因素，而非反域外适用推定的内在标准。③

（四）本质特征

美国最高法院在反域外适用推定中采用了文本解释和目的解释的组合进路，这也就意味着法官并不局限于立法文本中是否存在规制域外行

---

① 美国国会在该法中明确禁止把敲诈勒索所获资金投资于从事或影响国际贸易的组织（包括公司、犯罪团伙、其他组织、个人等）用于洗钱等域外犯罪行为。因此，美国最高法院判定立法机关给出了明确的、毫无争议的域外适用指示。See *RJR Nabisco, Inc. v. European Cmty.*, 136 S. Ct. 2090, 195 L. Ed. 2d 476 (2016).

② 韩永红：《美国法域外适用的司法实践及中国应对》，《环球法律评论》2020 年第 4 期。

③ 正当程序在其中所发挥的作用是：在选择冲突法时不会发生武断或违反基础正义的问题。See *RJR Nabisco, Inc. v. European Cmty.*, 136 S. Ct. 2090, 195 L. Ed. 2d 476 (2016).

为的间接调整字样。这一特征主要体现在以下三个方面：

第一，即使立法明确调整与外国的相互关系，但仍需作立法目的的考量。如美国1934年《证券交易法》第10条第2款中规定州际之间的商业包括美国各州与其他国家之间的贸易、商业、运输、通讯。但即使立法中存在广义的调整对外贸易的字样，美国最高法院判定此处不宜做广义解释，而是应将其置于州际贸易的前提内加以理解。

第二，即使立法中存在调整域外行为的条款规定，法院应当给出限定性解释，不可当然推定其具有域外适用效力。如《证券交易法》在第10条第2款中规定，该法及其实施细则不适用于不受美国管辖的区域内从事证券业务的主体，除非其违反美国证券交易委员会为防止该法实施而颁布的规则。美国最高法院判定，该条款立法目的在于调整那些能够揭露美国国内证券交易违法行为的但发生在其他国家的相关行为，表明立法并非直接针对发生于外国的证券违法行为，即该法并不具有当然的域外效力，而是仅针对部分域外行为具有管辖效力。

第三，同一立法中部分条款的域外适用不能为整部法律的域外适用提供证成。美国法域外适用的判断必须着眼于具体案件中所涉立法条款，不得单凭立法中某一条款或某些条款具有域外适用效力而加以扩大适用范围。[①] 在RJR案中，美国最高法院强调：《反敲诈勒索及受贿组织法》的域外适用仅仅局限于具有明文规定的特定条款，即该法仅有一部分条款达到这一要求，其他条款并不能够因此而全部发生域外效力。简言之，部分条款的域外适用不代表整部立法都具有域外效力。原因在于：反域外适用推定的作用在于限制立法中具有域外适用效力条款的适用范围，推翻这一假定必须严格遵照立法的文本含义。因而，推翻反域外适用推定仅限于特定情况：《反敲诈勒索及受贿组织法》中规定的有组织犯罪集团敲诈勒索企业的行为以其他法律中规定的上游犯罪为前提，仅当调整上游犯罪的其他法律同时具有域外效力时，《反敲诈勒

[①] *Morrison v. Nat'l Austl. Bank Ltd.*, 561 U.S. 247, 130 S. Ct. 2869 (2010).

索及受贿组织法》的犯罪条款方可具有域外效力。①

(五) 适用层级

反域外适用推定分别作用于联邦法律、地方法律两个层面。第一层次，反域外适用推定针对联邦法律而言，美国地方立法及相关诉讼并不在联邦法院系统反域外适用推定的适用范围之列。

第二层面，美国最高法院判定在不与联邦立法相冲突的前提下，各州有权自行确定地方反域外适用推定规则，单独适用于该州立法。② 对于各州地方立法而言，各州最高法院所给出的解释具有最高效力，"美国最高法院以及任何其他联邦法庭均无权进行其他解释"。此处所指地方立法既包括程序性规则，也涵盖实体性规则。这一结论被认为美国联邦制的基础。美国纽约州、田纳西州、马萨诸塞等法院系统确立了本地方的反域外适用推定规则。③ 例如，加利福尼亚州最高法院判定："我们假定立法机关所制定的法律并不适用于本州以外所发生的事件，除非这种意图已被明确表达或从法律语言或其目的、主题或历史中能够合理推断出来。"④

三 美国反域外适用推定的司法演变与内在缺陷

在反域外适用推定的分析中，首要问题是厘清域外立法管辖与域外司法管辖两种不同概念。法院运用反域外适用推定判断一项立法是否具

---

① 所谓上游犯罪，是指由一组相关犯罪共同组成的犯罪模式，其他犯罪构成敲诈勒索的前提、基础和手段。《反敲诈勒索及受贿组织法》以有组织犯罪集团所组织实施的敲诈勒索犯罪行为的概念为基础，作为敲诈勒索的上游犯罪行为涵盖联邦和州刑法中数十种严重罪行，包含以暴力威胁（谋杀、绑架、纵火、抢劫）、黄赌毒、贿赂欺诈、邮政欺诈、电信欺诈、金融欺诈、妨碍司法等非法手段实施的敲诈勒索企业给付金钱的犯罪行为。See *RJR Nabisco, Inc. v. European Cmty.*，136 S. Ct. 2090，195 L. Ed. 2d 476（2016）.

② *Skiriotes v. Florida*，313 U. S. 69，77（1941）.

③ *Global Reinsurance Corp. U. S. Branch v. Equitas Ltd.*，969 N. E. 2d 187，195（N. Y. 2012）；*Citizens Ins. Co. of Am. v. Daccach*，217 S. W. 3d 430（Tex. 2007）；*Taylor v. Eastern Connection Operating, Inc.*，988 N. E. 2d 408，413 – 414 n. 9（Mass. 2013）.

④ *Sullivan v. Oracle Corp.*，51 Cal. 4th 1191（2011）.

有域外管辖效力，究竟是行为规制规则，还是法院管辖事项，在美国司法实践中充满争议，经历了一波三折的发展历程。尤其是针对"三重涉外案例（foreign-cubed cases）"，情况尤为复杂。所谓三重涉外案例，又可译为立方式涉外案例，是指司法诉讼具有三项涉外因素：原告、被告均为外国人，而案涉行为亦在外国发生。

起初，在 Morrison 案中，美国最高法院判定反域外适用推定是行为规制规则，而不涉及法院管辖事项。即《证券交易法》第 10（b）条的域外管辖争议并非下级法院所主张的司法管辖问题，而是实体性判断。该案基本案情是，澳大利亚国民银行的股票在澳大利亚股票市场上市，该银行在美国收购不动产贷款公司后，股价大跌。购买该公司股票的澳大利亚股民起诉国民银行故意调低不动产贷款的应收账款，构成虚假陈述行为。原告澳大利亚股民、被告澳大利亚国民银行、以及原告在澳大利亚购买股票的行为均在美国域外发生。该案中，美国最高法院首先将域外立法管辖与域外司法管辖作为"门槛性"问题加以厘清：《证券交易法》本身已明确美国地方法院有权管辖依据该法第 10（b）条提起的诉讼，因而该案争议在于第 10（b）条是否规制案涉相关行为。① 最高法院判定国会制定该条款并无任何域外管辖目的，因而该条款不具有域外适用效力。除反域外适用推定之外，当事人另行主张案涉行为乃是基于《证券交易法》规定的"域内"行为。美国最高法院判定，《证券交易法》第 10（b）条的规制焦点并非单纯的欺诈行为（deceptive conduct），而是与证券交易行为的欺诈行为。即该法并不处罚欺诈行为本身，而是规制美国境内买卖上市股票以及其他股票有关的欺诈行为。因此，尽管在美国境内发生的欺诈行为影响到澳大利亚股票价格，但美国《证券交易法》第 10 条第 2 款并不发生域外适用效力。

该案颠覆传统司法解释中以行为标准、效果标准等作为美国域外适

---

① Steven W Fleming, Peter T Brabant, James K Goldfarb, "Foreign Cubed' Cases Put Back in their Box: United States Supreme Court Reins in Extraterritorial Application of Securities Fraud Law", https：//www.jonesday.com/en/insights/2011/04/foreign-cubed-cases-put-back-in-their-box-united-states-supreme-court-reins-in-extraterritorial-application-of-securities-fraud-law-iinternational-litigation-newsletteri，2022 - 06 - 27.

用的衡量标准，转为采用"交易标准"（transactional test）。美国最高法院对此给出的理由是：其一，行为标准、效果标准与《证券交易法》的文本表达并不一致，无法有效解答该法的域外效力问题。其二，行为标准、效果标准无法融入三重涉外案例中反域外适用推定的司法判断。其三，行为标准、效果标准在司法适用中的判断差异难以调和，而交易标准能够作为统一路径。其四，行为标准、效果标准存在负面作用。如美国也已成为在国外证券交易市场中遭受欺诈行为的投资者寻求集团诉讼的"桃花源"。[①] 其五，若依据行为标准、效果标准主张《证券交易法》具有域外效力，将干涉其他国家对于同一交易行为的规制。其六，反域外适用推定的交易标准高于行为标准、效果标准。在 Morrison 一案中，Homeside 及其执行官在美国卷入了欺诈行为，并且作出了误导公众的声明，即部分案涉行为发生于美国国内。然而，法院判定，即使发生于美国、或对美国产生效果的行为也不能超越反域外适用推定。[②]

但是，此后"基奥贝尔诉荷兰皇家石油公司案"（Kiobel v. Royal Dutch Petroleum Co）（以下简称 Kiobel 案）与 Morrison 案的裁判思路并不完全相同，甚至出现了偏差。Kiobel 案的争议焦点是：对于发生于美国域外的违反国际法的行为，当事人是否能够依据《外国人侵权法》提起诉讼并获得赔偿。《外国人侵权法》本身明确规定了域外司法管辖：美国地方法院有权管辖外国人就违背国际法的行为提起的民事诉讼。而且，该法仅仅规制域外司法管辖，并没有直接调整某一行为，也没有提供法律救济措施。该案的特别之处在于：行为规制的法律依据并非美国法本身，而是国际法规定。简言之，诉讼因由来自于美国法规定，而行为规制则源于国际法规定。

该案中，居住在美国境内的多名尼日利亚籍原告，起诉荷兰、英国和尼日利亚的多家公司协助和教唆尼日利亚政府实施了违法行为。案涉行为发生时，原告居住在奈及利亚的奥贡尼兰，抗议前述公司对环境造

[①] Anthony J. Colangelo, "What Is Extraterritorial Jurisdiction", 99 CORNELL L. REV. 1303 (2014).

[②] Morrison v. Nat'l Austl. Bank Ltd., 561 U. S. 247, 130 S. Ct. 2869 (2010).

成负面影响，并形成示威活动。前述公司要求尼日利亚军队和警察部队殴打、强奸、杀害并逮捕当地居民，并向其提供食物、交通等资助。因此，原告起诉被告协助和教唆尼日利亚政府实施了国际法上严格禁止的非法处决、危害人类罪、酷刑和残忍对待、任意逮捕和拘留、财产破坏等罪行。美国最高法院指出，在《外国人侵权法》适用过程中，法院介入对外政策的危险被放大，因此，法院必须小心谨慎地判断该法到底包含哪些诉因（cause of action），避免法院卷入对外关系的实质判断之中。即使违反国际法的罪行在美国成文立法中已经得到规定，并且依据是"明确的、普遍的和强制性的"国际法规则，但也只是司法判断的第一步。《外国人侵权法》中并没有任何文本表明国会有意赋予该法域外适用效力。尽管该法将外国人实施违背国际法的罪行纳入调整范畴，但并非隐含着该法发生域外适用的可能。同理，尽管该法调整与前述行为有关的"任何民事诉讼"，不能由此推断出该法即适用于发生于美国境外的相关侵权案件。反域外适用推定要求立法中必须有明确的域外适用指示，方可推翻不能域外适用的假设。不仅如此，没有任何历史迹象表明国会在该法中有调整发生于其他国家的相关行为的立法意图。从立法初衷而言，《外国人侵权法》仅调整三类行为：危害安全行为、侵犯大使权利、海盗行为。美国普通法上的先例表明，前两者不发生域外适用问题。与本案中违反国际法的犯罪具有近似性的是海盗行为。一般而言，海盗行为发生于公海上，与各国基本无关。因此，美国法调整海盗行为并不影响对外关系，也不会将美国意志施加于其他国家。这就与本案中一国所实施的非法处决、危害人类罪、酷刑和残忍对待、任意逮捕和拘留、财产破坏等犯罪不同。法院并非是判断美国法是否必须实施国际法所调整的前述案涉行为的最佳场所。法院最终判定，原告因在美国境外发生的违反国际法的犯罪行为寻求救济的诉讼请求被驳回。[①] 尽管该案中的酷刑和危害人类罪等都是普遍管辖的范畴，但美国法院依然没有支持原告的诉讼请求。即使是违反国际强行法的犯罪行为，但由于其发生于美国境外、面向他国国民，美国《外国人侵权法》并不发生域

---

① *Kiobel v. Royal Dutch Petro. Co.*, 569 U. S. 108 2013.

外适用的效力。也就是说，与 Morrison 案一致，该案属于三重涉外案件，与美国缺乏任何联系的、发生于美国境外的行为，美国法不发生域外适用的效力。①

有学者指出，若以 Morrison 案的裁判思路，应当区分域外立法管辖与域外司法管辖。《外国人侵权法》的规定是纯域外司法管辖问题，并不直接规制行为，因而承继 Morrison 案作为先例，反域外适用推定不应加以适用。但是，美国最高法院却出人意料地钟情于反域外适用推定，也造成了反域外适用推定适用于《外国人侵权法》却不适用于《证券交易法》的自相矛盾。②

此后，美国第二巡回上诉法院遵循 Kiobel 案的裁判思路，认为《外国人侵权法》不适用于仅在外国发生的非法行为。根据 Kiobel 案判决指出："即使诉求触及并影响（touch and concern）美国领土，仍需足够力量来取代反域外适用推定。"据此，第二巡回法院判定，反域外适用推定主要判断焦点行为是否发生于美国境内。③

面对理论界和实务界的前述争议，美国最高法院在 RJR 一案中作出回应。首先，否定第二巡回上诉法院的结论，强调 Kiobel 案中已经明确，反域外适用推定约束法院依据《外国人侵权法》受理的诉讼请求。即反域外适用推定已将法院管辖事项纳入调整范畴。紧接着，美国最高法院总结到，反域外适用推定既适用于诉因管辖（即域外司法管辖），也适用于行为管辖（即域外立法管辖）。理由在于："创设私人诉权不仅只是考量是否允许潜在主要行为的发生"；就域外行为赋予当事人以诉权和救济途径，不得不考虑由此引发的国际冲突；此处所指国际冲突并非要求现实存在于每个案件之中，仅需存在引发国际争议的潜在可能性。美国最高法院因此强调，反域外适用推定适用于域外司法管辖的判断具有正当性，"冲突风险已然明显时，采用反域外适用推定的必要性也达到了顶点。"④

---

① Morrison v. Nat'l Austl. Bank Ltd., 130 S. Ct. 2869, 2884 (2010).
② Anthony J. Colangelo, "What Is Extraterritorial Jurisdiction", 99 CORNELL L. REV. 1303 (2014).
③ Balintulo v. Daimler AG, 727 F. 3d 174 (2d Cir. 2013).
④ RJR Nabisco, Inc. v. European Cmty., 136 S. Ct. 2090, 195 L. Ed. 2d 476 (2016).

由此可见，美国法是否发生域外适用效力的判断面临不同层面的考量：（1）一部法律是否具有域外适用效力？以反域外适用推定加以判断，立法没有给出明确指示的，则不发生域外适用的效力。（2）具体案件的诉讼请求中如何判断美国法的域外适用？应注意区分域外立法管辖与域外司法管辖。这一点在跨国案件中表现得尤为突出。（3）反域外适用推定与其他标准的关系，甚至是否可能被替代。有关上述三个问题的答案可谓众说纷纭。[①] 总之，美国域外立法管辖与司法管辖的对象和范围依然纠缠不清，反域外适用推定的司法判断也存在模糊和冲突之处。

四 美国反域外适用推定的适用难点

由于法官个体的认识差别，反域外适用推定在司法实践中易被曲解、被滥用，陷入了主观主义的不确定性泥淖。而民刑两分的区别适用模式，形成了强化对内保障、弱化对外救济的强烈对比，无法为潜在国际冲突的爆发提供有效约束。

第一，不同法官对于立法焦点的识别存在差异，导致反域外适用推定容易陷入主观主义的泥淖。美国最高法院确立的两阶段分析模式，尽管有统一适用标准，但抽象化、"简单化"的表达导致在司法实践中的过度灵活性。[②] 不同法院之间、甚至是审理同一案件的不同法官，对于同一立法、抑或同一条款就域外适用效力产生根本分歧。这也导致立法规定在司法适用中折射出不确定性。例如，美国联邦上诉法院系统对于《受敲诈勒索影响与腐败组织法》的立法焦点究竟是腐败组织还是敲诈勒索的行为模式作出了截然相反的判断。[③] 此外，在"微软公司诉美国"（*Microsoft Corp. v. United States*）一案中，上述法院多数法官对于立法焦点的认定被证明是违背立法机关本意的。该案中，第二巡回上诉法院就美国1986年《储存通讯记录法》（*Stored Communications Act*）第

[①] Anthony J. Colangelo, "What Is Extraterritorial Jurisdiction", 99 *CORNELL L. REV.* 1303 (2014).

[②] Aaron D. Simowitz, "The Extraterritoriality Formalisms", 51 *Conn. L. Rev.* 375 (2019).

[③] Aaron D. Simowitz, "The Extraterritoriality Formalisms", 51 *Conn. L. Rev.* 375 (2019).

第七章　美国法域外适用的司法限制：反域外适用推定 | 79

2703 条的立法焦点呈现针锋相对的两种观点。① 多数派法官认为个人"隐私"是该法的立法焦点；而少数派法官则坚持数据"披露"才是立法焦点。前者的论证依据在于：其一，《储存通讯记录法》是《电子通讯隐私法》的构成部分，立法目的在于应对网络等新技术所带来的个人隐私保障新要求。其二，《储存通讯记录法》在第 2703 条中规定，政府仅可根据联邦刑事程序规则中规定的令状要求数据服务商提供电子交流数据，因而为电子交流服务和远程电脑服务等提供个人隐私保障。多数派据此认定立法焦点在于保障公民隐私免于非法搜查和扣押，从而限制美国政府以及第三方对于个人信息的优先获取权利。但少数派法官则认为，立法焦点并非保障个人隐私，而是在于披露数据，因为该法规定的是在何种情况下政府"有权要求"数据服务商提供相关信息。即使立法焦点被界定为个人隐私，立法目的也是为规制数据服务商的信息披露行为，而非其获得存储在国外的用户数据的权限，因此，焦点行为（即微软公司获取并披露上述数据的行为）发生于美国，该法因而获得域外适用效力。② 事实证明，真理站在少数法官一边。美国国会在该案上诉至最高法院后通过了《澄清合法使用境外数据法》，作为对《储存通讯记录法》的修正，赋予该法域外适用效力，并在第 2713 条规定电子通信服务或远程计算服务的服务商应当提交在其掌握、保管、控制的客户的电子通讯等信息，不论该数据存储在美国境内还是境外。由此而言，美国法院系统在反域外适用推定的焦点判断上未能形成统一的辨别标准，引发司法适用的矛盾和不确定性。

第二，美国学界和司法实务界对于目的解释与文本解释孰轻孰重的理解差异，导致其可能陷入被曲解、被滥用的危机。美国学界和司法实

---

① 该案的基本案情是，美国执法部门为了侦查的需要，向纽约南区联邦地区法院申请令状，要求调取微软公司储存于爱尔兰服务器中嫌疑人电子邮箱的相关数据。地区法官依据美国 1986 年颁布的《储存通讯记录法》（*Stored Communications Act*），签发令状。微软公司以美国政府对储存在境外的数据没有管辖权，该令状违反了联邦宪法第四修正案为由，向法院提出废除该令状的动议，但被驳回。随后，微软公司向第二巡回区上诉法院提出上诉。See *Microsoft Corp. v. United States*（In re Warrant to Search a Certain E-Mail Account Controlled & Maintained by Microsoft Corp.），829 F. 3d 197.

② *Microsoft Corp. v. United States*（In re Warrant to Search a Certain E-Mail Account Controlled & Maintained by Microsoft Corp.），829 F. 3d 197.

务界对于是否可依据目的解释推翻显见的法律文本含义存在争议。文本主义者认为法院应当遵循法律文本的明确规定,无需借助条款背后隐含的立法目的的判断;而目的主义者坚持优先进行立法目的的判断,尔后赋予法律条款以服务于立法目的的相关解释。① 美国反域外适用推定中暗含加达默尔所提出的动态(dynamic)法律解释理论。该理论认为法院不可严格遵守立法机关的最初指示,而是可根据现实情形的变更调整立法适用,同样也有权就法律解释作出抽象性规则的变更。随之而来的问题是法院依据案件审判时的情势对于法律作出司法解释,而这一解释将发生追溯适用的效力,可能改变立法之初特定背景下立法机关的本意和法律条款的最初含义。简言之,司法解释的追溯适用是新版反域外适用推定的根本缺陷。美国学界对此给出的回应是法律解释规则需要不断进化,法律的长期适用需要司法机关给出具有可预测性、连续性和统一性的解释规则。② 动态法律解释理论认为法院有权发展法律解释规则,并产生追溯适用的效力。但法院也必须给出三重合理解释:一是改变解释规则的原因;二是作出改变的背景和原因;三是最大限度地降低追溯适用的变迁成本,因为法院贸然改变既往立法机关的目的判定成本很高。为此,美国法院应当尊重法院之前作出的、具有先例效力的法律解释,尊重立法机关作出的解释,并把在先法律解释规范融入新的规则体系中。③ 但归根结底,以目的解释为重的反域外适用推定面临着文本主义的挑战,在司法适用中可能被滥用、曲解甚至突破。

第三,美国反域外适用推定民刑两分的区别适用模式,形成强化对内保障与弱化域外救济的内外差异。在涉外案件中,美国法院在追究刑事责任方面很少施加反域外适用的藩篱,支持联邦刑法适用于外国人和发生于美国境外的行为,以强化对美国国家利益的刑事保障。④ 美国最

---

① Henry M. Hart, Jr. & Albert M. Sacks (eds), *The Legal Process: Basic Problems in the Making And Application of the Law*, The Foundation Press, Westbury, 1994, 1374 – 1380.

② William N. Eskridge, Jr. & Philip P. Frickey, "Foreword: Law as Equilibrium", 108 *Harv. L. Rev* 26 (1994 –1995).

③ William S. Dodge, "The New Presumption against Extraterritoriality", 133 *Harv. L. Rev.* 1582 (2020).

④ 肖永平:《"长臂管辖权"的法理分析与对策研究》,《中国法学》2019 年第 6 期。

高法院依据1922年"美国诉鲍曼"（United States v. Bowman）一案（下简称"鲍曼案"）判定：法律不适用于域外的通常假定并不适用于刑事立法条款。[1] 易言之，反域外适用推定在刑事案件中基本被排除。刑事案件中，刑法所规定的罪名设定和实质构成要件中若能推论出域外适用效力，则法院可据此行使域外管辖权。[2] 在民事责任承担方面则截然不同，美国法院逐渐扩张反域外适用推定的适用，限缩甚至排除外国主体在美获得民事救济的途径。由此造成美国单边利益的保护和内外有别的巨大差异：一方面，美国不断加大刑事案件中域外管辖的深度和广度；另一方面，遭受犯罪行为损害的外国主体却不能在美国起诉美国当事人从而获得民事救济。以RJR一案为例，美国最高法院判定：在刑事方面，《反敲诈勒索及受贿组织法》发生域外效力，适用于RJR公司在美国境外实施的犯罪行为；而在民事方面，美国境外的受害人则无法依据美国法获得赔偿。《反敲诈勒索及受贿组织法》规定了双重法律责任：一是犯罪嫌疑人的刑事责任，规定于该法第1962条第1款至第4款，包括：从操控国际洗钱组织中获得投资等收益；利用敲诈勒索获得并持续控制该组织；操作该组织的运作；与其他参与人合谋实施前述三类行为。二是民事赔偿责任，规定于该法1964条第3款，犯罪嫌疑人在控制犯罪组织实施犯罪行为的过程中导致受害人的财产、企业等遭受损失的，应当承担民事赔偿责任。在该案中，RJR公司被欧洲共同体起诉参与国际洗钱链条，原本向RJR支付的、向欧洲运输香烟的款项被付给向欧洲运输销售毒品的哥伦比亚、俄罗斯等国犯罪集团。美国最高法院判定RJR公司要为域外实施的行为承担刑事责任，《反勒索及受贿组织

---

[1] United States v. Bowman, 260 U.S. 94 (1922).

[2] 在鲍曼案中，美国最高法院对于反域外适用推定是否适用于刑事案件的不同情况作出了区分：反域外适用推定适用于针对个人及其财产的、对于社区的和平与良好秩序造成影响的犯罪，如故意伤害、故意杀人、盗窃、抢劫、纵火、欺诈等；但美国最高法院同时指出，并非以管辖地域范围作为逻辑起点的刑事罪名，而是美国政府基于保障自身免于受到阻挠或欺诈的权利所作出的刑法规定，并不受反域外适用推定的拘束。从后续发展来看，鲍曼案并非为反域外适用推定确定了例外规定，而是将国会设定刑事罪名的描述规定和实质构成要件作为判断反域外适用推定是否适用的标准。这与莫里森和RJR案中的焦点判断标准是一脉相承的关系。See United States v. Siddiqui, 699 F. 3d 690 (2d Cir. 2012).

法》第 1962 条第 1 款至第 4 款发生域外适用效力。而在民事责任的承担上，美国最高法院增加了当事人必须证明在有美国境内受有损失的前提条件。即美国境外的当事人（该案中的欧洲共同体）无权单独就美国境外所遭受的损失根据《反勒索及受贿组织法》获得赔偿。对此，美国最高法院给出的原因是美国法调整域外行为并不等同于为外国当事人提供民事赔偿，而该法第 1964 条第 3 款并未给出相关权利的明确指示，因而该条中"任何遭受损失的受害人有权请求赔偿"的表述中并不包含外国当事人。民刑两分的区别适用模式造成了这样一个逻辑怪圈：美国法在挥舞刑事制裁"大棒"的同时，却不为那些受到美国主体犯罪行为伤害的外国当事人提供任何民事赔偿救济渠道。即在确定美国犯罪嫌疑人刑事责任的同时不必对外国受害人承担任何民事赔偿责任。

第四，罔顾美国法与外国法律的冲突。反域外适用推定以立法目的为重心的判断标准体系，意味着将美国法与外国法冲突的判断留给了立法机关。美国最高法院判定在适用反域外适用推定时，不必再考虑美国法与其他国家法律是否会发生实际冲突。[①] 美国法与其他国家法律的冲突"并非要求在每个案件中均发生真实冲突的结果，也并不要求国会由于允许诉讼而违反国际法。只是要求由于缺乏国会的清晰指示而承认外国受害人的诉权，存在潜在的国际争议的可能。"[②] 一旦发现美国法与外国法存在冲突可能时，法院也必须假定国会已在立法时予以解决。[③]

[①] Morrison v. Nat'l Austl. Bank Ltd., 561 U.S. 247, 130 S. Ct. 2869 (2010).
[②] RJR Nabisco, Inc. v. European Cmty., 136 S. Ct. 2090, 195 L. Ed. 2d 476 (2016).
[③] Morrison v. Nat'l Austl. Bank Ltd., 561 U.S. 247, 130 S. Ct. 2869 (2010).

第八章　美国法域外适用的司法限制补充要素

除反域外适用推定之外，美国法院对于美国法域外适用还设定了以下三项限制条件：国际礼让、合理性解释、尊重行政机关意见。三者存在紧密的内部联系：国际礼让蕴含着尊重行政机关意见的要求，合理性解释是在立法解释范围内给予的国际礼让，尊重行政机关意见则要求司法裁判尊重合理性解释。但从美国司法实践来看，三者存在以下争议：国际礼让作为一项多重利益分析的工具，随意性过高；[1] 合理性解释经历了列举式向概括式规定的转向，反映出其个案适用中的难度；[2] 尊重行政机关意见则展示出美国法院在对外事务处理中的退缩状态。

一　国际礼让

美国反域外适用推定是以立法礼让为基础发展而来；[3] 现阶段，立法礼让已成为反域外适用推定的补充判断要素。立法礼让在反域外适用推定中的补充作用主要体现为：当一项立法被法院查明具有域外适用效力之后，仍需依据立法礼让的其他内容判定美国法是否能够发生域外适用。

---

[1] Samuel Estreicher & Thomas H. Lee, In Defense of International Comity, 93 *S. Cal. L. Rev.* 169（2020）.

[2] Donald Earl Childress II., "Comity as Conflict: Resituating International Comity as Conflict of Laws", 44 *U. C. Davis L. REV.* 11（2010）.

[3] *American Banana Co. v. United Fruit Co.*, 213 U. S. 347, 29 S. Ct. 511（1909）.

（一）国际礼让的实践类型

在当代美国司法领域，礼让原则主要体现于三个领域之中：立法礼让、行政礼让和司法礼让。所谓立法礼让，又称规范礼让（prescriptive comity），是指美国法院对联邦立法发生域外适用效力的限制。[1] 其所要解决的成文法规则如何适用的问题：一个国家是否可以基于在案件中实质性重要利益受到威胁抑或该国与当事人具有重要联系，而不再顾及其他国家利益，直接适用该国实体法。简言之，由于一国与案件纠纷具有重要利益瓜葛，以至于应当适用其实体法，而不再顾及其他国家利益。传统上主要依据冲突法和国际习惯法来处理存在潜在冲突的不同国家之间的实体法律规范。[2] 司法礼让，又称为裁判性礼让（adjudicative comity），是指法官判定外国法院比本院更适合审理本案，从而实现对外国法院的尊重。[3] 易言之，法院在其具有管辖权的涉外案件中将尊重其他国家利益、避免国与国之间的紧张局势作为裁量因素。其主要依据在于：一是联邦立法的相关要求，如《外国主权豁免法》；二是限制联邦法院审理案件的既定司法原则，如国家行为（act-of-state）和不方便法院等法律规则等。裁判性礼让的典型表现形式是允许外国政府在美国法院提起诉讼，[4] 而外国政府也享有不在美国法院被起诉的权利。[5] 行政礼让，是指法院在审判中基于尊重外国主权和国家行为两项原则而对外国主权者的礼让。

（二）国际礼让的适用标准

截至目前，美国法院对于国际礼让尚未给出清晰适用标准。根本问题在于，国际礼让究竟定性为立法礼让还是司法礼让？前一类型是以立

---

[1] Donald Earl Childress II., "Comity as Conflict: Resituating International Comity as Conflict of Laws", 44 *U. C. Davis L. REV.* 11 (2010).

[2] Samuel Estreicher & Thomas H. Lee, "In Defense of International Comity", 93 *S. Cal. L. Rev.* 169 (2020).

[3] *Hartford Fire Ins. Co. v. Cal.*, 509 U. S. 764 (1993).

[4] *Banco Nacional de Cuba v. Sabbatino*, 376 U. S. 398 (1964).

[5] *Foreign Sovereign Immunities Act of 1976*, Pub. L. No. 94-583, 90 Stat. 2891.

法解释将相关规则适用于案件，从而排除法院以国际礼让而驳回或终止诉讼的权力。后一类型是依据业已成型的司法规则，如对人管辖权、不方便管辖法院等裁定是否终止程序。在后一种情况下，法院并没有对国际礼让单独进行自由裁量。如在"匈牙利共和国诉西蒙案"（*Republic of Hungary v. Simon*）中，包括四名美国公民在内的大屠杀幸存者因被没收财产而起诉匈牙利及其国有铁路公司。原告主张匈牙利政府符合《外国主权豁免法》第1605（a）（3）条规定的征用例外，应承担赔偿责任。匈牙利则引用外国礼让，辩称原告应首先在匈牙利穷尽当地救济，而非在美国法院起诉。美国哥伦比亚特区巡回上诉法院推翻了地方法院的裁定，主张美国法院具有管辖权。而在2021年2月3日，美国最高法院裁定驳回上诉法院的裁定，并明确要求依据"德意志联邦共和国诉菲利普案"（*F. R. G. v. Philipp*）中确定的裁量标准重新开庭。① 在菲利普案中，美国最高法院判定《外国主权豁免法》中的征用例外，不适用于德国犹太居民的继承人所主张的物品被纳粹政府非法没收的情形。《外国主权豁免法》征收例外条款中所规定的"违反国际法取得的财产权"是指违反国际法的征收行为，基本前提是一个国家对在其境内的本国公民财产的征收不受国际法的约束。因而美国最高法院并未触及国际礼让原则。②

目前，美国法院系统对于国际礼让的判断，是综合案涉所有因素进行的通盘考量（all-things-considered inquiry），尚无成型之判断标准。美国法院主要形成十二项考量要素：（1）与外国法律、政策的冲突程度；（2）当事人的国籍、信仰，企业的所在地或主要营业场所；（3）国家的执法力度；（4）与其他国家相比，对美国所产生的影响更具重要性；（5）存在损害或影响美国商业利益的明确目的；（6）前述影响具有可预见性；（7）与发生于国外的行为相比，在美国境内被指控的行为更具重要性；（8）不论是否可能发生国与国之间的潜在冲突，美国利益

---

① *Republic of Hungary v. Simon*, 141 S. Ct. 691 (2021).
② *F. R. G. v. Philipp*, 141 S. Ct. 703 (2021).

与案件之间的联系是否足以支持法院行使管辖权。(9) 当事人是否会因美国法院判决而需要在其本国开展被认定为非法的行为,即两国对于当事人的义务要求发生相互冲突;(10) 法院能否有效执行其命令;(11) 如果外国在类似情况下发出救济令,美国法院是否加以接受;(12) 两国之间的条约是否提供了解决方案。

国际礼让的上述判断要素充满了不确定性,并且将立法礼让(如当事人的国籍)与司法礼让(如两国之间的互惠实践)要素混为一谈。在最高法院尚未给出判定标准的情况下,上述要素是美国法院判定国际礼让的基本依据。

从上述要素来看,美国法院所采纳的国际礼让判断框架主要包括以下四项核心要素:(1) 尊重行政机关意见,即充分尊重美国行政机关经过深思熟虑而形成的、关于法院是否应在特定案件中行使管辖权的判断;(2) 对等实践,即查明其他国家的相关惯例,特别是具有直接关联的国家所实施的对等惯例;(3) 法律指引,即尊重关涉美国国家利益的成文立法或条约,从而无视或取代对外国政府利益的考量;(4) 平行程序(parallel proceeding),评估案件是否已在外国纠纷解决机构启动或结束相关程序。①

(三) 国际礼让的适用领域

当下,国际礼让的适用"谜题"仍然较为频繁地出现在美国法院的裁判之中。仅在2017年10月,美国最高法院即裁定了四件与国际礼让相关的案件:当事人依据国际礼让要求美国联邦法院驳回或终止诉讼程序,避免干涉外国政府利益。在其中两件案例中,当事人已在其他国家纠纷解决机构提起诉讼,并以外国纠纷解决机构不适格为由,依据美国法对于事项管辖权的规定,在美国法院提起诉讼。迄今为止,美国最高法院并未给出如何适用国际礼让的明晰标准,也未明确国际礼让与美

---

① Samuel Estreicher & Thomas H. Lee, "In Defense of International Comity", 93 S. Cal. L. Rev. 169 (2020).

国联邦法律以及国际法之间存在何种联系。"国际礼让"的含义仅能初步界定为一国应尊重其他国家利益。①

美国法院所审理的涉及其他国家利益、适用国际礼让的领域包括：

第一，外国政府在美国地方法院提交法庭之友书状（amicus curiae brief），以撤销对外国公司的陪审团裁决。例如，在"维生素 C 反垄断案"即"动物科学产品公司诉河北维尔康制药有限公司案"（*Animal Science Products v. Hebei Welcome*）中，美国两家公司作为原告向法院提起诉讼，指控我国河北维尔康制药有限公司及其母公司华北制药集团有限责任公司等企业控制向美国出口货物的定价，通过价格共谋形成垄断，从而违反美国《谢尔曼法》，要求获得 1.53 亿美元的三倍赔偿。被告企业承认这些行为的存在，也承认这些行为违反了美国《谢尔曼法》，但提出这些固定价格的行为是基于中国商务部（原外经贸部）的强制要求，故依据国家行为理论（the act of state doctrine）、外国主权强制（foreign sovereign compulsion）和国际礼让，法院应当驳回诉讼。该案中，中国商务部提交了法庭之友意见，强调被告的行为是为履行政府强制要求而作出，医药保健品进出口商会及维 C 分会的性质不是普通的行业协会而是在商务部的直接与积极管理监督下对规制维 C 行业起核心作用的实体，支持被告企业提出的基于上述三项原则法院不应行使管辖权，应当驳回诉讼的请求。② 在联邦地区法院审理中，陪审团认定中国公司违反《谢尔曼法》，被定败诉并需支付赔偿金。③ 美国联邦第二巡回上诉法院主张应当根据国际礼让，尊重外国政府对其自身法律的声明。但美国最高法院否定了第二巡回上诉法院的意见，指出外国政府所提交的文件对于法院并不具有约束力，下级法院应对外国法律是否要求当事人从事价格操纵行为进行独立调查；《联邦民事诉讼规则》第 44.1 条中规定联邦法院对外国法律规定加以判断时应尊重外国政府陈

---

① Samuel Estreicher & Thomas H. Lee, " In Defense of International Comity ", 93 S. Cal. L. Rev. 169（2020）.

② 李友根：《法学研究的反思：美国最高法院维 C 企业垄断案的启示》，《经贸法律评论》2019 年第 1 期。

③ *Animal Science Products v. Hebei Welcome* 138 S. Ct. 1865（2018）.

述的要求，但并不意味着外国政府陈述具有决定性影响。鉴于下级法院未能查明相关证据，美国最高法院在 2018 年将该案发回原二审法院即美国第二巡回上诉法院重审。[1] 2021 年 3 月，美国第二巡回上诉法院重新组织开庭审理此案，并于 8 月宣布重审判决，华北制药集团胜诉。[2] 在该判决中，法院指出，国际礼让既是指导国与国之间关系的原则，也是美国法院根据外国法律承认个人行为的法律原则。根据国际礼让，一国应尊重另一国的立法、行政、司法行为，兼顾一国国际义务与他国国民合法权利的承认。通常情况下，国际礼让要求综合考量美国利益、外国利益以及公正有效的国际法规则所保护的国际大家庭的共同利益。[3] 对于国际礼让原则如何适用，美国第二巡回上诉法院采用了"曼宁顿米尔斯公司诉刚果金公司案"（*Mannington Mills, Inc. v. Congoleum Corp.*）中的多重因素衡平标准（multi-factor balancing test）。多重因素包括：与外国法律或政策的冲突程度；当事人的国籍；与外国法相比，被指控的违规行为的重要性；国外救济措施的可及性；存在损害或影响美国商业的意图及其可预见性；若法院行使管辖权并给予救济，可能对外交关系产生的影响；如若给予救济，一方是否会被迫在其中一个国家实施非法行为，或受到相互冲突的法律要求；法院命令能够有效实施；若外国法院作出判决，美国能够接受相关救济措施；国际条约是否规定了相关纠纷的解决方式。[4]

第二，外国当事人在美国联邦法院起诉的、以美国主体为被告、就该主体协助在外国实施的侵权行为提起的赔偿案件。在"穆希卡诉航空扫描公司案"（*Mujica v. AirScan Inc.*）中，原告系哥伦比亚公民，诉称美国公司的员工帮助并教唆了哥伦比亚空军轰炸其村庄的空袭行动。美国国务院提交了一份"利益声明"，指出受理该诉讼将损害美国与拉

---

[1] Animal Science Products v. Hebei Welcome 138 S. Ct. 1865（2018）.

[2] 这场持续近 17 年，历经一审、二审、再审和重审的维生素 C 反垄断案迎来了胜利。参见高博《美国对华反垄断第一案 历时近 17 年，华北制药重审胜诉》，《新华每日电讯》2021 年 8 月 16 日第 6 版。

[3] Animal Sci. Prods. v. Hebei Welcome Pharm. Co.（In re Vitamin C Antitrust Litig.），8 F. 4th 136（2nd Cir. 2021）.

[4] *Mannington Mills, Inc. v. Congoleum Corp.*, 595 F. 2d 1287（3d Cir. 1979）.

美盟友间的关系。被告则辩称，原告已在本国法院提起损害赔偿诉讼。美国第九巡回上诉法院在该案中依据国际礼让进行考量。鉴于原告在哥伦比亚已经起诉该国政府并获得胜诉，因而法院判定拒绝对该案行使管辖权。国际礼让考量的多重因素包括：美国联邦政府尊重哥伦比亚司法程序所获利益、加利福尼亚州在此案中利益牵涉极少、哥伦比亚作为排他性审判地的利益以及哥伦比亚法院作为替代法院的充分性。①

第三，外国政府拒绝美国法院对前者财产所采取的司法行动。"钉子户"债权人（包括 NML 资本公司在内的对冲基金公司）在阿根廷开展债务互换时以极低价格买入阿根廷债券，目的并非为了从证券价格上涨中获利，而是为了获得全额支付或债权追溯权。② 阿根廷政府对于该债券要求进行折扣偿付。对冲基金公司则要求全额支付其以极低折扣价购买的该国债务债券。美国最高法院此前曾判定，在美国证券市场出售债券符合《外国主权豁免法》的"商业活动"例外。此外，该债券载有选择纽约法院作为纠纷解决方式和主权免责条款，即阿根廷政府接受美国法院的管辖权。随后，对冲基金公司请求法院对第三方银行发出传票，要求查明阿根廷政府的全球财产交易，并以阿根廷政府资产承担赔偿责任。阿根廷援引国际礼让作为拒绝对其域外资产进行司法查明的理由。美国最高法院判定阿根廷政府败诉。原因在于：《外国主权豁免法》并未给予外国政府作为债务人在判决之后由美国法院查明其银行有关域外资产信息的豁免。③

第四，执行美国法院禁令将导致与外国法的冲突。美国视频游戏制造商任天堂在美国法院起诉两家外国公司违反联邦和地方法律规定侵犯其版权和商标，申请法院初步禁令责令该外国公司停止在美国和外国的侵权行为。美国法院裁定被告侵犯了联邦商标法律，但以国际礼让为依

---

① *Mujica v. AirScan Inc.*, 771 F. 3d 580（2014）.
② 对冲基金艾略特 1996 年以 1100 万美元从二级市场买入面值为 2000 万美元的秘鲁政府担保银行借款，该部分借款是 1983 年秘鲁政府违约时的不良贷款，占秘鲁债务总额的 0.5%。1996 年秘鲁发行新债券进行主权债务重组，而艾略特不同意参与债务重组，并向纽约州法院提请诉讼并要求全额支付以及债权追溯权。
③ *Republic of Arg. v. NML Capital, Ltd.*, 573 U. S. 134（2014）.

据，否认其禁令具有域外适用效力。其逻辑是：被告的行为并未违反其本国法，一旦赋予美国商标法域外适用效力将在事实上取代其他国家的商标法。①

（四）国际礼让的适用争议

目前，美国下级法院已经就国际礼让发展出一套庞大的但难以操作的规则体系。自美国建国之初至 20 世纪初的历史实践来看，美国法院经常在缺乏国会和行政指导的情况下处理海事等涉及外国政府利益的案件。当下，尽管美国法院所裁判的涉外案件数量显著下降，也出现了更多的成文法、法律解释工具指引法官裁判，但是，现有规则难以有效解决全部复杂国际问题。以属人管辖等原则解决上述问题也难以奏效，反而扰乱了国内管辖的认定标准。

随着跨境贸易和数据流动的迅猛发展，涉及国际礼让的司法案件的类型和复杂性正成倍增长。面对由外国当事人提起的与美国利益相关度不高但对其他国家牵涉甚深的案件，美国联邦法院通常援引国际礼让作为不加管辖的依据。如已故大法官斯卡利亚抨击美国联邦法院基于国际礼让而对其原本拥有"事项管辖权"（*subject-matter jurisdiction*）的案件不加审理，以体现尊重其他国家利益而避免国际冲突。但是，这种所谓"国际礼让"的裁判倾向遭到批评，② 被视为法院放弃或削弱司法自由裁量权的毒瘤。相关批评意见在过去几十年中不断增多。批评者认为，国家行为（act-of-state）和不方便法院等法律规则已经要求在涉外诉讼中充分保护美国利益，法院必须在拥有事项管辖权的案件中履行这一"实际上坚定不移的义务"。美国联邦法院的上述做法是无原则地放弃司法职责，为保护外国政府利益而设定了不必要的立法解释和裁判规则。面对当下全球化和吸引外国诉讼人参与的美国法律体系的定位，美国实务界和学术界建议在司法中确立新的国际礼让判断框架，明确法院在处理涉及外国政府利益案件时自由裁量权的行使标准，消除立法礼让

---

① *Nintendo of Am. v. Aeropower Co.*, 34 F. 3d 246 (4th Cir. 1994).
② *Colorado River Water Conservation Dist. v. United States*, 424 U. S. 800 (1976).

和司法礼让之间的概念混同。①

(五) 独立司法限制的争议

美国学界对于国际礼让是否能够成为独立的司法节制（judicial abstention）原则存在争议。争议焦点在于当立法机关已明确赋予联邦法院管辖权时，联邦法院能否自行决定受理案件。② 一方面，若联邦法院拥有自行挑选案件的权力，则法院很有可能根据其所希冀的结果加以判断，拒绝审理那些法院认为无关紧要的案件及与其预期相悖的案件。另一方面，联邦法院本不想拥有对特定案件的管辖权，此类案件包括：基于地方立法而产生的棘手且悬而未决的案件、司法机构并无能力解决的宪政问题、干扰州与州之间平行诉讼程序的案件等。③ 平衡上述分歧的关键在于创制联邦法院自行决定是否行使管辖权的法律规则，而非前述国际礼让"五花八门"的考量因素。④

但也有美国学者认为，上述争议并未注意宪法第3条和1789年《司法法》（judiciary Act）所规定的司法机关在具体案件中处理涉外关系的重要作用以及美国建国后一百五十余年时间里法院系统在处理涉外关系中所发挥的实际功能。彼时，由于美国军事实力尚弱，无法与欧洲列强抗衡，因而在处理涉外事务方面高度敏感，美国法院在日常审判中形成了处理涉外事务的独立经验。当下，包括《外国主权豁免法》《谢尔曼法》和《澄清境外合法使用数据法》（Clarifying Lawful Overseas Use of Data Act）等在内的美国立法中制定了富有针对性的指引。

为此，美国学者寻求重塑国际礼让，将其定位为立法指导下的联邦普通法规则。主要依据在于：第一，美国《宪法》和《司法法》中涉外司法作为根本依据。在国际礼让的现有研究中，缺乏宪法原旨主义

---

① Samuel Estreicher & Thomas H. Lee, "In Defense of International Comity", 93 *S. Cal. L. Rev.* 169 (2020).
② Maggie Gardner, "Abstention at the Border", 105 *VA. L. REV.* 63 (2019).
③ David L. Shapiro, "Jurisdiction and Discretion", 60 *N. Y. U. L. REV.* 543 (1985).
④ Samuel Estreicher & Thomas H. Lee, "In Defense of International Comity", 93 *S. Cal. L. Rev.* 169 (2020).

（Originalism）的关照，因而导致将涉外事务中的分权体制作为限制司法裁量权的当然前提。但是，美国宪法第 3 条第 2 款中规定法院司法权的适用范围包括"一切涉及大使、其他使节及领事的案件；一切有关海事法和海事管辖权的案件……一州或其公民与外国、外国公民或国民之间的诉讼"。由此，司法权得以覆盖包含外国政府、公民等在内的纠纷。易言之，外国政府可能在美国被起诉，也可在美国作为原告起诉美国州政府或公民。美国 1789 年《司法法》蕴含着法院依据事项管辖权审理涉外案件的要求。如明确美国最高法院具有审理美国州政府与其他国家政府之间的民事案件的排他管辖权。[①] 第二，法院参与对外事务处理的历史遗产传承。在历史上很长一段时间内，美国法院系统通常驳回或拒绝审理涉及外国政府利益的敏感案件。因此，美国行政机关，尤其是总统，成为对外政策的主导者。[②] "今天的联邦法院不再是由国务卿、前总统、条约谈判代表和大航海时代的国际海事法专家组成的机构。"[③] 美国立法和既定法律原则是当下联邦法官处理国际礼让的主要依据。但法院在美国成立之初具有强大的外交事务功能的历史实践仍然是宝贵的普通法遗产。第三，国际案件的多样性和复杂性，也要求美国法院在处理涉外案件时不应完全受制于制定法的现有规定，而要对国际礼让问题进行独立权衡。[④]

二 合理性解释

现阶段，立基于立法礼让，美国法上已经发展出合理性解释原则，成为反域外适用推定的补充判断要素。[⑤]《美国对外关系法重述》第 4

[①] *Judiciary Act of 1789*, ch. 20, § 13, 1 Stat. 73, 80.

[②] Anthony J. Bellia Jr., Bradford R. Clark, *The Law of Nations and the United States Constitution*, Oxford, 2017, 269–270.

[③] Samuel Estreicher & Thomas H. Lee, "In Defense of International Comity", 93 *S. Cal. L. Rev.* 169（2020）.

[④] Samuel Estreicher & Thomas H. Lee, "In Defense of International Comity", 93 *S. Cal. L. Rev.* 169（2020）.

[⑤] *American Banana Co. v. United Fruit Co.*, 213 U. S. 347, 29 S. Ct. 511（1909）.

版第 204 条中合理性解释"作为立法礼让问题",意指美国法院在解释并适用联邦法律时可施加其他合理的适用条件。该条文释义中指出,合理性解释是在立法解释范围内的礼让,而非法官决定是否适用联邦立法的司法自由裁量。[①] 美国反域外适用推定是以立法礼让为基础发展而来。[②]

《美国对外关系法重述》第 3 版第 403 条采取不穷尽列举方式,设定基于礼让原则的"不合理干涉"判定要素体系,包括:(1) 当事人的行为与美国之间的联系,包含实质联系、直接联系、可预期的效果发生于美国;(2) 当事人与美国的关系,包含国民、居民、经济行为;(3) 行为的定性、对美国的重要性,(4) 正当预期利益;(5) 国际政治、法律和经济体系;(6) 国际体系的传统的适应性;(7) 行为所涉其他国家利益;(9) 与其他国家的利益冲突。[③] 但是,由于要素列举过多且未穷尽,被学界批评为过于复杂、难以发挥实际作用。[④] 正因如此,《美国对外关系法重述》第 4 版第 204 条改变了合理解释原则的根本定性,将其界定为与反域外适用推定属于同一性质的立法解释规范,转为采用概括式规定,要求法院应依据立法文本、历史和目的加以判断。[⑤]

三 尊重行政机关意见原则

尊重行政机关意见原则构成反域外适用推定的基本立场。行政机关意见是指被立法授予执行权的行政机关对于立法作出的有说服力的解释。该原则在 1984 年"谢弗林诉自然资源保护委员会案"(*Chevron, U. S. A. Inc. v. NRDC*)中被美国最高法院所确立:当立法对于特定问题

---

① Restatement of the Law Fourth: the Foreign Relations Law of the United States § 405 Comment A.
② American Banana Co. v. United Fruit Co., 213 U. S. 347, 29 S. Ct. 511 (1909).
③ Hartford Fire Ins. Co. v. Cal., 509 U. S. 764, 113 S. Ct. 2891 (1993).
④ F. Hoffmann-La Roche Ltd. v. Empagran S. A., 542 U. S. 155, 124 S. Ct. 2359 (2004).
⑤ Restatement of the Law Fourth: the Foreign Relations Law of the United States § 405 Comment A.

保持缄默或者态度不明的情况下，法院需要判断行政机关所给出的解释是否符合立法的框架。①

《美国对外关系法重述》第 4 版第 404 条进一步明确，立法机关没有对美国法的域外适用给出明确指示的情况下，被授予执行权的行政机关对于立法作出的合理解释应当被法院采纳。原因在于行政机关在判断美国法的适用地域范围时比法院具有先天的优势：行政机关对立法的规制目的与导向具有更深入的理解；对执行立法具有更多更优的选择；对立法所可能引起的与其他国家的潜在冲突具有更充分的理解；尤其是行政机关能够校准立法解释，在最大程度上避免或减少与其他国家产生冲突的同时，实现立法所追求的规制效果最大化。② 因此，行政机关在以下两种情形下给出的解释被认定为合理而有说服力的：一是对于立法精神的准确理解；二是尽管尚未达至准确解释的程度，但行政机关的解释具有实质性证据的支撑。③ 总之，对于获得法律授权的行政机关作出的合理的美国法适用范围的细化规定，美国最高法院表示应当加以尊重，不论法院的判断与行政机关的意见截然相反。④

尊重行政机关意见原则在反域外适用推定中具体表现为：第一，若国会没有规定立法条款的地域适用范围，但立法授权行政机关实施该部法律，则美国法院必须尊重获得立法授权的行政机关对该立法条款的"合理"（reasonable）解释。⑤ 在此情况下，法院应遵循两步骤判断标准：其一，法院必须首先确定国会是否就案涉争议给出了明确规定。若立法目的明确，则以立法条款为准，行政机关也必须遵照立法执行。其二，若立法并未作出规定或者仅具有模棱两可的规定，则法院不能自行给出解释，而是需要进一步判定行政机关的意见是否涵盖在立法允许的

---

① *Chevron, U. S. A. Inc. v. NRDC*, 467 U. S. 837 (1984).
② William S. Dodge, "Chevron Deference and Extraterritorial Regulation", 95 *N. C. L. Rev.* 911 (2016–2017).
③ Antonin Scalia, "Judicial Deference to Administrative Interpretations of Law", 1989 *Duke L. J. 511* (June 1989).
④ William S. Dodge, "The New Presumption against Extraterritoriality", 133 *Harv. L. Rev.* 1582 (2019–2020).
⑤ *City of Arlington v. FCC*, 133 S. Ct. 1863, 1874 (2013).

解释范围之内。①

  第二，即使行政机关未曾获得明确的立法授权，美国法院仍遵从该机构的"有说服力"（persuasive）的行政解释。易言之，尽管行政机关所做出的解释并非全部对法官具有约束力，但若该解释具有完整性、推理有效性、前后连贯性等，则具有很强的说服力。② 原因在于：其一，行政机关具有特定领域的顾问专家帮助其实现达成立法目的。例如，在"美国诉河岸湾景家园公司"（United States v. Riverside Bayview Homes, Inc.）一案中，陆军工程兵团的生态专家对于水域和临近湿地的关系判断对于认定湿地是否属于《清洁水法》中所规定的"水域"具有决定性效果。③ 其二，在移民、归化等特定领域，行政管理机构在处理对外关系方面具有专业性。

---

① *Chevron, U.S.A., Inc. v. NRDC, Inc.*, 467 U.S. 837 (1984).
② *United States v. Mead Corp.*, 533 U.S. 218, 235 (2001).
③ *United States v. Riverside Bayview Homes, Inc.*, 474 U.S. 121 (1985).

第九章　衡平法域外适用

美国法域外适用包括直接适用与间接适用两个维度：其一，直接适用，即前述之美国法院对于域外的人、财产和行为行使域外管辖权；其二，间接适用，即衡平法域外适用（Equity Extraterritoriality），是指美国法院不以拥有域外管辖权为基础而发布的域外命令（orders），指示特定主体在域外采取特定行动；即美国法院藉由要求域外主体遵守司法命令而实现的美国法域外适用。① 与反域外适用推定的学术研究相比，衡平法域外适用受到学界的关注较少。1998 年，美国埃默里大学（Emory University）法学院的波莉·普莱斯（Polly Price）教授发表《充分信任和尊重与衡平法冲突》（*Full Faith and Credit and the Equity Conflict*），成为该领域的首篇论文。② 但该文以美国联邦本土州与州之间的衡平法域外适用为研究对象。此后，有学者从衡平法域外适用与反域外适用推定的保障关系处罚加以论证；③ 以及在域外证据收集、知识产权跨国保护等领域进行研究。④ 2017 年，任教于哥伦比亚法学院的 S. 内森·帕克（S. Nathan Park）发表论文，对国际视野下的美国衡平法域外适用进行专门论述。⑤

---

① 衡平法域外适用，由于其从衡平法发展而来，因而得名。See S. Nathan Park, "Equity Extraterritoriality", 28 *Duke J. Comp. & Int'l L.* 99 (2017).
② Polly J. Price, "Full Faith and Credit and the Equity Conflict", 84 *Va. L. Rev.* 747 (1998).
③ Edward T. Swaine, "The Local Law of Global Antitrust", 43 *Wm. & Mary L. Rev.* 627 (2001).
④ Geoffrey Sant, "Court-Ordered Law Breaking: U. S. Courts Increasingly Order the Violation of Foreign Law", 81 *Brooklyn L. Rev.* 181 (2015).
⑤ S. Nathan Park, "Equity Extraterritoriality", 28 *Duke J. Comp. & Int'l L.* 99 (2017).

一 衡平法域外适用的概念逻辑

衡平法域外适用与反域外适用推定具有不同的法律渊源、前提条件和适用逻辑。首先，从法律渊源而言和适用前提而言，反域外适用推定以普通法规则为基础，判断标准为司法可管辖性（jurisdictionality），即法院能否对域外行使审判管辖权。[①] 就衡平法域外管辖而言，美国法院并非首先直接获得域外司法管辖权（jurisdictional extraterritoriality），即并未取得诉讼因由管辖权（cause of action jurisdiction），而是首先获得对人管辖权（*in personam jurisdiction*），尔后命令该主体在域外采取行动或者在域外处分财产。由于美国法院首先已经获得对人的管辖权，基于此前提美国法院所作出的任何命令均被视为具有域内效力基础。[②] 其次，从适用逻辑而言，反域外适用推定强调若立法没有作出相反规定，则美国立法不发生域外适用效力；对于衡平法域外适用，美国地方法院坚持立法并未对其加以限制。例如，美国纽约州最高法院指出，《纽约民事诉讼法和规则》（*New York Civil Procedure Law and Rules*）第52条"债务人财产支付或交付"程序中没有明确的地域限制，因而法院有权签发域外周转令（turnover order），要求债务人、第三人将金钱或财产从另一国转移到纽约州。[③]

从构成要素来看，衡平法域外管辖取决于两个联结点：一是法院的对人管辖权；二是诉讼主体对于域外案涉财产、诉讼因由具有控制力。相对于反域外适用推定而言，衡平法域外管辖的启动不需要判断法院是否对诉讼因由具有管辖权，也不需要判断法院对另一方外国当事人是否具有管辖权。[④]

衡平法域外适用的来源最早可追溯至17世纪英国衡平法院超越领土管辖权而加以裁判的权力。[⑤] 同时期的普通法院并不具备这一功能，

[①] John H. Knox, "A Presumption Against Extrajurisdictionality", 104 *Am. J. Int'l L.* 351 (2010).

[②] S. Nathan Park, "Equity Extraterritoriality", 28 *Duke J. Comp. & Int'l L.* 99 (2017).

[③] *Koehler v. Bank of Berm. Ltd.*, 12 N.Y.3d 533, 539 (2009).

[④] S. Nathan Park, "Equity Extraterritoriality", 28 *Duke J. Comp. & Int'l L.* 99 (2017).

[⑤] *Arglasse v. Muschamp* 23 Eng. Rep. 322 (1682).

而是强调司法管辖的地域限制。① 美国法院在早期沿袭了这一分裂路径，普通法院严格遵循属地管辖的限定，而衡平法院则可自行决定延伸管辖权范畴。值得注意的是，随着衡平法与普通法的融合，衡平法域外管辖命令的权力来源于衡平法，但并非每一项域外命令都是传统意义上的衡平法措施。

二 衡平法域外适用的命令类型

衡平法域外适用贯穿整个诉讼过程，法院有权签发不同类型的衡平法域外管辖命令。根据不同标准，法院的域外命令可进行以下三个方面的分类：一是就诉讼过程而言，法院可签发临时命令（provisional orders）、披露文件令（discovery orders）和判决后法院令（post-judgment order）。二是就措施性质而言，既包括判决后救济措施，如判决后移交令（post-judgment turnover orders）；也包括非救济措施，如证据收集命令（discovery orders）等。三是就规制对象而言，包括处置域外有形和无形财产、保存和交付域外证据、中止在另一个国家或地区提起的法律诉讼、禁止在其他国家或地区进行商业交易等。②

衡平法域外管辖的典型代表是证据收集命令，即美国法院有权命令境内相关主体在域外采取收集、保存和呈交证据的特定行为。美国法中，当事人被要求保留自其能够合理预见诉讼发生之时起的文件资料。③ 根据 2006 年修订的美国《联邦民事诉讼规则》（*Federal Rules of Civil Procedure*）④ 第 37（e）条的规定，若一方当事人未能采取合理方式保存电子存储信息，将承担相应的法律责任。为满足这一合规要求，

---

① Pennoyer v. Neff 95 U. S. 714, 724 (1878).
② S. Nathan Park, "Equity Extraterritoriality", 28 *Duke J. Comp. & Int'l L.* 99 (2017).
③ Zubulake v. UBS Warburg LLC, 220 F. R. D. 212, 218 (S. D. N. Y. 2003).
④ 2006 年 12 月 1 日，历时五年有余的美国《联邦民事诉讼规则》针对电子发现的修正案生效，共有 5 条相关规定，涵盖第 16 条、第 26 条、第 33 条、第 34 条、第 37 条和第 45 条。根据新规则，电子存储信息（electronically stored information）的发现和保存方式，包括电子邮件、电子表格、word 文件、PowerPoint 演示文稿、数据库、会计和成本记录以及其他不会被简化为硬拷贝的数据汇编格式。

美国公司必须创建一整套文件保留政策（document retention policy），而不管公司究竟何时开始预见即将面临诉讼。一旦诉讼来临，尤其是大宗商业案件，美国公司通常斥巨资购买供应商所提供的电子取证（eDiscovery）服务，包括证据搜索、发现、定位、存档和导出等服务，涵盖计算机取证、移动设备取证、网络取证和数字解密等领域，实现智能目标搜索和收集、数据恢复和保存、文件审查和庭审准备，旨在将其用作民事、刑事案件中的证据。否则，公司不但面临败诉风险，甚至可能危及生存根本。如安然丑闻发生后，由于安达信会计师事务所下属的休斯敦办事处销毁了与安然公司有关的重要文件，美国联邦法院命令该事务所保存从 1994 年起的所有有关安然公司的文件，以供参与安然公司破产案的律师查阅。① 由此可见，证据收集命令作为美国法院的程序规则，对公司治理具有间接影响力。易言之，美国法院的司法流程影响着公司的商业行为模式选择。

美国法院不仅规制境内主体，也可向外国公司发布域外证据命令，进而将美国法上的公司文件记录保留法律要求适用于外国主体。美国司法实践中，法院常常根据美国当事人在美国境内的起诉而发布司法命令，要求作为被告的外国公司提交位于美国境外的文件证据。② 不少外国公司由于在母国并未建立此类机制而遭遇败诉。个别公司由于未能保存文件证据等原因而被判处高达 9.2 亿美元的赔偿金额。③ 借此，美国电子供应商也在全球推广符合美国法律要求的文件保存取证业务。④

近年来，美国司法实践中出现了崭新的立法类衡平法域外适用，即法院发布域外命令以保证立法在美国境外的适用。在此类情形下，立法域外管辖权和衡平法域外适用命令被在同一案件中加以适用，共同扩展了美国法的管辖范围。如对特定国家的联邦禁运规则、⑤ 旨在旅居外国

---

① *Arthur Andersen LLP v. United States*，544 U.S. 696，698（2005）.
② S. Nathan Park，"Equity Extraterritoriality"，28 *Duke J. Comp. & Int'l L.* 99（2017）.
③ *E. I. du Pont de Nemours & Co. v. Kolon Indus.*，894 F. Supp. 2d 691（E. D. Va. 2012）.
④ 例如，IBM 推出 eDiscovery Manager 产品，采用自动分类和记录管理技术，帮助企业用户管理电子存储信息。
⑤ *Cuban Assets Control Regulations*，31 C. F. R. 515.201（b）（1998）.

的美国公民逃避缴税的联邦立法等①中明文规定，法院可发布域外命令。以"哈特福德火灾保险公司诉加利福尼亚"（Hartford Fire Insurance Co. v. California）一案为例，美国最高法院多数法官意见认为，即使是国际礼让原则也不排斥美国法院对其他国家公司参与的、旨在对美国市场造成影响的非法密谋行为进行管辖，因而将《谢尔曼法》适用于英国保险公司。② 此外，尽管《破产法》中未专门规定自动中止程序（automatic stay）的域外效力，但美国诸多破产法院发布了相关域外命令。法院强调衡平法域外适用的合法性依据在于《破产法》的立法宗旨。③

三　衡平法域外适用的历史演进

（一）19世纪末：首次阐释

对于衡平法域外适用与反域外适用推定的相互关系以及前诸是否受到普通法中属地管辖的限制，美国早期司法实践并未给出权威判断。直至1878年"彭诺耶诉内夫案"（Pennoyer v. Neff）（以下简称彭诺耶案），美国最高法院始得给出判定，即属地管辖不适用于衡平法救济措施。该案因此被视为衡平法域外适用作为一项法律原则获得权威阐释的里程碑。④

彭诺耶案中，内夫诉求收回被告彭诺耶名下的一块位于美国俄勒冈州马尔特诺马县的土地；而彭诺耶则主张自己具有土地所有权和占有权。该幅土地的争议焦点在于：米切尔在此前诉讼中从内夫处获得该土

---

① Foreign Account Tax Compliance Act, 26 U. S. C. §§ 1471-74 (2010).
② 但斯卡利亚大法官坚决反对前述意见，指出立法中的"样板语言（boilerplate language）"——诸如"调整一切商业行为、活动或行业"——不足以表明推翻反域外适用推定；该案中，《谢尔曼法》采用了同样的样板语言，并未清晰指示法院可突破反域外适用推定的限制而发布域外命令。See Hartford Fire Insurance Co. v. California 509 U. S. 764 (1993).
③ 如理查德·波斯纳法官称破产程序的效力取决于法院控制和调取债务人资产的能力。In re Rimsat, Ltd., 98 F. 3d 956, (7th Cir. 1996).
④ S. Nathan Park, "Equity Extraterritoriality", 28 Duke J. Comp. & Int'l L. 99 (2017).

地所有权,而彭诺耶则从米切尔处取得该块土地所有权。与米切尔不同,内夫并非俄勒冈州居民。米切尔根据俄勒冈州法律通过在马尔特诺马县当地报纸上刊登公告形式将应诉通知送达内夫,并最终赢得了缺席判决。因此,彭诺耶是否能够取得土地所有权取决于米切尔一案缺席判决的有效性。美国最高法院判定,米切尔一案的缺席判决无效。法院共考量了两项因素:第一,送达方式是否有效。公告送达方式在该州的适用前提是,通过扣押或其他类似方式已将财产置于法院的控制之下,基于财产属于所有人控制的法律假定,法院允许通过公告等形式实现替代性送达。但在该案中,内夫并非法院所在州居民,案涉财产也未被法院所控制,因而根据该州法律,对于内夫的公告送达无效。第二,当米切尔起诉内夫时,俄勒冈州法院是否对内夫具有管辖权。易言之,问题在于法院如何取得对人的管辖权。如前所述,美国最高法院判定法院可通过直接送达(personal service)方式取得对人的管辖权。美国最高法院在判决中引用约瑟夫·斯托里(Joseph Story)的属地管辖理论对此加以论证:主权国家的法律仅在该国领土内有效,以领土边界限制司法管辖权,[1] 任何超越国家领土管辖他人或财产的司法行为是无效的。[2] 归根结底,美国最高法院将属地管辖嫁接于对人管辖权问题之上,确立域内送达方式作为法院享有对人管辖权的前提条件。但是,法院取得对人管辖权与法院能否对该域外主体发布域外命令并非同一问题。易言之,法院取得对人管辖权之后,属地管辖能够限制法院对该主体发布司法命令呢?对此,美国最高法院持否定态度。即美国法院取得对人管辖权之后即可对其发布域外司法命令。理据在于:每个州(国家)对其领域内的主体和财产行使管辖权,往往会影响到域外主体和财产;"法院保障其法律在域外实施抑或执行域外管辖权,不应遭到反对。任何反对意见均应被视为对该州独立性的侵犯。因此,任何一州均可通过其法院强制居住于其管辖区域内的主体依据合同处分域外财产……这一管辖权的行

---

[1] Geoffrey C. Hazard, Jr. , "A General Theory of State-Court Jurisdiction", 1965 *Sup. Ct. Rev.* 241 (1965).

[2] *Pennoyer v. Neff*, 95 U. S. 714 (1877).

使绝不干涉其所在州对于该财产的绝对控制。"①

(二) 20 世纪初：初步修正

随着美国在全球影响力的增强，衡平法域外适用不再局限于前述之房地产领域，而是逐渐扩展至下述广泛领域：域外证据提交；责令当事人停止在他国的诉讼、要求当事人阻止在美国境内继续发生危害的专门项目、禁止非美国公司在域外更改价格等。②

这一时期，美国法院对于美国法的直接域外适用和间接域外适用采取了截然不同的属地限制：一方面，普通法上以属地管辖限制美国法域外适用。美国最高法院在香蕉公司案中，判定国会立法受制于属地管辖原则，即美国立法不适用于美国境外的行为。另一方面，衡平法上法院命令则不受属地管辖的限制。美国最高法院在诸多案件中承认衡平法域外适用的有效性，"已经能够确定的是，只要不干涉他州主权，一州衡平法院可发布禁令以限制另一州的诉讼程序"。③

普通法与衡平法上域外适用的不一致性引发了理论界和实务界的关注。美国最高法院大法官奥利弗·温德尔·霍姆斯（Oliver Wendell Holmes）尝试对衡平法域外适用进行反思。在"法尔诉伊斯汀案"（*Fall v. Eastin*）中，华盛顿州法院判决一对夫妇离婚，并发布命令将位于内布拉斯加州的土地所有权由被告男方移转至原告女方名下。但男方并未遵守这一司法命令，反而将土地抵押给他人。该案最终上诉至美国最高法院。最高法院多数法官沿用了彭诺耶案判决：华盛顿州法院无权处置域外土地的所有权归属，即法院不能以司法命令直接更改他州土地所有权人；但华盛顿州法院可发布域外命令，要求当事人将土地所有权进行移转。对此，霍姆斯大法官给出了不同的论证理据。其在赞同意见（concurring opinion）中反思衡平法域外适用究竟是否具有宪法依据，并

---

① *Pennoyer v. Neff*, 95 U. S. 714（1877）.
② S. Nathan Park, "Equity Extraterritoriality", 28 *Duke J. Comp. & Int'l L.* 99（2017）.
③ Ernest J. Messner, "The Jurisdiction of a Court of Equity Over Persons to Compel the Doing of Acts Outside the Territorial Limits ofthe State", 14 *Minn. L. Rev.* 494（1930）.

最终给出了肯定性答案：美国宪法第 4 条第 1 款充分信任和尊重条款（Full Faith and Credit Clause）为衡平法域外适用提供了依据，即"针对个人的法院命令同样属于法院管辖范围……因此，我认为（华盛顿州的）这项命令在内布拉斯加州享有充分的信任和信誉。"① 可见，霍姆斯大法官并未对衡平法域外适用加以限制。

法官勒恩德·汉德（Learned Hand）在"艾美诉科尔布鲁克担保储蓄银行案"（Amey v. Colebrook Guaranty Savings Bank）中论及衡平法域外适用的可能限定。该案中，原告要求美国佛蒙特州地方法院判令为缅因州境内抵押土地指定接管人。在这一传统领域中，汉德法官尝试限制衡平法域外适用的基础，指出法院具有对人管辖权并不足以支撑司法命令的域外适用：尽管被告人出庭并接受管辖意味着法院有权"要求被告人禁止处分其财产"，但就此发布命令要求被告人实施这一行为仍然是不正当的；"法院并不总是把权力发挥到极致，抑或指示当事人去做法院可加以有效强制的所有事情，这一克制有时也被称为缺乏'管辖权'。"由此，汉德法官强调衡平法域外适用必须以特定个人的特定法律义务作为基础，如业已存在的合同义务，而并非针对一般性义务（general obligation），如防止浪费等。②

（三）20 世纪中叶：加速扩张

这一时期出现的两项新的司法动态——普通法与衡平法的融合、对人管辖权中"最低限度联系"（minimum contacts）和效果标准"——加速推动了衡平法域外适用的扩张适用。③

1. 普通法与衡平法的融合

美国联邦和多数地方法律体系中，普通法与衡平法于 1938 年实现合二为一，形成了统一联邦民事诉讼规则。此次合并最为显著的特点是民事诉讼大多沿用了衡平法程序而非普通法程序，由此衡平法的发展被

---

① 括号内文字系作者为翻译需要所加入。
② *Amey v. Colebrook Guaranty Savings Bank*, 92 F. 2d 62 (2d Cir. 1937).
③ S. Nathan Park, "Equity Extraterritoriality", 28 *Duke J. Comp. & Int'l L.* 99 (2017).

认为达到了巅峰。① 衡平法域外适用也在民事诉讼程序中被保留下来。至此，衡平法域外适用之中的"衡平"一词不再作为界定性语言，而是作为历史标记保留下来。但随之而来的问题是，衡平法域外适用的差异被进一步放大。原本两套不同程序分别发挥着不同作用：普通法提供一般规则，衡平法解决特殊案件；普通法上未能提供适当补救的，衡平法为当事人无法弥补的伤害（irreparable injury）提供补救。当两者合并后，原本仅适用于特殊案件的衡平法域外适用摆脱束缚，转变为一般程序规则。② 衡平法域外适用也不再受制于上述要求。③

2. 对人管辖权的变革

20世纪中叶至20世纪末，衡平法域外适用的首要连接点即对人管辖权规则发生了重大变化：法院基于合理性原则，确立最低限度联系和效果标准以扩张域外管辖权范围。在此期间，衡平法域外适用再度得以迅速发展。

美国最高法院在"国际鞋业公司诉华盛顿案"（*International Shoe Co. v. Washington*）（以下简称"国际鞋业案"）中确立了最低限度联系原则，破除了彭诺耶案中的管辖限制：法院对当事人行使管辖权的前提不再是当事人必须位于法院的属地管辖范围之内，转为要求当事人与法院具有最低限度的联系，并且与公平竞争和实质正义不存在相互冲突。④ 易言之，即使当事人并未在法院管辖范围之内，也并未出席庭审，但是只要与法院存在最低限度联系，则法院对其拥有管辖权。该案中最低限度联系的标准被确定为公司在一州范围内开展"系统且持续的"业务活动。上诉人是一家主要营业地设在密苏里州的特拉华州公司，尽管在华盛顿州并未设立办公室，也未在该州签订任何商业合同，但被美国最高法院判定其应当接受华盛顿法院的管辖，因为该公司在华盛顿州开展了"系统且持续的"业务活动，因而被视为"出现"（pres-

---

① Stephen N. Subrin, "How Equity Conquered Common Law: The Federal Rules of Civil Procedure in Historical Perspective", 135 *U. PA. L. REv.* 909, 914 – 26 (1987).
② Douglas Laycock, "The Triumph of Equity", 56 *Law & Contemp. Probs.* 53 (1993).
③ *Knighton v. Knighton*, 41 So. 2d 172 (1949).
④ *International Shoe Co. v. Washington*, 326 U. S. 310 (1945).

ence）在该州范围内。所谓"系统且持续的"业务活动，是指在 1937 年至 1940 年期间，该公司雇佣了居住在华盛顿州的十余名销售人员，由位于密苏里州圣路易斯的销售经理直接指示。上述销售人员仅在华盛顿州境内开展业务，根据销售额获得佣金。销售人员的主要业务是提供样品向潜在购买者展示，并以上诉人确定的价格和条款向潜在买家加以推销。订单最终是否能够成立取决于该公司的决定，前述任何销售人员都无权签订合同或收款。法院判定，雇佣人员、提供样品加以销售、推销货物等已经构成了"系统且持续的"业务活动。此后，美国最高法院在"谢弗诉海特纳案"（*Shaffer v. Heitner*）中明确，最低限度联系标准除适用于对人管辖权，同样适用于对物管辖权（in rem）和准对物管辖权（quasi in rem）。①

效果标准可追溯至"美国政府诉美国铝业公司案"（*United States v. Aluminum Co. of America*）。该案集成了当代国际法和普通法的发展，不再如同彭诺耶案坚守威斯特伐利亚法领土管辖和传统盎格鲁美利坚法律规则。判定凡是对本土造成影响后果的，不论是否为域外主体所为之域外行为，法院均具有管辖权。② 此时，效果标准还伴有主观目的要求，即当事人必须有意对美国境内产生影响效果。此后美国法院逐渐取消了主观目的的限定。③

最低限度联系标准和效果标准大大扩展了衡平法域外适用的范围，突破了法院对人管辖权的原有适用限制：在彭诺耶案中，衡平法域外适用以法院所在地居民抑或满足法院要求的送达方式作为前提；但依据最低限度联系标准和效果标准，法院可对身处世界各地的外国人发布司法命令。④ 例如，位于纽约的联邦法院依据最低限度联系标准取得对某一阿根廷公司的管辖权，即使该公司从不曾在纽约开展任何业务，法院均

---

① *Shaffer v. Heitner*, 433 U. S. 186（1977）.
② *United States v. Aluminum Co. of America*, 148 F. 2d 416（2d Cir. 1945）.
③ John H. Knox,"The Unpredictable Presumption Against Extraterritoriality", 40 *Sw. L. Rev.* 635（2011）.
④ Austen Parrish,"The Effects Test：Extraterritoriality'sF ifth Business", 61 *Vand. L. Rev.* 1455（2008）.

可发布域外命令，禁止该公司在阿根廷采取任何阻碍纽约司法进程的行为。进一步而言，纽约法院还可能依据效果原则，针对所有与该公司存在业务往来的世界各国公司行使管辖权，原因在于该外国第三方阻碍了美国法院的命令执行。正如在"阿根廷共和国诉 NML 资本有限公司案"（Republic of Argentina v. NML Capital Ltd.）（以下简称"NML 案"）中，纽约法院依据最低限度联系标准和效果原则对阿根廷政府以及与之存在经济往来的欧洲金融投资者均具有管辖权。[1]

（四）20 世纪后半期以来：限制与拓展的矛盾之争

在这一时期，普通法上的属地管辖与衡平法域外管辖的加剧分裂。[2] 美国最高法院发布了一系列判决限制对人管辖权。其一，美国最高法院在 1978 年"库尔科诉加利福尼亚高等法院案"（Kulko v. Superior Court of California）中，为最低限度联系和效果原则提供了新的司法标准。该案中，一对原本居住于纽约的夫妻达成分居协议最终离婚，随后女方迁移至加利福尼亚州居住，一对子女主要跟随父亲居住，但在放假期间跟母亲相聚，并由父亲支付在此期间的费用。该协议融入海地法院签发的离婚令。尔后，女方起诉至加利福尼亚州地方法院要求承认离婚令并修改子女抚养费协议，给予其完全抚养权。加利福尼亚州最高法院采用了效果原则，认定男方尽管并非该州居民，但其从该州法院判决中可能获得不再支付抚养子女费用、将女儿交由女方抚养等相关利益，构成可以合理预见的法律效果，因而法院对其拥有对人管辖权。但美国最高法院推翻了这一结论，判定加利福尼亚州法院对于居住于纽约的前夫并无管辖权，并明确推翻了男方与加利福尼亚州的最低限度联系以及对加利福尼亚州可能产生的影响效果。首先，就最低限度联系标准而言，美国最高法院判定，国际鞋业案中的最低限度联系标准不能被机械运用，而是考量相关案情加以判断。不能由于男方接送子女出现在该州就判定其与该州具有最低限度联系。由于该案争议起源于纽约州的分居协

---

[1] Republic of Argentina v. NML Capital, Ltd. 134 S. Ct. 2250 (2014).
[2] S. Nathan Park, "Equity Extraterritoriality", 28 Duke J. Comp. & Int'l L. 99 (2017).

议,修改该协议的谈判过程也在纽约州达成,男方除在加利福尼亚州接送子女外仍然居住在纽约州,因此男方与加利福尼亚州并不存在法律上的最低限度联系。① 其次,就效果原则而言,美国最高法院对商业合同和民事合同进行了区分:认定该案并非国际鞋业案中的商业往来,分居协议也并非商业合同,男方不再支付抚养费等利益并非是从加利福尼亚州法律中获得利益,因而加利福尼亚州就男方主张管辖权并非"公平、正义并合理的"。②

其二,美国最高法院为域外管辖明确了宪法"正当程序条款"的限制,并且阐明法院不能仅以损害发生地为由判定存在最低限度联系。归根结底,最低限度联系是判断当事人与法院之间的关系,而非法院与案件争议之间的关系。以"全球大众汽车公司诉伍德森案"(*World-Wide Volkswagen Corp. v. Woodson*)为例,纽约州居民从位于纽约州的销售商处购买汽车,并驾车前往亚利桑那州的途中,行驶至俄克拉荷马州不幸发生车祸。该买家就产品责任向俄克拉荷马州法院提起索赔要求。俄克拉荷马州地方法院依据该州立法规定的长臂管辖条款,认定有权管辖汽车销售商。但美国最高法院判定,不能以车祸发生地在俄克拉荷马州,就将案件交由该州法院管辖。鉴于汽车销售商在俄克拉荷马州并无任何分销商或商业服务,美国最高法院判定该销售商与俄克拉荷马州并不存在最低限度联系。依据正当程序条款,域外当事人若与法院所在地并无任何"联系、纽带或关系"(contacts, ties, or relation)的,则该法院无域外管辖权;"即使被告被强制在另一州出庭并无不便,即使另一州法院对适用其法律抱有浓厚兴趣,即使法院所在地州是最方便诉讼地,但作为州际联邦规制工具的正当程序条款,也可能会剥夺该州作出有效判决的权力。"③

又如,在"哥伦比亚国家直升机公司诉霍尔案"(*Helicopteros Nacionales de Colombia v. Hall*)中,美国最高法院判定得克萨斯州地方法院对于发生于秘鲁的直升机碰撞诉讼不享有管辖权。该直升机由作为被告

---

① *Kulko v. Superior Court of California* 436 U. S. 84 (1978).
② *Kulko v. Superior Court of California* 436 U. S. 84, 84 (1978).
③ *World-Wide Volkswagen Corp. v. Woodson*, 444 U. S. 286, 299 (1980).

的哥伦比亚公司提供。被告与在事故中丧生的死者的雇主在秘鲁签订直升机运输服务合同。法院查明，该公司在得克萨斯州的商业活动包括：首席执行官前往该州参与了一次合同商谈会议、购买直升机配件并派遣员工参与培训之外，并无其他商业活动。就此，美国最高法院判定，被告在得克萨斯州从事的上述商业活动不符合国际鞋业案中确立的"系统且持续的"判断标准，因而法院对被告并无域外对人管辖权。[1]

其三，对于第三人的准对物管辖权不能替代与当事人的最低限度联系而成为法院主张域外管辖的前提条件。以"拉什诉萨夫丘克案"（*Rush v. Savchuk*）为例，原告（案发时尚居住在印第安纳州，后居住于明尼苏达州）乘坐被告驾驶的汽车在印第安纳州发生车祸。原告在明尼苏达州法院起诉被告过失伤害，由于被告与明尼苏达州并无最低限度联系，原告试图通过申请对事故车辆保险公司（在明尼苏达州开展保险业务）扣押（garnishment）债权的方式主张法院对被告拥有准对物管辖权。[2] 美国最高法院判定，即使在诉讼中附加在法院所在地开展商业活动、对于被告可能承担法律义务的第三人，不能单独成为法院对域外被告人行使管辖权的前提条件。易言之，域外当事人与法院不具有最低限度联系时，法院不能单独以域内第三人与域外被告的权利义务关系获得域外管辖权。[3]

其四，在法院所在地进行的间接商业活动并不能够满足最低限度联系标准。以"旭精工株式会社诉加州高等法院案"（*Asahi Metal Indus. Co. v. Superior Court of California*）为例，一家台湾公司使用了日本公司生产的阀门以制造汽车轮胎，装备这一轮胎的汽车在美国加利福尼亚州发生爆炸，汽车驾驶员起诉台湾公司承担产品责任，台湾公司则追加日本公司作为交叉诉讼（cross-complaint）被告人。美国最高法院判定，日本公司不受加利福尼亚州地方法院管辖。尽管日本公司的产品已投入加利福尼亚州销售渠道，并可能是引发严重车祸的诱因。但是，仅

---

[1] *Helicopteros Nacionales de Colombia v. Hall*, 466 U.S. 408, 418 (1984).

[2] 衡平法上对案外债务人扣押（garnishment）程序，是指法院命令扣押第三人的财产，以偿还债务人的债务。

[3] *Rush v. Savchuk* 444 U.S. 320 (1980).

仅知道其生产的配件被用于在该州进行销售的产品之中，并不能够满足最低限度联系标准，因为该配件生产商并未故意从该州的商业活动中获得利益。① 基于同一原因，在"J. 麦金太尔马赫有限公司诉尼卡斯特罗案"（*J. McIntyre Mach. Ltd. v. Nicastro*）中，新泽西州地方法院被判定对于在该州导致人身伤害事故的英国汽车工具生产商不具有管辖权。当地经销商采购英国汽车工具生产商的产品，但英国公司并未在该州设立办事处，也未在该州缴纳税款或拥有财产，也并未在该州投放广告或派遣员工。因此，该公司与法院所在地并没有任何联系。②

其五，"系统且持续的"判断标准并非是指"某种意义上的"系统且持续联系，而是指"实质性的""全然的"系统且持续联系。以"戴姆勒诉鲍曼案"（*Daimler AG v. Bauman*）为例，美国最高法院判定，鉴于被告并非在法院地设立，抑或作为主要营业地，因此，当地经销商经营长时间从被告处购买货物并在当地销售并不能够确立被告与当地构成实质性的、全然的系统且持续联系，对于此类"经商"案件，法院一般不具备管辖权。③

但在这一时期，普通法上的域外适用则与此趋势完全不同：衡平法域外适用中，一旦法院判定具有对人管辖权，即可适用域外管辖；而普通法上，即使当事人均为美国公民，法院仍然判定美国立法不发生域外适用效力。如1991年EEOC案中，雇主和雇员均为美国公民，但法院判定《民权法》并不适用于两者之间发生于美国境外的雇佣关系。④ 此后，美国最高法院将成文法的域外效力判断适用于联邦侵权法、移民法、反垄断法、刑法和专利法等领域，在Morrison案、Kiobel案、RJR案中判定1934年《证券交易法》第10（b）条、《外国人侵权法》以及《受敲诈者影响和腐败组织法》不发生域外适用效力。⑤

---

① *Asahi Metal Indus. Co. v. Superior Court of California*，480 U. S. 102（1987）.
② *J. McIntyre Mach. Ltd. v. Nicastro* 564 U. S. 873（2011）.
③ *Daimler AG v. Bauman*，134 S. Ct. 746（2014）.
④ *EEOC v. Arabian Am. Oil Co.*，499 U. S. 244（1991）.
⑤ *Morrison v. National Australian Bank Ltd.*，561 U. S. 247（2010）；*Kiobel v. Royal Dutch Petroleum Co.* 569 U. S. 108（2013）；*RJR Nabisco, Inc. v. European Community* 136 S. Ct. 2090（2016）.

20世纪后期和21世纪初,衡平法域外适用在不同案件中的判断标准不尽相同。美国最高法院曾在"贝克诉通用汽车公司案(Baker v. General Motors Corp.)"(以下简称贝克案)中,对于国内法中州与州之间的衡平法域外适用施加了限制条件,一州法院命令不能干涉其他州法院排他性权限范围的"官方行为"。该案中,工程师罗纳德·埃尔韦尔在密歇根州起诉前雇主通用汽车公司。通用汽车提出反诉,双方最终达成和解并取得了密歇根州法院支持。和解协议中有一反诉讼禁令:禁止埃尔韦尔在涉及通用汽车的任何诉讼中提供证言。与此同时,贝克兄弟在密苏里州起诉通用汽车,主张由于通用汽车的缺陷导致其母亲死亡。贝克兄弟请求法院传唤埃尔韦尔到密苏里州作证的要求得到批准,推翻了经密歇根法院批准的反诉讼禁令。[①] "充分信任和尊重条款"(*Full Faith and Credit Clause*)的性质判断至关重要,因为该条款仅适用于判决。由于埃尔韦尔的反诉讼禁令是法院判决的一部分,因此充分信任和尊重条款有可能得以适用。然而,美国最高法院判定密苏里州法院不必遵循密歇根州法院的此项禁令:密歇根州法院不能通过当事人之间的禁令,禁止其向其他州法院正在审理的并且原被告双方均不受密歇根州法院管辖的案件提供证据。

美国最高法院在"墨西哥发展集团诉联盟债券基金案"(*Grupo Mexicano de Desarrollo v. Alliance Bond Fund*)(以下简称墨西哥发展集团案)中对于衡平法域外适用施加了新的限制条件。该案争议属于衡平法域外适用的典型类别——域外财产的处置问题。初审法院即纽约联邦地方法院在作出最终判决之前下达了初步禁令(preliminary injunction):限制地处墨西哥的案涉资产的处分,旨在执行双方合同项下的义务。从司法历史来看,衡平法院此前缺乏发布此类判决前禁令的权力。因此,美国最高法院判定:彼时美国法院同样缺乏这一司法权力,除非法律另有规定。但是,金斯伯格(Ginsburg)大法官在反对意见中对这一历史观提出批评。原因在于:尽管衡平法域外适用早在17世纪时即已存在,但当时仅起到补充作用,尔后也仅在普通法未能提供充分补救的特殊情

---

① *Baker v. General Motors Corp.* 522 U. S. 222(1998).

况下方可适用。因此，金斯伯格大法官认为衡平法域外适用具有积极扩张的潜力，起码应当扩张至衡平法与普通法合并之前的状态。①

尽管在上述贝克案和墨西哥发展集团案中，衡平法域外适用被从不同角度加以限制，然而，在"国家工业航空航天公司诉美地方法院案"（Societe Nationale Industrielle Aerospatiale v. US. District Court）（以下简称"国家工业航空航天公司案"）和 NML 两个案件中，前述限制条件并未被采纳；相反，美国最高法院颁布的发现命令（discovery order）域外适用不受限制。

在国家工业航空航天公司案中，美国最高法院判定《海牙取证公约》未对域外证据的获取设定排他性或强制性程序，因此，美国法院应当事人申请，有权依据《联邦民事程序规则》发布发现域外证据的司法命令，而不必遵循《海牙取证公约》。但与此同时，美国最高法院警告：法院"应特别警惕，保证外国诉讼当事人免受不必要、过度繁重的发现要求，免于身处不利地位。"②但事实证明，下级法院忽视了这一警告，甚至要求外国当事人提交被外国法所禁止的证据。③

如前所述，在 NML 案中，阿根廷政府被美国法院判定合同违约，但其债权人未能获得相应赔偿款项，遂申请法院向美国银行和阿根廷国家银行发出调查阿根廷政府全球财产的传票，最终获得美国最高法院支持。美国最高法院判定：一方面，《外国主权豁免法》尊重外国政府的裁判豁免权和执行豁免权；另一方面，该法并不禁止法院在外国政府败诉判决之后向第三方签发查明该外国政府域外财产的传票（subpoenas）。④阿根廷辩称，这一命令将涵盖《外国主权豁免法》中所禁止执行的资产，例如军事武器。但美国最高法院驳回了这一论点，原因在于在传票发布前阿根廷所拥有的可执行财产并无从查知。

---

① Grupo Mexicano de Desarrollo v. Alliance Bond Fund, 527 U. S. 308 (1999).
② Societe Nationale Industrielle Aerospatiale v. US. District Court 482 U. S. 522 (1987).
③ Geoffrey Sant, "Court-Ordered Law Breaking: U. S. Courts Increasingly Order the Violation of Foreign Law", 81 Brooklyn L. Rev. 181 (2015).
④ Republic of Argentina v. NML Capital, Ltd 573 U. S. 134 (2014).

在上述两个案件中，美国法院对于衡平法域外适用达到了无所顾忌的状态：既无视《海牙取证公约》减少域外取证冲突的多边共识，更不顾忌其他主权国家的明确对外政策，如账户秘密与数据隐私。

四 衡平法域外适用的规制拓展

以电子信息方式存在的无形资产——包括股票、债券、房地产投资信托基金等——进一步拓展了美国衡平法域外适用的范畴。此前，法院通过法律拟制来处理无形资产，具体措施是将其指定于某一地点。如将债务人的所在地指定为债务所在地，版权所在地是所有者的所在地。但近年来，随着科技的飞速进步，无形资产可在瞬间传输于世界各地之间。无形资产的这一特性让原有法律拟制规则的实现变得异常困难。因而，主权国家不再以所在地规则来规制无形资产，而是设定无形资产所有者的调整规则。由于衡平法域外适用依靠对人管辖权及该主体对财产的控制，衡平法域外适用得以有效摒弃前述所在地假定。在涉及无形资产的复杂案件中，无形资产的买卖、使用等往往发生在不同国家，所有国家都可主张管辖权。衡平法域外适用的效能发挥因而具有无限拓展的可能。[1]

正因如此，衡平法域外适用将美国法院权力扩张至无形资产的整个监管链条。中间托管人（intermediary custodians）即使作为案外人也将受到美国法院衡平法域外适用的命令规制。正如在 NML 案中，纽约法院将与阿根廷政府存在经济往来的欧洲金融投资者纳入衡平法域外适用命令。欧洲金融投资者仅仅是为阿根廷政府债券提供支付服务的中介机构，包括位于比利时的欧洲结算公司（Euroclear）、位于卢森堡的明讯银行股份有限公司（Clearstream Banking S. A.）等，其与美国没有任何其他直接联系。但是，美国最高法院判定域外命令适用于上述欧洲投资者，而原因仅仅是上述域外主体可能阻碍美国法院的命令执行。[2]

---

[1] S. Nathan Park, "Equity Extraterritoriality", 28 *Duke J. Comp. & Int'l L.* 99 (2017).
[2] *Republic of Argentina v. NML Capital, Ltd.* 134 S. Ct. 2250 (2014).

五 衡平法域外适用的内在缺陷

（一）衡平法域外适用的过度延伸

迄今为止，普通法上尚未形成对于衡平法域外适用的任何限制。法院主要关注裁判后果及其实际影响，反而忽视了逻辑推理能否成立的根本问题。如前所述，当衡平法域外适用延伸至无形资产时，其影响范围远远超出第三方本身，甚至威胁到整个无形财产管理系统的稳定性。以臭名昭著的"冬季风暴航运有限公司诉TPI案"（*Winter Storm Shipping Ltd. v. TPI*）（以下简称"冬季风暴航运案"）为例，美国第二巡回上诉法院面对的核心争议是电子资金转账（EFT）是否属于《海事和海事索赔补充规则》（*Supplemental Rules for Admiralty and Maritime Claims*）B项下的可附加财产（attachable property）。电子资金转账通常涉及中间银行，跨国转账更是如此。在大多数情况下，中间银行会在几个小时内处理完毕。该法院裁定，由于资金这一时间窗口内位于纽约，因此法院可向位于纽约的中间银行发出资金限制令，不论该资金的发送方和接收方是否地处纽约之外。由此，法院创造了一种崭新的衡平法域外适用方式：通过对第三方中介机构控制下的财产管辖权实现域外管辖。[1] 仅仅相隔7年之后，美国第二巡回上诉法院在"印度航运公司诉Jaldhi海外私人有限公司案"（*Shipping Corp. of India v. Jaldhi Overseas PTE Ltd.*）中，推翻了前一判决。美国第二巡回上诉法院指出，冬季风暴航运案判决发布之后，向纽约南区地方法院提起的诉讼中约有三分之一是规则B项下的可附加财产扣押申请。相关银行每天都收到来自债权人的800至900份资金限制令，要求在中间银行处理转账的几个小时内停止转账。资金限制令数量之多导致了转账系统中出现了大量的错误识别信息，扰乱了电子资金转账的整个过程。由此引发的后果是：外国公司力图避免通过以美元计价的、经纽约银行处理的电子资金转账，这一不确定性威

---

[1] *Winter Storm Shipping Ltd. v. TPI*, 310 F. 3d 263 (2d Cir. 2002).

胁到纽约作为国际银行业中心的地位，甚至威胁到美元作为世界主要储备货币的地位。① 该法院并未对此深入加以论证，只是鉴于"不可预见的后果"就推翻了先例。

美国司法实践中出现了藉由衡平法域外适用实现"判决套利"的新问题。所谓判决套利，是指作为债权人的跨国公司获得外国胜诉判决之后，要求美国法院承认并执行该判决，并通过衡平法域外适用命令实现对域外主体的权利主张。美国多个法院判定，对于外国判决的承认无需以法院具有域外管辖权作为前提。② 这就意味着债权人可在外国法院获得胜诉判决后将其转换为美国国内判决。根据前述衡平法域外适用延伸至第三方的先例，债权人可要求纽约法院对域外第三方签发域外资产发现令和资产处置令（asset turnover orders）。③

（二）与普通法域外适用的本末倒置

透过美国司法实践来看，法院对于扩张衡平法域外适用充满热情。④ 当事人在寻求法院救济时，一旦查明法院具有对人管辖权，衡平法域外适用即可发生效力。因此，当事人会寻找一切对其有利的法院对人管辖权依据，甚至发掘反域外适用推定与衡平法域外适用的不一致之处，如最低联系标准抑或效果标准。由此造成本末倒置的局面：法院本应具有管辖权方可受理案件，但司法实践中只要法院查明有域外适用必要性，即可依据对人管辖权签发衡平法域外适用命令；如此一来，原本作为"前置性"管辖权规则的效果标准沦为域外管辖的"嗣后性"法律依据。例如，在 In re Rimsat, Ltd. 一案中，波斯纳法官判定，由于破产程序的效率取决于法院对于破产申请人财产的控制和处置能力，因此，美国《破产法》中的自动中止程序条款具有域外适用效力，⑤ 即法

---

① Shipping Corp. of India v. Jaldhi Overseas PTE Ltd., 585 F. 3d 58 (2d Cir. 2009).
② Abu Dhabi Comm. Bank PJSC v. Saad Trading, Contracting and Fin Svcs. Co., 986 N. Y. S. 2d 454, 613 (N. Y. App. Div. 1st Dep't 2014);
③ S. Nathan Park, "Equity Extraterritoriality", 28 Duke J. Comp. & Int'l L. 99 (2017).
④ S. Nathan Park, "Equity Extraterritoriality", 28 Duke J. Comp. & Int'l L. 99 (2017).
⑤ In re Rimsat, Ltd., 98 F. 3d 956 (7th Cir. 1996).

院可对破产申请人无论置于世界何处的域外财产签发命令，而不必首先判断《破产法》相关条款是否符合反域外适用推定的要求。

（三）组合适用的管辖权扩张与事实僵局

衡平法域外适用的法院命令可进行相互嵌套组合，即对于违反域外命令的域外第三方，法院再次发出域外命令来确保前一域外命令的执行。通常情况下，法院不得依据与案件原告存在联系即对域外当事人拥有管辖权。但在美国联邦巡回上诉法院的判例中，域外当事人仅仅由于与法院颁发的衡平法域外适用命令具有效果联系，即被判定属于该法院管辖范围之内。因此，美国法院实际上形成了三重域外管辖体系：一是法院是否具有对人管辖权；二是依据衡平法域外适用签发域外命令；三是对任何可能阻碍域外命令实施的域外第三方签发命令，从而实现域外管辖权的进一步扩张。

例如，在瓦芬施密特诉麦凯（Waffenschmidt v. Mackay）一案中，联邦第五巡回上诉法院认为，位于法院管辖范围之外的非案件当事人，在得到法院命令通知之后，一旦故意帮助和教唆一方当事人违反法院命令，则无需与法院管辖存在其他联系，即将受到该法院的管辖，被判定藐视法庭。该案中，依据对人管辖权传统，原审法院对于第三人并无管辖可能；但域外第三人对法院命令的干涉满足了最低限度联系标准，因为此类干涉对法院管辖造成了实质性影响。[①] 联邦第七巡回法庭在 S. E. C. v. Homa 一案中作出了同样的判定。[②]

但是，上述这一举措从逻辑上而言将陷入僵局：若域外第三方仍不理睬美国法院域外命令，美国法院又该如何处理？最终结果将是无计可施。由此而言，美国法院没有将对人管辖权与普通法域外适用的双重体系加以协调，反而希冀利用两者相互加持，一味追求域外管辖效力的不断扩张，终将陷入事实僵局。

---

① *Waffenschmidt v. Mackay*, 763 F. 2d 711 (5th Cir. 1985).
② *S. E. C. v. Homa*, 514 F. 3d 661 (7th Cir. 2008).

六 衡平法域外适用引发的潜在冲突

迄今为止，美国法尚未对衡平法域外适用的法院命令施加实质限制。这与反域外适用推定的发展形成鲜明对比。正因如此，学界指责衡平法域外适用是一项尚未发展成熟的法律制度。"如果当事人所请求的法令会以某种方式严重干涉另一国的主权，则法院应拒绝该禁令。"[①]但是，衡平法域外适用管辖命令往往无视甚至侵害他国利益，从而引起外交纷争。当事人也往往陷入两难境地，即遵守美国法院命令也就意味着违背其他国家的法律。衡平法域外适用引起了美国与他国的利益纷争和外交冲突。如司法调查和诉讼过程中所要求提供的域外证据、证明文件等引发了最大规模的国际摩擦。[②] 加拿大、欧盟等国和地区专门出台了针对美国司法发现命令的阻断立法。但美国法院对此基本保持漠视状态，美国最高法院更是在 NML 案中，针对外国政府所有的财产发出了域外查证命令。[③]

（一）干涉他国利益

其一，外国政府被作为美国法院域外命令的规制对象。美国法院针对俄罗斯、阿根廷、韩国等国曾发出衡平法域外适用命令，当其他国家政府拒绝履行域外适用命令时，美国法院又判定其藐视法庭。例如，鉴于俄罗斯政府未能按照美国法院命令，将位于俄罗斯的宗教书籍和文物归还给位于纽约的犹太宗教组织，哥伦比亚特区地方法院判定俄罗斯政府藐视法庭。[④]

其二，侵犯其他国家政府的监管利益（regulatory interests），如干涉源自其他国家境内数据信息的保存。为此，多个国家和地区通过了阻断

[①] S. Nathan Park，"Equity Extraterritoriality"，28 *Duke J. Comp. & Int'l L.* 99（2017）.
[②] Restatement of the Law Third：The Foreign Relations Law of the United States § 442.
[③] Republic of Argentina v. NAML Capital，Ltd.，134 S. Ct. 2250（2014）.
[④] Agudas Chasidei Chabad of United States v. Russian Fed'n，915 F. Supp. 2d 148（D. D. C. 2013）.

法，明确反对美国衡平法域外适用。而美国法院不仅没有重视域外适用命令与其他国家的立法冲突，更是将其他国家立法裁定为非法。① 如此，美国将其所签订的《海牙取证公约》掏空为一纸空文，"对国际条约的基本机制给予了前所未有的打击"。

此外，美国衡平法域外适用还侵犯了其他国家的裁判利益（adjudicatory interests）。如美国法院在域外反诉禁令中，剥夺了其他国家对同一案由的管辖权，引发"跨国司法战争"。②

（二）诱发外交关系冲突

衡平法域外适用不当侵犯他国利益，引发了一系列外交冲突。阿根廷前总统斯蒂娜·基什内尔（Cristina Kirchner）所领导的政府在债务纠纷上态度强硬，曾将相关债权人 NML 资本公司等秃鹫基金称为"金融恐怖分子"，发誓不会向他们的付款要求屈服。美国《对外关系法重述》（第3版）中已经注意到这一问题。

美国反垄断法的衡平法域外适用命令是对外关系冲突的重灾区。加拿大政府官员曾表示："一国政府通过在其国内法庭上、援引该国国内法来寻求对其有利的解决方案的做法，不是法治，而是以司法之名行经济强权之实。"③ 外国政府往往提交法庭之友（amicus curie）意见反对美国衡平法域外适用命令，但美国法院的态度始终存在变数。在"铀反垄断诉讼案"（In re Uranium Antitrust Litigation）中，澳大利亚、加拿大、南非和英国已作为法庭之友提交了简报，反对美国法院的域外管辖。并且，该案中并无证据表明上述四国政府授权当事人从事违法行为。但美国第七巡回法院将该四国政府的出庭视为对外国公司的代理行为，以地方法院可能无法进一步查明案情为由主张域外管辖权。上述判

---

① Geoffrey Sant, "Court-Ordered Law Breaking: U. S. Courts Increasingly Order the Violation of Foreign Law", 81 *Brooklyn L. Rev.* 181 (2015).

② S. Nathan Park, "Equity Extraterritoriality", 28 *Duke J. Comp. & Int'l L.* 99 (2017).

③ J. S. Stanford, "The Application of the Sherman Act to Conduct Outside of the United States: A View from Abroad", 11 *Cornell Int'l L. J.* 195 (1978).

决"将美国与其最亲密的盟友的关系陷入了异常尴尬的境地"。[1]

(三) 域外当事人法律义务冲突

衡平法域外适用的第二项要求,即当事人对于域外案涉财产或诉讼因由所具有的控制力,可能与当事人所承担的其他国家法律义务发生冲突,进而影响美国法院域外命令的执行效果。如何解决这一问题,美国法院并未给出统一的答案,甚至态度有些"漫不经心"。[2] 纽约法院已经形成了"强烈且可能令人惊讶"的司法传统:以简易程序驳回银行的双重义务主张,"若银行像往常一样服务双方,并遵守美国和其他国家的法律要求,那么它只能服从一个国家或能赋予其特权的另一国家。"[3] 美国法院通常情况下要求外国当事人违背所在国法律,而遵守美国司法命令的要求。[4]

---

[1] In re *Uranium Antitrust Litigation*, 617 F. 2d 1248 (1980).
[2] S. Nathan Park, "Equity Extraterritoriality", 28 *Duke J. Comp. & Int'l L.* 99 (2017).
[3] *First Nat'l City Bank*, 271 F. 2d 616 (1959).
[4] *Astra Zeneca LP v. Breath Ltd.*, 2011 U. S. Dist. LEXIS 42405 (D. N. J. Mar. 31, 2011).

第三编

美国法域外适用的国际争议与反措施

美国法域外适用的过度延伸篡夺其他国家司法管辖权，迫使他国民国民陷入两难窘境，引发与国际条约的规则冲突，任意扩张普遍管辖权适用范围，引起了国际社会的广泛担忧。英国、加拿大、澳大利亚、欧盟等国家和地区采用阻断立法加以应付。国际奥委会、世界反兴奋剂机构等国际组织也表达了深度忧虑。从国际实践而言，形成禁止一国法不当域外适用的国际习惯法规则的可能性较高。以第三国个人与实体为规则对象的美国次级制裁措施，存在违背管辖原则、国家主权平等原则、干涉他国内政等根本缺陷。针对国际不法行为所作出的反制立法局域合法性和正当性。《国家对国际不法行为的责任条款草案》为世界各国通过合法手段制止严重违背基本义务的国际不法行为提供了国际法依据。

第十章　美国法域外适用的合法性争议与国际应对

国际社会一再强调：一国法的域外适用必须符合国际社会的法律规则，不能损害国际社会赖以存在的法律基础。[①] 而美国法域外适用引起了国际社会对于美国法域外适用的过度延伸而触发国际争端的担忧。英国、加拿大、澳大利亚、欧盟等国家和地区通过阻断立法加以应对。美国法域外适用也遭到了国际组织的质疑和反对。这一国际实践形成禁止一国法不当域外适用的国际习惯法规则的可能性较高。

一　合法性争议

（一）篡夺其他国家司法管辖权

美国罔顾国际社会的反对，藉由国内法的域外适用篡夺其他国家对于国内事务的司法管辖权，[②] 扰乱他国法治和经济秩序，陷入了以自我为中心的功利主义扩张之中。例如，美国反垄断法、商标法等要求当事人呈交国外信息或文件作为证据，而这些证据往往掌握在并非美国公民的非案件当事人手中。为此，美国法的域外适用将与案件并无瓜葛的外国人卷入其中，并通过司法判决的强制执行排除其他国家的管辖权。在

[①] Sarah H. Cleveland, "Norm Internalization and U. S. Economic Sanctions", 26 *Yale J. Int'l L.* 1 (2001).

[②] 参见宋晓《域外管辖的体系构造：立法管辖与司法管辖之界分》，《法学研究》2021年第3期。

"古驰美国公司诉李伟星"（Gucci America, Inc. v. Weixing Li）一案中，美国法院判定中国银行没有按照美国法院的命令提交位于中国境内被告的银行资料，构成藐视法庭，通过巨额罚款逼迫中国银行提交了相关账户信息。对于刑事案件的域外取证而言，美国法院本应依照 2000 年 6 月 19 日签署的《美利坚合众国政府和中华人民共和国政府关于刑事司法协助的协定》，在征得中国主管机关同意的前提下，依照中国法调查取证。美国法院绕开上述协定直接要求我国银行提交证据，严重侵害了中国对于刑事案件的调查、侦查权。[①] 又如，尽管中国、欧盟、加拿大等国家和地区强烈反对美国单方面对伊朗的制裁，但美国依然制定并实施具有域外适用效力的《伊朗制裁法》，通过追究与伊朗有贸易往来的他国企业的法律责任，由此胁迫其他国家和个人停止与伊朗的经贸活动。美国通过国内法域外适用推行单边主义的这一做法违反了主权平等原则，受到了国际社会的广泛质疑。[②]

（二）迫使他国国民陷入两难窘境

美国在篡夺他国司法管辖权的同时，将其他国家公民逼入要遵守美国法、就会违背本国法的两难窘境。当美国法与其他国家的法律规定不一致时，美国法院不顾国际条约中规定的双边或多边解决方式，代之以单方面主张美国法发生域外适用效力，扩张美国法的适用范围，根本不顾外国当事人的尴尬处境。如在"固瑞克公司诉客牡林公司和沃韦的理财公司"（Graco Inc. v. Kremlin Inc. and SKM S. A.）一案中，原告起诉法国被告侵犯专利权并给予赔偿，美国法院要求被告提供文件证据，但是法国法律明确规定除非有法国法或者国际条约有相关依据，否则禁止为外国司法或执法程序提供文件。美国法院以该案争议严重影响到美

[①] 参见肖永平《"长臂管辖权"的法理分析与对策研究》，《中国法学》2019 年第 6 期。

[②] 参见商务部新闻办公室《商务部条约法律司负责人就〈阻断外国法律与措施不当域外适用办法〉答记者问》，http://www.mofcom.gov.cn/article/zwgk/zcjd/202101/20210103029877.shtml，2021 年 9 月 2 日。

国专利法实施、并威胁到美国宪法第 1 条第 8 款规定为由,[1] 判定被告必须遵守美国法律规定提供文件证据。这就直接将被告推入了要么遵从美国法、要么遵守本国法的两难境地。而美国法院显然已经注意到了这一问题,但声称这不是美国原告、也不是美国法院所需要考虑的问题,而是把责任推给了法国立法机关,并警告被告若不能提供相关文件,将面临"不履行判决"的严重后果。[2] 事实上,美国法院查明该案涉及的文件证据完全可以通过美国与法国均已签署的《关于从国外调取民事或商事证据的公约》(Convention on the Taking of Evidence Abroad in Civil or Commercial Matters,简称海牙取证公约)加以解决。[3] 尽管美国法院明知存在这一替代性救济措施,仍根本不予考量。又如,奥地利政府 2007 年 4 月处罚其第 5 大银行——巴瓦克银行(BAWAG P. S. K.),因其违背欧盟 2271/96 号指令,注销了 100 名左右古巴公民的银行账号。该银行辩称,由于《古巴自由民主团结法》(Cuban Liberty and Democratic Solidarity Act,又称《赫尔姆斯 - 伯顿法》Helms - Burton Act)中规定的合规限制,若不注销所有古巴公民的银行账户,其将无法完成被美国股权公司的收购。对此,奥地利外长加以严厉谴责。[4]

(三) 引发与国际条约的规则冲突

美国法域外适用在干涉其他国家的同时,与被国际社会广泛接受的国际条约发生矛盾冲突。如作为经济合作与发展组织《国际商事交易中反贿赂外国公职人员公约》(Convention on Combating Bribery of Foreign Public Officials in International Business Transactions)的缔约国,美国于 1977 年制定《外国腐败行为法》(Foreign Corrupt Practices Act),以执行公约中成员国有权追究外国公职人员刑事责任的规定。但在 1998 年修

---

[1] 美国宪法第 1 条第 8 款中规定,国会拥有以下权力:通过保障作者和发明者对其著作和发明在限定期间内的专有权利,促进科学与实用技艺的发展。

[2] Graco, Inc. v. Kremlin, Inc., 101 F. R. D. 503, 222 U. S. P. Q. (BNA) 986 (1984).

[3] William Graham, "The Foreign Extraterritorial Measures Act", 11 Can. Bus. L. J. 410 (1985 - 1986).

[4] Seyed Yaser Ziaee, "Jurisdictional Countermeasures versus Extraterritoriality in International Law", 4 Russ. L. J. 27 (2016).

订《外国腐败行为法》（*Foreign Corrupt Practices Act*）时，擅自扩大该法的域外适用范畴，首次将外国公民、公司纳入追究刑事责任的对象范畴，规定凡是参与协助在美国境内实施的贿赂外国公职人员的外国公司、公民都将受到美国法的管辖。美国司法机关据此追究中国、印尼等国公司的刑事责任。但是，中国、印尼并未与美国签订这一方面的多边协定，也从未同意美国反腐败立法在本国境内产生适用效力。不仅如此，美国《外国腐败行为法》的域外适用规定与中国等所签署的《联合国反腐败公约》存在直接冲突。《联合国反腐败公约》得到国际社会的广泛接受，目前已经有140个签署国，172个缔约国。[1] 该公约第4条第2款规定："本公约任何规定概不赋予缔约国在另一国领域内行使管辖权和履行该另一国本国法律规定的专属于该国机关的职能的权利。"对于国际法领域中"两个或多个法律制度发生冲突"这一现象，国际法委员会既承认该现象削弱了一般国际法，导致相互冲突的判例；又承认其反映出国际法律活动在新领域的拓展以及随之而来的目标和技术的多元化。在最终给出的解决方案中强调："当各国缔结可能与其他条约冲突的条约时，应当以通过适当的冲突条款的方式来解决这些条约之间的关系。当通过这类条款时，应当铭记：（a）这些条款不得影响第三方的权利"。[2] 而美国法的域外适用显然并未考虑其他国家的相关权利。

（四）任意扩张普遍管辖权适用范围

美国法域外适用任意扩大了国际社会公认的普遍管辖权的适用范围。普遍管辖权仅针对特定严重国际犯罪行为，各国得以拓展其刑法适用的范围，突破国际法上传统管辖权所设定的犯罪发生于本国领域内、犯罪人为本国公民、侵害本国或公民利益等限制条件。[3] 国际法通行规

---

[1] 参见《联合国反腐败公约》，https：//www.un.org/zh/issues/anti-corruption/uncac.shtml，最后访问日期：2021年9月2日。

[2] International Law Commission, *Yeewbook of the International Law Commission*, Volume II Part two, Report of the International Law Commission Document A/61/10, 2006.

[3] 王秀梅：《普遍管辖权的司法适用——以美国为例》，《政法论丛》2020年第3期。

则将普遍管辖权的适用范围限定在在惩治国际犯罪、保障国际社会整体利益的刑事领域，而非民事领域。① 除美国之外的其他国家的主流观点认为，"个人和非国家行为者在国际法上承担侵权责任的理论是完全没有依据的"。② 正如国际法院所指出，国际法中尚未就个人所承担的民事侵权责任达成一致。③ 然而美国在《外国人侵权法》中规定了美国地方法院对外国人实施违反国际法及美国所缔结条约的侵权行为所提起的诉讼具有管辖权。由此，通过赋予国内立法域外适用效力，美国单方面将普遍管辖权从刑事领域拓展至个人侵权法领域，擅自拓展了国际社会公认的普遍管辖权的适用范围。④

二　其他国家和地区出台阻断法

美国法域外适用突破了国际法对于国内法效力领域的限制，引发美国法与其他国家的管辖冲突与双边摩擦，但国际社会的传统应对手段——国际法规则、贸易协定、外交措施等均难以奏效。⑤ 为此，英国、加拿大、澳大利亚、欧盟等国家和地区均转向强化国内立法和地区立法来阻断、反制美国法的域外适用。加拿大是第一个发布阻却立法应对美国域外管辖的国家。1947年美国纽约北区联邦地区法院要求纽约公司在加拿大的子公司提供存放于加拿大的文件，以协助大陪审团调查可能违反《谢尔曼法》的事项，加拿大安大略省出台了第一部阻却立法——《商业记录保护法》（the Business Records Protection Act），禁止在加拿大的实体和个人提供在加拿大的商业记录。

---

① "Extraterritoriality", 124 *Harv. L. Rev.* 1226 (2011).
② Kenneth Anderson, "Responses on Non-American Views of the ATS, and Marko Milanovic's Response to Eric Posner", OPINIO JURIS, http://opiniojuris.org/2009/04/20/responses-on-non-american-views-of-the-ats//, 2021-09-02.
③ David Turns, "Arrest Warrant of 11 Aprile 2000 (Democratic Republic of the Congo v. Belgium)", 3 *Melb. J. Int'l L.* 383 (2002).
④ "Extraterritoriality", 124 *Harv. L. Rev.* 1226 (2011).
⑤ Deborah Senz, "Hilary Charlesworth, Building Blocks: Australia's Response to Foreign Extraterritorial Legislation", 2 *Melb. J. Int'l L.* 69 (2001).

有学者将其他国家和地区对于美国法域外适用的阻断立法归纳为四次立法浪潮。（1）第一次立法浪潮：20世纪60年代至70年代。因应美国在反垄断领域中采用"效果原则"扩张域外管辖，英国于1964年出台《运输合同和商业文件法》，明确规定证据开示阻断条款，禁止本国企业自行向美国当局提供位于英国境内的商业文件和信息。随后，澳大利亚、瑞典、丹麦、挪威、芬兰、法国、比利时等国家相继出台阻断法。[1] 如1979年澳大利亚出台《外国反托拉斯判决（限制执行）法》（Foreign Antitrust Judgment (Restriction of Enforcement) Act），阻断美国反垄断领域的长臂管辖。（2）第二次立法浪潮：20世纪70年代末至80年代初。为应对"铀反垄断诉讼（In re Uranium Antitrust Litigation）"案中英国、澳大利亚等国铀矿生产商被美国西屋电气公司所提起的反垄断诉讼，及由此可能带来的两国铀矿产业毁灭性打击，英国、澳大利亚分别出台了阻断法。1980年，英国率先出台《贸易利益保护法》（Protection of Trading Interests Act），确立了包括证据开示阻断条款、外国措施阻断条款、外国判决禁止执行条款以及追偿条款在内的阻断机制，奠定了阻断法的基本框架。随后，澳大利亚以英国的《保护贸易利益法》为蓝本，分别出台了《外国程序（过度管辖）法》。[2] 同一时期，加拿大出台1970年《原子控制法》（the Atomic Control Act）、1976年《铀信息安全条例》（Uranium Information Security Regulation）、1985年《外国域外措施法》（Foreign Extraterritorial Measures Act），规定如何应对美国行政部门和司法机关提出的取证要求，以及违反规定时的法律责任。[3]（3）第三次立法浪潮：20世纪90年代。随着美国对古巴、伊朗等经济制裁中扩张域外管辖，国际社会出现制定阻断法的第三次浪潮。1996年，美国颁布《赫尔姆斯-伯顿法》与《伊朗和利比亚制裁法》（Iran and Libya Sanctions Act，又称《达马托法》），在对古巴、伊朗实施经济

---

[1] 刘桂强：《阻断法的当代发展与价值选择》，《中国应用法学》2022年第2期。
[2] 刘桂强：《阻断法的当代发展与价值选择》，《中国应用法学》2022年第2期。
[3] 李庆明：《论美国域外管辖：概念、实践及中国因应》，《国际法研究》2019年第3期。

制裁的同时，限制外国企业在古巴、伊朗的贸易和投资活动。这一规定极大威胁到欧盟企业在伊朗等国家的投资利益。对此，欧盟理事会于1996年通过《关于保护免受第三国所通过法律的域外适用以及基于此或由此产生的行动影响的第2271/96号条例》。墨西哥也效仿欧盟的做法，出台《保护贸易和投资免受外国违反国际法的法律影响的法律》（*Law of Protection of Commerce and Investments from Foreign Policies that Contravene International Law*）。加拿大对《外国域外管辖措施法》进行修订，明确将美国的《赫尔姆斯-伯顿法》列为阻断法的适用对象。（4）第四次立法浪潮：21世纪初以来。本世纪初，美国不断在经贸领域对外国企业肆意进行"长臂管辖"。2003年12月，为应对美国《1916年反倾销法》域外适用所带来的消极影响，欧盟理事会通过了《反对美国〈1916年反倾销法〉适用效果的条例》。2004年12月，日本通过《保护公司免受美国1916年法案之利润返还的特别措施法》。这两部法律旨在应对美国当事人依据《1916年反倾销法》对欧盟或日本企业提起的多倍赔偿诉讼，确立了外国判决禁止执行条款和追偿条款。根据上述条款的规定，美国法院依据《1916年反倾销法》所作的多倍赔偿判决在欧盟或日本境内将无法得到承认与执行。同时，因美国判决而遭受损失的私人主体有权在欧盟成员国法院或日本提供诉讼程序，要求损害赔偿。[①]

三 国际习惯法的形成可能

美国单方面推行其国内法域外适用，被其他国家和地区指责干涉其自主管辖权，进而被质疑违反国际法原则。[②] 英国、加拿大、法国、德国、墨西哥、日本、丹麦、澳大利亚、芬兰、挪威、瑞典和欧盟等国家和地区对美国采取的阻断立法，被定性为应对美国违反国际法行为的反

---

① 刘桂强：《阻断法的当代发展与价值选择》，《中国应用法学》2022年第2期。
② Steve Coughlan and al., "Global Reach, Local Grasp: Constructing Extraterritorial Jurisdiction in the Age of Globalization", 6 *Canadian Journal of Law and Technology* 49 (2007).

措施（countermeasures），"构成自卫行为抑或报复行为"抑或对于其他国家过度管辖权主张的"制裁"行为。[①] 如欧盟认为美国《赫尔姆斯－伯顿法》违背了国际法的管辖权规则。欧盟委员会主席雅克桑特明确阐释了欧盟立场："我们认为，一个国家将其政策强加于其他国家，并威胁其盟友针对其对手方可获得援助，是不具有正当性、也不会有效的。"[②] 欧盟 1996 年第 2271/96 号《委员会决议》（Council Regulation）、2018 年第 2018/1100 号《委员会授权条例》（Commission Delegated Regulation）均在开篇中明确，美国法的域外管辖违背国际法。

上述国家的统一认识和立法行为满足了习惯国际法的基本要素。习惯国际法，又称国际习惯，其形成有两个因素，一是一般实践或通例的存在，二是一般实践或通例被各国接受为法律，即法律确信。值得注意的是，美国法被作为其他国家和地区阻断对象的同时，美国本身也在积极寻求制定这一方面的立法。如美国证券交易委员会在制定出台 2010 年《多德－弗兰克华尔街改革和消费者保护法》（Dodd-Frank Wall Street Reform and Consumer Protection Act）的过程中，建议在立法中赋予所有在美上市公司以追偿权，追回其因外国法院错误裁判所支付的全部赔偿金。[③] 因此，对于美国法域外适用的违法性和阻断立法的正当性认定，在形成国际习惯法的可能性较高。

四　国际组织的忧虑

以体育法领域为例，2020 年，美国将体育法的域外适用明确规定于立法之中，于 12 月 4 日颁布并生效的《罗琴科夫反兴奋剂法》（Rodchenkov Anti-Doping Act）成为世界上首部对兴奋剂犯罪具有域外适用效

[①] Seyed Yaser Ziaee, "Jurisdictional Countermeasures versus Extraterritoriality in International Law", 4 *Russ. L. J.* 27 (2016).

[②] Mahir Al Banna, "The Long Arm US Jurisdiction and International Law: Extraterritoriality against Sovereignty", 60 *J. L. Pol'y & Globalization* 59 (2017).

[③] Securities And Exchange Commission, Listing Standards for Recovery of Erroneously Awarded Compensation, https://www.sec.gov/rules/proposed/2015/33－9861.pdf, 2022－06－02.

力的法律。《罗琴科夫反兴奋剂法》在第 3 条第 2 款明确规定该法具有域外管辖效力，即"联邦对于本条所规定的犯罪行为，具有域外管辖权"。[①] 与之相伴而来的是"反域外适用推定原则"的突破，以及美国法域外适用的扩张趋势。

（一）《罗琴科夫反兴奋剂法》的主要内容

《罗琴科夫反兴奋剂法》以俄罗斯前国家反兴奋剂实验室主任、率先曝光俄罗斯兴奋剂丑闻的格里戈里·罗琴科夫的名字命名，继 2019 年 10 月 22 日在众议院通过后，于 2020 年 11 月 16 日获得参议院全票通过，最终在 2020 年 12 月 4 日经美国总统签署并于当日起正式生效。该法旨在通过刑事制裁打击国际体育赛事中的兴奋剂欺诈合谋行为。在有美国运动员、广播员、赞助商参加的国际体育赛事中，对于故意实施、意图实施、共谋实施以使用兴奋剂或禁止性手段来影响体育赛事结果的商业计划的行为，美国法对于外国人具有跨越地域限制的司法管辖权，最高刑事处罚限额可达 100 万美元罚款和 10 年以下有期徒刑。所谓商业计划，既包含国际也包括美国之外的任何国家和地区内所发生的、通过通讯或运输手段已经全部或部分开始实施的合谋行为。域外适用意味着《罗琴科夫反兴奋剂法》赋权给美国执法机关和司法机关调查和惩处实施兴奋剂犯罪的域外组织和个人。值得注意的是，《罗琴科夫反兴奋剂法》并不是直接针对运动员使用兴奋剂的个人行为，而是规制国际和国家级别的利用、协助运动员使用兴奋剂的合谋行为。

（二）《罗琴科夫反兴奋剂法》的国内赛事例外

《罗琴科夫反兴奋剂法》并不适用于美国国内的职业体育赛事和大学体育赛事。该法第 2 条第 5 款第 2 项专门规定，该法所适用之主要国际体育赛事必须是适用国际反兴奋剂规则的相关赛事，而美国国内的大学体育联赛和职业体育联赛，如美国职业篮球联赛（NBA）、职业棒球大联盟（MLB）和国家冰球联盟（NHL）等均不受国际反兴奋剂规则

---

① 此处"联邦"域外管辖效力排除了美国各州对此类犯罪行为的域外管辖权。

调整，因此不在《罗琴科夫反兴奋剂法》的调整范畴之内。世界反兴奋剂机构、国际奥委会均对此表示质疑：《罗琴科夫反兴奋剂法》不规制最为发达、而又屡受兴奋剂操控危害的美国国内体育赛事，又如何对其他国家的体育赛事发生域外管辖效力？① 美国国会颁布《罗琴科夫反兴奋剂法》的重要基础之一在于美国赫尔辛基委员会（Helsinki Commission）的调查证明，包括世界反兴奋剂机构、国际奥委会、国际体育仲裁院在内的国际体育组织，未能有效应对兴奋剂问题；而美国此前也没有专门针对兴奋剂问题的立法。因此，美国国会宣称制定该法意在填补法律空白，以震慑兴奋剂欺诈行为，阻止与兴奋剂欺诈相关的国际体育腐败行为的发生。但事实上，这一立法成为美国打着为国际社会打击兴奋剂欺诈的幌子，抢夺域外管辖权、而不惜与他国发生管辖冲突的自利之举。

（三）国际体育组织的忧虑

如前所述，世界反兴奋剂机构、国际奥委会等国际体育组织均对美国《罗琴科夫反兴奋剂法》的域外适用表示担忧。《罗琴科夫反兴奋剂法》将长臂管辖的触角扩张至世界任何国家和地区，由此导致原本国际团结协作反兴奋剂的努力变成各国争夺法律域外管辖权的"角斗场"，将原本国际统一的兴奋剂规则转变为各国法域外适用规则相互交织的"蜘蛛网"，难免出现为争夺管辖权而出现带有政治色彩的国家立法。以世界反兴奋剂机构的声明为例，指出美国《罗琴科夫反兴奋剂法》可能产生以下三项"无法预料"的恶果，从而破坏国际公认的反兴奋剂法律框架，并削弱世界反兴奋剂机构的作用。一是美国立法将破坏现有反兴奋剂国际共识和稳定局面。当下，世界各国所达成的一致意见即《世界反兴奋剂条例》，是国际反兴奋剂体系的核心。美国立法将导致不同国家之间的管辖权重叠并冲突。运动员也将陷入纷繁芜杂的反兴奋剂规则体系。二是让揭露反兴奋剂丑闻的吹哨人陷入多重管辖的尴

---

① Reuters. "IOC and WADA question why US sport exempt from Rodchenkov Act." https：//www.chinadailyasia.com/article/149790，2020 - 11 - 18.

尬境地,从而在客观上阻挠知情人揭露兴奋剂丑闻,导致反兴奋剂组织查处不法行为能力的削弱。三是引发其他国家争相效仿制定具有域外适用效力的国内立法,进而导致立法被滥用的连锁反应,最终损害世界反兴奋剂事业。[1] 联合国教科文组织反兴奋剂机构也在美国《罗琴科夫反兴奋剂法》的制定过程中表达了对美国单边主义措施的担忧和纠错建议。根据 2020 年 8 月 26 日联合国教科文组织反兴奋剂机构发布的缔约方大会第七届会议主席团公报,包括美国政府在内的缔约方所采取的反兴奋剂立法、行政等措施应当与《世界反兴奋剂条例》的原则相一致;考虑到国际合作在捍卫体育道德、诚信和普遍价值方面的重要性,主席团鼓励采取以对话为基础的多边方式加以合作,促进反兴奋剂工作的一致性和协调性,[2] 而非采用单边主义的长臂管辖。

---

[1] "WADA calls on US Senate to consider widely held concerns about Rodchenkov Act",https://www.wada-ama.org/en/media/news/2020 – 03/wada-calls-on-us-senate-to-consider-widely-held-concerns-about-rodchenkov-act,2020 – 03 – 12.

[2] "United States funding of the World Anti-Doping Agency and the Rodchenkov Act:implications for the International Convention against Doping in Sport",https://en.unesco.org/news/united-states-funding-world-anti-doping-agency-and-rodchenkov-act-implications-international,2020 – 08 – 26.

第十一章 域外管辖视角下的美国次级制裁及其合法性批判

单边经济制裁渐已成为国际上被广泛采用的对外政策工具。由于联合国五大常任理事国在评估特定事件对于国际和平是否构成威胁时存在严重分歧，鲜有根据《联合国宪章》第41条规定而实施多边制裁的共识和实践。尽管频繁实施制裁是否能够有效地改变被制裁国家的相应行为存在争议，但美国仍然长期热衷于推行单边经济制裁。[①] 随着中国、欧盟的经济崛起，在未取得共识的前提下，美国通过单边经济制裁影响被制裁方的能力逐渐减弱。主要原因在于：被制裁方在抵制美国制裁的同时，积极寻求与中国、欧盟等大国和地区的合作机会。因此，美国政府面临制裁目的落空的潜在风险，而美国商人和实体由于政府限制经贸往来的约束也难免在国际竞争中陷入劣势地位。在此背景下，美国开始转向采用影响范围更广的次级制裁，将第三国的个人和实体统统纳入限制范畴，从而强制他国主体遵守美国法的要求。[②]

本章从域外管辖权角度来分析美国次级制裁的主要特征、功能发挥、合法性挑战等内容。次级制裁的合法性存在国际争议：支持者主张次级制裁是国家行使主权的行为；反对者则质疑次级制裁的域外效力、以及限制第三国外交政策和外国主体行为的合法性。反对者的诘问主要集中于三个方面：一是次级制裁违背习惯国际法上的管辖原则；二是违

---

① Patrick C. R. Terry, "Enforcing U. S. Foreign Policy by Imposing Unilateral Secondary Sanctions: Is Might Right in Public International Law?", 30 *Wash. INT'l L. J.* 1 (2020).

② Patrick C. R. Terry, "Enforcing U. S. Foreign Policy by Imposing Unilateral Secondary Sanctions: Is Might Right in Public International Law?", 30 *Wash. INT'l L. J.* 1 (2020).

背国家主权平等原则；三是构成对他国内政的不法干涉。

一 次级制裁的基本界定

在当代国际关系中，制裁被作为替代武力和战争的手段，惩罚、改变、停止或影响被制裁方的行为。[①] 所谓制裁，是指对违反法律、法规或秩序的行为所实施的惩罚或强制措施。[②] 美国所实施的制裁，从外延界定而言，可分为广义和狭义两种类型。狭义制裁，主要是指美国财政部外国资产管制办公室（Office of Foreign Assets Control）所主管的资产冻结和贸易限制等金融制裁和贸易制裁。[③] 广义的制裁则是美国为实现其国家安全和对外政策目的而对其与他国经济往来施加的所有限制性措施。冷战结束后，面对新的安全威胁以及科技和经济新的发展形势，美国逐步打造出以金融制裁和出口管制为主，涵盖贸易禁运、武器禁运、提高关税、限制政府采购、外资审查、停止项目合作、关闭港口领空等措施在内的庞大制裁工具体系。[④]

域外管辖权视角下，制裁不再涉及纯经济或军事领域的禁运措施等，而是聚焦制裁方所采取的域外立法管辖与其他国家和地区之间的管辖权冲突。按照限制范围和复杂程度来看，制裁可以分为初级制裁和次级制裁。[⑤] 初级制裁即直接制裁，仅指制裁方限制具有该国国籍的公民、实体，以及在该国境内的个人和实体与被制裁方进行经贸往来。[⑥] 一般而言，美国法上将限制对象界定为"美国人（United States persons）"，包括美国公民、永久居民、依照美国法成立的实体和外国分支

[①] Jeffrey A. Meyer, "Second Thoughts on Secondary Sanctions", 30 *U. PA. J. INT'l L.* 905 (2009).

[②] Bryan A. Garner ed., *Black's Law Dictionary* (9th Edition), West Press 2009, 1458.

[③] US Department of the Treasury, Frequently Asked Questions, https://home.treasury.gov/policy-issues/financial-sanctions/faqs/topic/1501, 2022-06-01.

[④] 刘建伟：《美国制裁改革背景下的对俄经济制裁》，《国际展望》2022年第3期。

[⑤] 李寿平：《次级制裁的国际法审视及中国的应对》，《政法论丛》2020年第5期。

[⑥] Jeffrey A. "Meyer, Second Thoughts on Secondary Sanctions", 30 *U. PA. J. INT'l L.* 905 (2009).

机构以及在美国境内的任何个人和实体。[1] 次级制裁,从域外管辖权角度而言,是指制裁方对被制裁方进行初级制裁之外,同时限制位于制裁方境外的、第三国个人和实体与被制裁方进行经贸往来。

域外管辖权视角下的制裁,聚焦单边制裁,不再将多边制裁纳入研究范畴。根据现有理论,从实施制裁的主体来看,制裁可以分为多边制裁和单边制裁。多边制裁是指多个国家或国家集团共同对被制裁方实施制裁的行为。当今国际实践中,多边次级制裁主要是在联合国框架下实施的次级制裁。单边制裁则是指单个国家单方面决定和实施的制裁行为。[2] 本部分主要关注由美国单边制裁所引发的管辖权冲突,不再涉及多边制裁的其他内容。

二 次级制裁的主要特征

第一,次级制裁的首要特点是具有域外适用效力。从初级制裁和次级制裁的相互关系来看,次级制裁是初级制裁的强化方式。[3] 初级制裁的有效性一般取决于两个方面:一是发起制裁方的实力及被制裁方对制裁方的依赖度。通常情况下,被制裁方对制裁方的依赖度越高,制裁的有效性越强。二是国际社会的配合,第三方不配合甚至是反对对于被制裁方施加初级制裁,将使得初级制裁难以达到预期效果。[4] 由此,初级制裁实际效果贬损、又无法开展多边制裁的情况下,其他国家与被制裁方依旧保持着经贸关系,从而代替或者填补了制裁方的经贸角色,此时,增加限制第三方(除制裁方与被制裁方之外的国家或组织)的次级制裁就成为制裁方"压箱底"的替代性手段。[5]

---

[1] 规定于美国国务院 2001 年第 13224 号行政令第 3(c)条。See Executive Order 13224, https://www.state.gov/executive-order-13224/,2022-05-06.
[2] 李寿平:《次级制裁的国际法审视及中国的应对》,《政法论丛》2020 年第 5 期。
[3] Jeffrey A. Meyer, Second Thoughts on Secondary Sanctions, 30 U. PA. J. INT'l L. 905 (2009).
[4] 李寿平:《次级制裁的国际法审视及中国的应对》,《政法论丛》2020 年第 5 期。
[5] Jeffrey A. Meyer, "Second Thoughts on Secondary Sanctions", 30 U. PA. J. INT'l L. 905 (2009).

第二，次级制裁在初级制裁的基础上，将第三方纳入限制处罚范畴并施以处罚。初级制裁是针对明确的被制裁目标方，包括被制裁国及其公民、实体。次级制裁的被制裁方是与被制裁目标方进行经贸往来的不特定第三国及其公民和实体。如 1996 年《达马托法》中，规定对伊朗实施石油制裁，并明确该法适用于美国境外的第三国个人和实体。根据该法，如果美国或者其他国家的个人、实体在明知情况下合计 12 个月内向伊朗、利比亚投资开发石油资源的总额达到 4000 万美元，就会遭到美国政府的制裁。由此可见，美国在限制其本国公民和实体与伊朗发生贸易外，增加了次级制裁的内容，即限制其他国家的个人和实体向伊朗石油业年投资超过 4000 万美元，并对违反该法的外国主体进行经济制裁。

第三，次级制裁的手段主要以进出口管制和经济封锁为主。初级制裁主要通过罚款、没收责任主体在制裁方境内所持有的资产来加以处罚；次级制裁的实施则依赖于制裁方的经济实力和全球影响。如美国借助于其世界经济中心地位、金融体系核心地位以及美元作为全球储备货币地位，对于违反其次级制裁的个人、实体处以进出口管制、被列入财政部特别指定的阻断人员（Specially Designated Nationals and Blocked Persons List）名单，阻止美国人与其开展贸易、金融、投资等业务，以限制被制裁方获得金融服务、限制被制裁方进入金融市场、获得资金和经济资源。典型的贸易次级制裁方式主要有两种：一是次级抵制（secondary boycott）。如 A 国对 B 国实施的次级抵制中规定其他国家公民（包含 X 在内）禁止与 B 国进行交易，一旦 X 与 B 国发生贸易往来，则 A 国将禁止 X 在 A 国进行投资或与 A 国个人、实体开展贸易往来。[1] 二是国家强制撤资（state-mandated divestment）。如在上例中，A 国要求其公民从第三国及 X 处撤回投资或者保证未来不再投资。[2] 在此次西方国家对于俄罗斯的金融制裁中，出现了新的切断金融信息传输和交换的制

---

[1] Andreas F. Lowenfeld, "Congress and Cuba: The Helms-Burton Act", 90 *AM. J. INT'L LAW* 419, 429（1996）.

[2] Jeffrey A. Meyer, "Second Thoughts on Secondary Sanctions", 30 *U. PA. J. INT'l L.* 905（2009）.

裁手段：美国等西方国家将俄罗斯若干大型银行排除在环球银行间金融通信协会（SWIFT）之外，切断俄罗斯金融信息流从而影响以俄为中心的资金流。①

三　次级制裁的功能考量

次级制裁主要是在初级制裁无法达到实际效果而又无法开展多边制裁时所采用的补强手段。据统计，联合国安全理事会的多边制裁有效率为三分之一左右。② 冷战结束后，美国陆续对伊拉克、南斯拉夫等国发起全面经济制裁，但效果不甚理想，单边制裁的有效率仅为 20% 左右。③ 这与美国在国际经济中的地位下滑有着不可分割的密切联系。④ 而且，美国的单边制裁造成了大规模人道主义灾难，遭到国内外广泛批评。美国理论界和实务界总结到，在联合国制裁愈发难以取得预期效果、单边制裁措施的实际效果也取决于其他国家意愿的情况下，必须反思美国单边制裁如何更为有效地发挥作用。美国对此给出的解决办法是以单边初级制裁和次级制裁共同迫使其他国家个人、实体不再与被制裁方进行经贸往来。美国逐渐以针对特定个人、实体的"精准制裁"（又被译为定向制裁、聪明制裁）替代全面禁运。从制裁措施制定之初，美国就注意精准选择制裁对象和措施，惩罚"肇事者"的同时避免伤及无辜民众，⑤ 即减轻该政策对弱势群体的人道主义不利影响。但从另一方面而言，精准制裁相较于全面制裁经济冲击力更低，也可能被利用化名公司、代理人等轻松规避。精准制裁因而被视作警示、逼迫被制裁

---

① 许文鸿：《SWIFT 系统：美俄金融战的博弈点》，《俄罗斯东欧中亚研究》2019 年第 6 期。
② "Enhancing the Implementation of United Nations Security Council Sanctions", N. Y., U. S., Apr. 30, 2007, Report, p. 4, U. N. Doc S/2007/34, http://www.watsoninstitute.org/pub/UNSC-Enhancing_ implementationSanctions. pdf.
③ Gary C. Hufbauer & Barbara Oegg, "Economic Sanctions: Public Goals and Private Compensation", 4 *CHI. J. INT'L L.* 305, (2003).
④ Gary Clyde Hufbauer et al., *Economic Sanctions Reconsidered: History and Current Policy* (3d ed.), 1985, p. 128.
⑤ 刘建伟：《美国制裁改革背景下的对俄经济制裁》，《国际展望》2022 年第 3 期。

方改变其"不当行为"的"信号弹"。①

四 次级制裁的合法性批判

美国既遭受他国次级制裁、又主动开展次级制裁的矛盾境地，集中反映出次级制裁的合法性争议。一方面，美国谴责次级制裁立法。如1954年阿拉伯国家联盟通过《对以色列联合抵制统一法》，对以色列进行次级制裁。该法要求美国公司在不与以色列开展业务的前提下方可获得阿拉伯国家联盟的石油进口订单。为此，20世纪70年代，美国在《出口管理法修正案》中增加了"反抵制条款"，禁止美国公民、实体遵守《对以色列联合抵制统一法》及其他制裁措施，②旨在阻断《对以色列联合抵制统一法》对美国主体发生域外效力。③另一方面，美国采取次级制裁措施已成惯例。如通过《赫尔姆斯-伯顿法》与《达马托法》，阻止第三国（方）与古巴、伊朗、利比亚开展经贸往来。④被美国进行单边制裁的国家名单涵盖：巴尔干、白俄罗斯、古巴、刚果、伊朗、伊拉克、科特迪瓦、缅甸、朝鲜、苏丹、叙利亚和津巴布韦等。从制裁范围来看，一类是包含贸易和金融交易在内的全面禁运；另一类侧重于被制裁方的领导人及其亲密伙伴，被指认的恐怖分子、贩毒分子和武器扩散者。国际社会明确表达了对于美国次级制裁及美国法域外适用的坚决反对。美国的亲密盟友也将之谴责为"非法"，加拿大、欧盟等通过报复性立法来阻断、抵消对其国内主体经济利益的冲击。对于美国次级制裁违法性的批判集中表现为：其一，美国次级制裁违背习惯国际法的管辖原则；其二，美国通过次级制裁试图控制第三国（方）主体与其他国家开展经贸往来，以此影响、控制其他国家或者地区的对外政

---

① Gary Clyde Hufbauer Et Al., *Economic Sanctions Reconsidered: History and Current Policy* 3 (3d ed.), Columbia University Press, 2009, 139.

② "PART 760 RESTRICTIVE TRADE PRACTICES OR BOYCOTTS." https://www.ecfr.gov/current/title-15/subtitle-B/chapter-VII/subchapter-C/part-760#760.2. 2022-05-06.

③ 徐伟功：《论次级经济制裁之阻断立法》，《法商研究》2021年第2期。

④ Jeffrey A. Meyer, "Second Thoughts on Secondary Sanctions", 30 *U. PA. J. INT'l L.* 905 (2009).

策，具有干涉他国内政的嫌疑。三是美国凭借经济实力推行域外管辖，并强迫他国放弃或改变原有的对外政策，违背了主权国家平等原则。[①]美国显然亦意识到次级制裁的合法性危机，对此作出了让步，表现为在制裁立法中赋权总统根据立法规定可宣布暂停次级制裁的实施。[②]

（一）违背习惯国际法中的管辖权原则

对于次级制裁，美国试图援引国际法中的属地管辖、属人管辖、普遍管辖和保护管辖来证明其合法性，[③]尤其是以拓展效果标准和保护管辖的适用补强其合法性，结果收效甚微，仍然面临严峻挑战。

1. 效果标准的无限延伸

依据效果标准，对美国产生直接和实质性影响效果的行为，均应被纳入美国法调整范畴。但效果标准是否已经发展成为习惯国际法上的管辖权依据仍然存在争议。美国法上的效果标准，传统上区分为主观效果原则（subjective territoriality principle）与客观效果原则（objective territoriality principle）。主观效果原则是指案涉行为链条中有一部分发生于美国，并与美国具有实质联系，美国法即享有管辖基础。[④]客观效果原则是指某一行为即使发生于国外，但对美国产生实质性和即时性负面影响效果，则应属美国法管辖范畴。[⑤]两者相比较之下，前者以传统地域管辖为基础；后者则超越了地域范围，对纯粹发生于国外的行为进行规制。目前，美国法坚持客观效果原则的适用，欧盟也倾向于接受这一管辖权基础。但其合法性争议仍在持续。主要表现为以下两个方面：其一，美国已将效果标准扩展覆盖银行在无意状态下卷入被制裁方的电子

[①] Patrick C. R. Terry, "Enforcing U. S. Foreign Policy by Imposing Unilateral Secondary Sanctions: Is Might Right in Public International Law?", 30 *Wash. INT'l L. J.* 1（2020）.

[②] Stefaan Smis, Kim Van der Borght, "The EU-U. S. Compromise on the Helms-Burton and D'Amato Acts", 93 *AM. J. INT'L L.* 227, 231–35（1999）.

[③] 李寿平：《次级制裁的国际法审视及中国的应对》，《政法论丛》2020年第5期。

[④] JAMES Crawford, *Brownlie's Principles of Public Internationa Law* 456（8th ed. 2012）. p. 458.

[⑤] Kenneth C. Randall, "Universal Jurisdiction Under International Law", 66 *TEX. L. REv.* 785（1988）.

汇款之中，而这一行为对于美国仅仅存在微不足道的影响。美国法官对此批评道，美国"倾向于夸大次级制裁措施可通过保护管辖、效果原则证明其合理性，即使这些措施旨在纠正……那些发生于遥远地方的、并未对美国安全造成危害或者发生实质效果的行为。"[①] 其二，美国被认为虚构或夸大了第三方与被制裁方之间的交往对于美国的现实威胁，从而给第三方造成了与美国潜在损失不成比例的经济负担。因此，效果标准无法为次级制裁的合法性提供基础。

2. 保护管辖的利益相关性不足

保护管辖是指一国针对管辖领域外危害本国基本利益的行为所实施的管辖权。[②] 由于危害本国利益这一标准过于抽象，各国尤其是大国针对域外行为实施管辖时，经常援引国内关于保护国家利益的规定作为依据。但是，保护管辖无法为美国次级制裁提供合法性证成。主要原因在于：第一，一国保护管辖的对象不包括本国的外交政策及相关利益。正如国际法院在"尼加拉瓜诉美国案"（*Nicaragua v. United States*）中指出，一国在主张保护管辖时，必须证明其他国家主体对其安全等基本利益所造成的具体危害；美国不能仅仅以遭受侵害作为全部支撑事由。第二，危害本国利益指向直接危及国家安全等利益的现实威胁，并不包括将来发生的、不确定的现实危害，因而保护管辖无法为阻止不特定的第三方与被制裁方之间的经济往来提供任何合法性证成。其三，若第三方与被制裁方所开展的是一般民事交易，则不存在对美国安全的威胁或利益的损害，自然缺乏保护管辖、效果原则的管辖权依据。总之，美国次级制裁远远无法满足保护管辖的最低要求。从客观实际而言，任何主张古巴对美国国家安全构成重大威胁的观点都是牵强附会的。[③] 就伊朗问题而言，国际原子能机构（IAEA）证明伊朗核活动仍控制在 2015 年与世界大国达成的伊核协议（JCPOA）的限制范围内，并未有新的证据证

[①] Jeffrey A. Meyer, "Second Thoughts on Secondary Sanctions", 30 *U. PA. J. INT'L L.* 905, 915 – 16 (2009).

[②] 见邵沙平《国际法》，高等教育出版社 2017 年第 3 版，第 72 页。

[③] Cedric Ryngaert, "Extraterritorial Export Controls (Secondary Boycotts)", 7 *CHINESE J. INT'L L.* 625, 645 – 48 (2008).

明伊朗对于美国国家利益的直接威胁,但美国仍然退出伊朗核问题全面协议并重新启动对伊制裁。

3. 属人管辖的不当扩张

主动属人管辖(又称积极国籍原则)是指一国有权对处于其他国家境内的本国国民行使管辖权。即本国人在外国伤害本国利益,不论行为发生于外国何处,均可对其行使管辖权。美国对于美国永久居民(仍然是外国国籍)、美国公司在国外的分支机构、被美国人控制的外国企业等主张管辖权,显然违背了主动属人管辖的原意。同样,对于原产美国商品的管辖,更是突破了主动属人管辖中"人"的范围,而主张"商品"的美国属性,在国际法上完全站不住脚。

被动属人管辖(又称消极属人原则),是指国家针对外国人在国外实施的危害本国国民利益的行为主张管辖权,不论该行为发生于域外何处。美国次级制裁中并未涉及对于美国人的伤害行为抑或后果,被动属人管辖同样无法为其提供合法性证成。

4. 普遍管辖的标准未达

普遍管辖权是国家针对严重国际犯罪的管辖权,只有极其严重的国际罪行,如海盗罪、灭绝种族罪、贩卖人口或麻醉品等,才属于普遍管辖权的管辖范围。由于这些罪行往往发生在一国管辖领域外,国家行使普遍管辖权本身就会产生域外效力。但美国次级制裁并未提供证据表明被禁止的经贸往来涉及上述国际社会普遍接受的严重罪行。

5. "属地+属人"管辖的范畴偏差

学界普遍指责美国滥用了国际法上的管辖权原则,而次级制裁正是美国管辖权域外扩展的结果之一。[①] 对此,美国学界尝试提出"属地+属人(terrinational jurisdiction)[②] 为基础的"次级管辖概念,从而为次级制裁的合法性提供辩护。所谓"属地+属人为基础的"次级管辖,[③]

---

① Andreas F. Lowenfeld, "Congress and Cuba: The Helms-Burton Act", *American Journal of International Law*, Vol. 90 1996.

② 此处 Terrinational 是指 a combination of territoriality and nationality jurisdiction。

③ 需要说明的是,"地域+国籍"为基础的制裁措施既可以是初级制裁,也可能是次级制裁。

是指次级制裁并非以单独一种管辖方式为基础,也并非脱离管辖接连点而存在。以"属地+属人"为基础的次级制裁的根本特征在于对制裁方境内的个人、实体产生限制。举例而言,美国以B国为制裁对象,立法禁止美国公民和依照美国法成立的实体以及美国境内的公民和实体与B国保持经贸往来的第三方开展经贸业务。相对而言,"非以属地+属人为基础的"次级制裁,是指针对与美国没有任何地域、国籍联系的其他主体所实施的制裁方式,如美国法要求第三方主体禁止与B国开展经贸业务,抑或要求身处C国的美国公民禁止与仍在和B国有业务往来的公司开展合作。

由于属地管辖和属人管辖被认为是最能为国家立法管辖权提供合法性的依据,当两者相结合时,美国对外行使管辖权的实质合理性获得了一定支撑。一部分美国法对于次级制裁施加了内在限制,集中体现为美国法适用对象是身处美国的本国公民,即仅有美国公民需要对违反规定的行为承担法律责任,第三国个人与公司并非处罚对象。对于第三国(方)进行的次级制裁,是在了解到第三国(方)与被制裁方存在交易的情况下,禁止第三方支持和帮助被制裁方实施美国法所禁止的相关行为(如恐怖活动),因此也是为了保护美国利益,具有保护管辖、效果标准的管辖权依据。

但是,次级制裁的合法性仍然遭遇严峻挑战:美国采取的次级管辖往往并非以属地和属人作为基础,而是借助于无限延伸的效果原则与保护管辖。部分美国制裁法将管辖延伸至美国公司在海外成立的分支机构,另一部分禁止外国公司将原产于美国的货物贩售给被制裁方。如美国对古巴、朝鲜、利比亚等制裁中,将外国公司、甚至是美国公司在外国的分支机构也纳入调整对象范畴。在2022年对俄罗斯的制裁中,尽管仍以"美国人"为限制对象,但其范围扩展至包含尚拥有其他国家国籍的在美合法移民、美国公司在外国的分支机构以及美国人拥有50%及以上股份的实体。[①]

[①] "U. S. Treasury Escalates Sanctions on Russia for Its Atrocities in Ukraine. " https://home. treasury. gov/news/press-releases/jy0705. 2022-05-07.

(二) 违背不干涉内政原则

《联合国宪章》第 2（7）条确立了不干涉内政原则："本宪章不得认为授权联合国干涉在本质上属于任何国家国内管辖之事件，且并不要求会员国将该项事件依本宪章提请解决；但此项原则不妨碍第七章内执行办法之适用。"1965 年和 1970 年联合国大会先后通过的《关于各国内政不容干涉及保护独立与主权宣言》和《关于各国依联合国宪章建立友好关系及合作之国际法原则之宣言》，强调任何国家或国家集团均无权以任何理由直接或间接干预其他国家的内部和外部事务。国际法院早在 1949 年的判决中，判定干涉其他国家事务的行为非法。[①] 因此，禁止干涉其他国家内政也被习惯国际法所确认。1986 年国际法院在"尼加拉瓜诉美国案"（*Nicaragua v. United States*）中重申不干涉内政原则，并且规定了禁止干涉（prohibited intervention）概念，"禁止干涉与每个国家根据国家主权原则自由决定密切有关的事项，包括政治、经济、社会和文化制度的选择，以及外交政策的制定。对一国的此类选择进行强制干涉是错误的"。[②] 有学者认为此处的强制干涉并不包括对于第三方的经济制裁，即次级制裁并非强制干涉他国内政的行为。[③] 从前述案件来看，国际法院处理的争议是美国支持尼加拉瓜叛军推翻政府的军事行动，无疑落入了强制干涉他国内政的范围，但法院并未有意给出强制干涉的内涵和界定。从强制干涉与一般干预的区别来看，两者的差异主要体现为被干涉方是否在与其主权有关的事项保留了选择自由。当被干涉方可能失去其就内部、外部事务的决定和行动自由时，干预就应被认定为非法。美国通过次级制裁强制第三方与被制裁方断绝经贸往来，在客观上迫使第三方改变其外交政策。因此，美国次级制裁对于第三方的外交政策的干涉构成了对于其他国家的主权干涉。正如国际法院在尼加拉瓜诉美国案中所判

[①] *Corfu Channel Case* (*United Kingdom v. Albania*), 1949 I. C. J. 4.

[②] *Nicaragua v. United States*, 1986 I. C. J. 14.

[③] Alexandra Hofer, "The Developed/Developing Divide on Unilateral Coercive Measures: Legitimate Enforcement or Illegitimate Intervention?", 16 *Chinese J. INT'l L.* 175 (2017).

定，外交事务属于一国自由决定的主权范畴。①

（三）违背主权平等原则

主权平等原则规定于《联合国宪章》第 2（1）条。联合国大会通过的 1996 年第 51/22 号决议和 1998 年第 53/10 号决议均指出，严重关切美国域外强制性措施立法对于国际法规则的违背，妨碍联合国目标和宗旨，重申每个国家都有不可剥夺的、选择其认为最适合造福本国人民福祉的政治、经济和社会制度的权利，呼吁所有国家不要单方面承认任何国家的域外强制性经济措施或立法。② 美国运用次级制裁完全漠视其他主权国家的对外政策和涉外法律，代之以运用经济强势地位逼迫、影响其他国家及其个人、实体服从美国的外交主张。从对伊制裁来看，英国、法国、德国等均希望继续履行与伊朗的协议，而美国单方宣布重新制裁的行为，导致上述国家的个人和公司面临着与伊朗经贸往来中的毁约风险。上述三国只能被迫接受其外交政策崩盘的事实，也丧失了其对本国主体的公信力。欧盟为阻断美国次级制裁的立法也被实践证明为"钝器"。③ 对此，欧盟前外交与安全政策高级代表费德里卡·莫盖里尼（Federica Mogherini）表示："我们欧洲人不能容忍外国势力——甚至是我们最亲密的朋友和盟友——来决定我们与另一国的合法贸易关系。这是国家主权的基本要素"。④

五　反对次级制裁的国际呼声

次级制裁表面上看来是管辖权行使问题，但实质上是对完全发生于

---

① *Nicaragua v. United States*, 1986 I. C. J. 14.

② *Elimination of coercive economic measures as a means of political and economic compulsion*：U N General Aaaembly Document A/RES/51/22, December 6, 1996.

③ Patrick C. R. Terry, "Enforcing U. S. Foreign Policy by Imposing Unilateral Secondary Sanctions: Is Might Right in Public International Law?", 30 *Wash. INT'l L. J.* 1 (2020).

④ Mark Leonard, Shaping Europe's Present and Future: An Interview with Federica Mogherini, EUR. COUNCIL ON FOREIGN RELATIONS (Jan. 11, 2019), https://www.ecfr.eu/article/commentaryshapingeuropespresentand_ future. 2022 - 05 - 10.

外国的行为所进行的不合理干涉。联合国大会就多次确认此类单方面治外强制性措施违反国际法准则和联合国的宗旨与原则，侵害他国主权以及这些国家的实体与个人的正当利益。①

国际社会对美国次级制裁表达了持续的反对，以防止美国将其演化为习惯国际法上的许可性规则（permissive rules），并且共同将其发展为习惯国际法上的禁止性规则（prohibitive rules）。这一问题源于前述之常设国际法院在莲花号一案中就域外管辖进行的正反两方面的阐释：一方面，国际法并不禁止一国在其本国领土内对发生于国外的行为行使管辖权，隐含着国际法某些许可性规则为一国法域外管辖提供合法性证成。另一方面，国际法留给国家广泛的裁量权，可采用其认为最好、最适合的管辖原则，但禁止性规则加以限制的除外。② 易言之，国际法强调制定排除域外管辖合法性的禁止性规则。对于美国次级制裁，早在1982年，时任英国首相玛格丽特·撒切尔（Margaret Thatcher）在回应美国针对拟议中的苏联天然气管道进行制裁时就表示，"一个强大国家阻止已经订立的合同履行的做法是错误的。"③ 贸易部长亚瑟·科克菲尔德勋爵则将上述措施描述为"美国域外管辖权违反国际法的、令人不可容忍的延伸。④ 欧洲共同体、欧盟委员会反复强调美国次级制裁违反国际法，谴责美国域外管辖权的不当延伸。⑤ 七十七国集团，在2013年第37届外长年会上通过了《部长宣言》，强调各国外长"坚决反对实施具有域外影响的法律法规和一切其他形式的强制性经济措施，包括对

---

① 参见联合国大会2002年10月16日通过的A/RES/57/5号决议《关于排除作为政治和经济强迫手段的强制性经济措施》、2011年12月22日通过的第A/RES/66/186号决议《以单方面经济措施作为向发展中国家进行政治和经济胁迫的手段》和第A/RES/66/156号决议《人权与单方面胁迫性措施》。

② *France v. Turkey*，1927 P. C. I. J.

③ Gary H. Perlow, "Taking Peacetime Trade Sanctions to the Limit: The Soviet Pipeline Embargo", 15 *CASE W. RES. J. INT'L L.* 252, 252-73 (1983).

④ Statement of Lord Cockfield, U. K. Sec'y of State for Trade (Aug. 2, 1982) (published in 21 International Legal Materials at 851).

⑤ Stefan Brocza, "The EU Legal Protection System Against the Effects of Extra-territorial Application of Legislation Adopted by a Third Country, and Actions Based Thereon or Resulting Therefrom", 9 *KLRI J. L. LEGIS.* 145, 157-62;

发展中国家的单边制裁，并重申迫切立即消除这些措施。此类行为不仅破坏了《联合国宪章》和国际法的原则，而且严重威胁到贸易和投资自由。"① 2016 年 4 月 19 日，中国与俄罗斯、印度外长第十四次会晤联合公报中，强调域外制裁违背国际法。"超出联合国安理会批准方案的单边制裁违背国际法原则，与国际法原则不相符，损害了联合国宪章赋予安理会的专属权力，降低了安理会制裁机制的效力，对单边制裁对象国造成了不对称的影响。按国内法对他国进行制裁对第三国及国际经济贸易关系造成损害。背离国际法进行的单边强制性行为与忠实履行所有国家主权平等、不干涉他国内政、互利合作的原则不相符。"② 2017 年，针对美国对参与北溪 2 号（Nord Stream 2）项目的外国公司实施制裁的威胁，奥地利和德国政府发表联合声明："针对欧洲公司参与开发欧洲能源供应的域外制裁威胁在国际法上是非法的。"③

与各国态度一致，联合国对于次级制裁也表达了反对。自 1992 年以来，联合国大会每年通过决议反对美国对古巴的禁运，其中特别提到反对美国法的域外效力。这些决议得到了国际社会压倒性的支持。例如，2019 年 11 月，联合国大会通过了 74/7 号决议《终止美国对古巴的经济、商业和金融封锁的必要性》，再次呼吁美国必须履行《联合国宪章》和国际法承担的义务，敦促美国采取措施尽快废除、废止《霍尔姆斯－伯顿法》等法律和制裁措施，并将这一议题列入第七十五届会议临时议程。联合国特别报告员指出，"具有域外触角的综合性强制措施几乎国际社会所普遍拒绝，根据国际法被认定为非法"，各国均承担"不承认此类单边强制措施合法性"的共同义务。④

---

① "MINISTERIAL DECLARATION"，https：//www.g77.org/doc/Declaration2013.htm，2022 － 05 － 09.

② 《中华人民共和国、俄罗斯联邦和印度共和国外长第十四次会晤联合公报》，https：//www.mfa.gov.cn/nanhai/chn/zcfg/201604/t20160419_ 8523535.htm，2022 － 05 － 10.

③ Daniel Flatley and Dina Khrennikova，"U. S. Targets Insurers In Latest Round of Nord Steam 2 Sanctions"，https：//www.bloomberg.com/news/articles/2020 － 11 － 11/nord-stream-2-sanctions-to-be-included-in-u-sdefense － bill. 2022 － 05 － 10.

④ *Negative Impact of Unilateral Coercive Measures on the Enjoyment of Human Rights*，UN General Assrubly Document A/HRC/42/46，July 5，2019.

美国也曾反对次级制裁。在20世纪70年代，为应对阿拉伯国家联盟禁止与以色列存在商业往来的美国公司购买石油，美国国务卿赛勒斯·万斯（Cyrus Vance）声明："美国公司是否与其他国家、其他美国公司进行交易的决定，应由美国人且只有美国人根据美国政策制定。……有权规制美国公民行为的只有美国法律"。这一观点也反映在美国参议院委员会旨在阻断阿拉伯联合抵制的《出口管理法》拟议修正案的报告中："美国不应默许外国政府通过次级制裁、三级制裁让美国公民卷入与他人的斗争中。"[1]

归根结底，美国国内法本身缺乏对违反管辖权国际规则的制度约束，因而给次级制裁提供了滋生的土壤。美国司法裁判规则表明，其国内法可代替有关管辖权的国际习惯法规则发挥作用，而不会遭遇合法性羁绊。[2] 而国际社会对于美国次级制裁合法性的否定，尚无法影响美国国内法。[3]

---

[1] Henry J. Steiner, "Pressures and Principles The Politics of the Antiboycott Legislation", 8 *GA. J. INT'L. & COMP. L*, 529 (1978).

[2] *Breard v. Greene*, 523 U. S. 371, 376 (1998).

[3] *Medellin v. Texas*, 128 S. Ct. 1346 (2008).

第十二章 反措施及其国际法依据

违背国际法上管辖规定的美国法域外适用以及次级制裁，被其他国家和地区指责干涉管辖主权。① 从国际法上而言，针对他国不法行为所作出的反制立法和措施具有合法性和正当性。主要依据在于：为了国际法的有效性和发展，必须建立执行机制，要求实施国际不法行为的国家承担国际法责任。因此，一国对其他国家不法行为的反制即使是单方面采取的、并不具有强制性的，也远远胜过不采取任何行动，由此起到维护国际法原则和秩序的积极作用。② 《国家对国际不法行为的责任条款草案》（*Draft Articles on Responsibility of States for Internationally Wrongful Acts*，以下简称《草案》）承认世界各国均可对某些严重违背基本义务的国际不法行为作出反应，通过合法手段制止这种非法情势的发生。

一 反措施的缘起

针对国与国之间的管辖权冲突，国际法上已经形成以下协调原则：国际礼让原则、合理性原则、利益平衡原则、不干涉国家内政原则、合法性原则、正当程序原则以及《关于民商事判决管辖权与执行公约》（*Convention on the Recognition and Enforcement of Foreign Judgments in Civil and Commercial Matters*，以下简称布鲁塞尔公约）和《关于外国民商事

---

① Steve Coughlan and al., "Global Reach, Local Grasp: Constructing Extraterritorial Jurisdiction in the Age of Globalization", 6 *Canadian Journal of Law and Technology* 49 (2007)
② Elena Kateselli, "Countermeasures by non-injured States in the law of State Responsibility"

判决承认与执行公约》（Convention on the Recognition and Enforcement of Foreign Judgments in Civil and Commercial Matters，以下简称卢加诺公约）中规定的其他原则。违反上述国际法原则的行为被认定为构成国际不法行为。①

违背国际法上管辖规定的美国法域外适用以及次级制裁，应被认定为国际不法行为。② 中国、俄罗斯、伊朗、伊拉克、利比亚、朝鲜、古巴、苏丹等均被美国列入制裁名单。美国法域外适用以及次级制裁主要包括刑事和行政两方面的处罚。一是刑事处罚，如根据美国《与敌贸易法》（Trading with the Enemy Act）第4315条"犯罪行为、处罚和没收财产"的规定，故意违反古巴和朝鲜禁运措施者，以及故意、过失、拒绝履行美国总统为执行该法所签发的命令者，将面临高达100万美元的罚款、20年以下的监禁，甚至并处两种处罚。二是行政处罚。如《赫尔姆斯－伯顿法》第401条中规定，对于没收美国国民财产或贩卖此类财产的外国人，美国国务卿和司法部长应当禁止其入境美国或将其遣送至美国之外。③

因此，各国有权针对美国的不法行为采取反措施。反措施的正当性得到了世界各国政府的承认和国际法院判决的证明。④ 国际法院在"加布奇科沃－纳古马罗斯项目（Gabcikovo-Nagymaros Project）"一案中明确承认"针对另一国在先的国际不法行为而采取的"、并"针对该国的"反措施在满足特定条件的情形下具有正当性。⑤ 其他案件包括《国

---

① Seyed Yaser Ziaee, "Jurisdictional Countermeasures versus Extraterritoriality in International Law", 4 *Russ. L. J.* 27 (2016).
② Mahir Al Banna, "The Long Arm US Jurisdiction and International Law: Extraterritoriality against Sovereignty", 60 *J. L. POL'y & GLOBALIZATION* 59 (2017).
③ Seyed Yaser Ziaee, "Jurisdictional Countermeasures versus Extraterritoriality in International Law", 4 *Russ. L. J.* 27 (2016).
④ *Peacetime Unilateral Remedies: An Analysis of Countermeasures* (Dobbs Ferry, N. Y., Transnational, 1984), pp. 179 – 189; O. Y. Elagab, *The Legality of Non-Forcible Counter-Measures in International Law*, Oxford: Clarendon Press, 1988, pp. 227 – 241.
⑤ International Court of Justice. "Case Concerning the Gabcikovo-Nagymaros Project". https://www.icj-cij.org/public/files/case-related/92/092-19970925-JUD-01-00-EN.pdf. 2022 – 06 – 30.

际仲裁裁决汇编》中的 1928 年"瑙利拉案"（Naulilaa case）①、"航空服务协议案"（Air Service Agreement）等，也为反措施提供了合法性证成。②

二 反措施的限定条件

反措施及其限定条件主要规定于《草案》。联合国国际法委员会在经过 46 年的不懈努力之后，终于在 2001 年完成了《草案》，这是国际法委员会继成功完成外交和领事关系、条约、海洋等领域国际法的编纂和逐渐发展的工作后，对国际法的又一重要贡献，对国际关系的稳定和健康发展也具有积极意义。条款草案结构严谨，对国家责任问题做了比较全面的规定，"评注"对各条款做了详细的解释说明。第 56 届联大在第 56/83 号决议中，对委员会的工作做出了肯定。这一成果已被国际司法机构所援引，在实践中逐渐发挥作用。③ 该成果虽然仅是草案而非国际条约，但在当今国际法界，仍被认为是对有关国家责任问题的习惯国际法规则依据，对各国具有拘束力。根据该草案，一国对另一国承担责任的前提是国际不法行为的存在，具体而言，需要同时满足两项条件：（1）由作为、不作为构成的"行为"依国际法归因于该国；（2）该行为构成对该国国际义务的违背。④

《草案》在第一部分"一国的国际不法行为"（The Internationally Wrongful Act of a State）、第五章"解除行为不法性的情况"（Circumstances Precluding Wrongfulness）中第 22 条、第三部分"一国国际责任

---

① Responsibility of Germany for Damage Caused in the Portuguese Colonies in the South of Africa (Port. v. Ger.), 2R. I. A. A. 1011 (1928).

② "CASE CONCERNING THE AIR SERVICE AGREEMENT OF 27 MARCH 1946 BETWEEN THE UNITED STATES OF AMERICA AND FRANCE". https://legal.un.org/riaa/cases/vol_ XVIII/417－493.pdf.

③ 中国代表贾桂德在第五十九届联大六委关于"国家对国际不法行为的责任"议题的发言，https://www.mfa.gov.cn/ce/ceun//chn/zgylhg/flyty/ldlwjh/t530628.htm

④ 孔庆江：《"中国担责论"在国际法上根本站不住脚》，《光明日报》2020 年 5 月 14 日第 2 版。

的履行"（The Implementation of the International Responsibility of a State）第二章中专门规定了"反措施（countermeasures）。反措施被严格限定于受害国（injured State）针对责任国（responsible State）违反国际义务实施国际不法行为所采取的、旨在停止侵害并获得赔偿的相关措施。① 受害国可通过反措施维护本国权益、并修正与责任国之间业已破裂的法律关系。同时，《草案》第 53 条规定了"终止反措施"的情形：一旦责任国按照该草案第二部分履行其与国际不法行为有关的义务，即应尽快终止反措施。总之，反措施具有暂时性、工具性，在两国关系恢复正常后其合法性即告终结。②

详言之，根据《草案》的规定，一国针对其他国家不法行为采取反措施必须满足以下条件：③

（一）适用对象

反措施适用的先决条件是一国实施了国际不法行为。《草案》第一部分第五章第 22 条"对一国不法行为采取的反措施"中明确，反措施必须是针对另一国挑衅性的国际不法行为而作出的回应。该条规定："一国不遵守其对另一国国际义务的行为，在并且只在该行为构成按照第三部分第二章针对该另一国采取的一项反措施的情况下，其不法性才可解除。"

（二）适用目的

《草案》第 49 条规定了反措施的目的限制，受害国只在为促使一国际不法行为的责任国依本草案第二部分履行其义务时，才可对该国采取反措施；④ 反措施限于暂不履行对责任国采取措施的一国的国际义

---

① "Draft Articles on Responsibility of States for Internationally Wrongful Acts". https://legal.un.org/ilc/texts/instruments/english/commentaries/9_6_2001.pdf. 2022-06-24.

② Seyed Yaser Ziaee, "Jurisdictional Countermeasures versus Extraterritoriality in International Law", 4 *Russ. L. J.* 27 (2016).

③ 《草案》第一部分第五章第 22 明确，受害国采用反措施之时，其所履行的基础性义务仍然不会受到任何削减；反措施的不法性仅在满足必要条件时方被排除。

④ 《国家对国际不法行为的责任条款》第二部分规定了"一国国际责任的内容"。

务；反措施应尽可能容许恢复履行有关义务。该条释义（Commentary）中指出：受害国采取反措施仅适用于为促使责任国履行该草案第二部分"一国国际责任的内容"中的义务，即停止持续存在的国际不法行为，并向受害国提供赔偿。采用反措施的目的并非对于不法行为加以惩罚，而是作为促使其履行国际义务的工具。受害国对于其他国家不法行为的判断是单方面作出的，一旦这一判断被证明缺乏充分根据，受害国将面临自身实施不法行为的风险。反措施常以受害国不再履行单一义务的形式出现，但也可能同时影响受害国承担的多项义务。例如，冻结责任国资产可能涉及受害国在国际条约中承担的多项国际义务。

该条第 3 款规定反措施应尽可能容许恢复履行有关义务。这一规定与《维也纳条约法公约》第 72 条第 2 款"在条约停止施行期间，当事国应避免足以阻挠条约恢复施行之行为"相衔接。由此，反措施应当具有可逆性。

（三）作用范围

反措施的对象是故意国际不法行为的责任国，而不能及于第三国。① 当受害国对第三国负有国际义务，而受害国所采用的反措施违反这一国际义务的情况下，并不排除该措施对第三国的不法性。由此而言，反措施不法性的排除是相对意义上的，仅在受害国和责任国之间发挥效力，并可能对第三国产生间接影响或无意伤害。例如，受害国根据中止责任国的过境通行权，第三国和其他相关方可能因此受到通行、运输等方面的影响。又如，受害国中止与责任国之间的贸易协定，则责任国境内注册的公司与受害国及其主体之间的贸易往来难免将会受到影响，甚至导致公司破产清算。这种间接（附带）影响是无法完全避免的。此时，受害国必须尽全力避免、限制不利后果的发生。② 总之，受害国采取反措施必须采用合理的方式，一旦反措施对第三国可能产生间

---

① 参见《草案》第 49 条释义。
② Special Arbitral Tribunal, *Cysne Case* (*Portugal v. Germany*), Decision of 30 June 1930, UNRIAA, Volume II, p. 1035.

接影响抑或无意伤害，受害国必须尽全力加以避免或者限制不利后果。①

（四）在先义务

《草案》第 52 条"与采取反措施有关的条件"对于受害国采取反措施的程序作出了限定。该条规定："1. 一受害国在采取反措施以前应：（a）根据第 43 条要求责任国按照第二部分的规定履行其义务；（b）将采取反措施的任何决定通报责任国并提议与该国进行谈判。2. 虽有第 1 款（b）项的规定，受害国可采取必要的紧急反措施以维护其权利。3. 在下列情况下不得采取反措施，如已采取，务必停止，不得无理拖延：（a）国际不法行为已经停止，并且（b）已将争端提交有权作出对当事国具有约束力之决定的法院或法庭。4. 若责任国不秉承履行争端解决程序，第三款即不适用。"

由此可见，受害国在采取反措施之前应当至少承担以下三项在先义务：一是通报义务，即受害国在采取反措施之前应当通报责任国，要求后者停止不法行为并加以赔偿；二是受害国应将采取反措施的意图告知责任国；三是受害国应发出谈判解决争端的邀请。三项在先义务没有严格的顺序要求，受害国可以选择同时发出或相继发出。当责任国停止不法行为并将争端提交国际法院或仲裁庭后，受害国不得再采取反措施；已经采取的，必须即时停止。相反，若责任国未能善意遵守争端解决程序，则受害国可继续采用反措施。由此而言，第 52 条着力解决的是无法提请第三方解决争端的情况下受害国采取反措施的合理化的程序条件。从本质而言，反措施是一种自力救济方式。当公正解决争端的正当法律程序得到保障的情况下，即使是临时保护措施，则反措施应被替代。但责任国不予合作时，反措施亦可得到恢复。②

---

① Special Arbitral Tribunal, *Cysne Case* (*Portugal v. Germany*), Decision of 30 June 1930, UNRIAA, Volume II, p. 1035.

② "Draft Articles on Responsibility of States for Internationally Wrongful Acts". https：//legal. un. org/ilc/texts/instruments/english/commentaries/9_ 6_ 2001. pdf. 2022 - 06 - 24.

第 52（2）条规定之"紧急反措施"是针对受害国发出谈判解决争端的邀请之前，责任国可能从受害国银行抽逃资产等快速行动，妄图达到逃避法律责任的目的。对此，受害国可采取紧急的反措施以保留自己的权利。①

（五）作用方式

反措施的作用方式仅限于《草案》中规定的国际不法行为责任形式，即停止国际不法行为、保证不重复该国际不法行为、赔偿义务。《草案》第 30 条"停止和不重复"规定："国际不法行为的责任国有义务：（a）在从事一项持续性的不法行为时，停止该行为；（b）在必要情况下，提供不重复该行为的适当承诺和保证。"就赔偿义务而言，责任国若在未能按照受害国的要求提供赔偿时，受害国是否可以采取反措施？草案第 49 条释义第 8 部分指出，正常情况下，赔偿将是象征性的或补充性的。在责任国停止不法行为并向受害国提供赔偿之后，由于赔偿不足而再度成为反措施对象的可能性很小。

（六）比例原则

反制措施必须符合比例原则。该要求规定于《草案》第 51 条"比例原则（Proportionality）"。该条规定："反措施必须和所遭受的损害成比例，并应考虑到国际不法行为的严重程度和有关权利。"比例原则在国家实践、学说和判例中得到承认。"即使认为国际法并不要求报复行为应与不法行为大致相符，但与触发行为完全不相称的过度报复必然是非法的。"②

以航空服务协定案（Air Service Agreement）为例。1978 年，泛美航空公司根据法国和美国于 1946 年签订的一个双边航空协定和其后有关换文，恢复安排了 6 周从美国西海岸经伦敦飞巴黎的航班。泛美公司

---

① "Draft Articles on Responsibility of States for Internationally Wrongful Acts". https://legal.un.org/ilc/texts/instruments/english/commentaries/9_6_2001.pdf. 2022-06-24.

② *Portuguese Colonies case*（*Naulilaa incident*），UNRIAA, vol. II（Sales No. 1949. V. 1），pp. 1025-1026（1928）.

计划在伦敦改变飞机的型号，将波音 747 型飞机改为型号较小的波音 727 型飞机。但法国反对这个改变，认为协定中提到的改变飞机型号只涉及缔约国境内的停降点，而在一个第三国改变机型与协定的规定不符。泛美航空公司和美国政府则声辩称因为协定并没有禁止这种改变，所以它应该是许可的。1978 年 5 月 1 日和 2 日，泛美航空公司用这种较小的飞机完成其至巴黎的两次飞行。但在 5 月 3 日，当第三次飞行着陆时，法国警方包围了飞机，拒绝允许泛美公司卸载乘客与货物。飞机因此返回伦敦，泛美航空公司暂时中止了其巴黎的航班。由于法国和美国都不是 1969 年《维也纳条约法公约》的当事国，5 月 4 日，美国向法国提出通过仲裁解决纠纷，并建议允许泛美航空公司在仲裁期间继续其飞行。在未得到肯定回应的情况下，美国对法国航空公司采取了一种报复措施，要求其在特定时间内对所有航班飞行重新提出申请。5 月 13 日，法国同意仲裁，但对美国的报复措施提出抗议，认为谈判尚未结束，而且也没有用尽法国的当地救济，因此拒绝允许泛美航空公司恢复飞行。5 月 31 日，美国根据其有关国内法发布命令，称将禁止法国航空公司从 7 月 12 日起运营其每周三次从法国经蒙特利尔飞洛杉矶的航班。仲裁庭判定这一措施符合比例原则。"众所周知，一切反措施首先必须与案涉违约行为具有某种程度的等价性……普遍接受的是，判断反措施是否'合比例'并非易事，最多只能通过近似（等价）来完成。"[①] 仲裁庭指出，国与国的争端之中，相关主体的损失是考量因素，但并非作为最终判断标准，还需考量原则立场问题的重要性。本案中，法国公司因反措施而遭受的损失远远高于泛美航空公司因暂停计划服务所遭受的损失，但仲裁庭认为，仅仅将损失加以比对并不能得出当然结论；还必须考虑法国当局禁止在第三国停降时原则立场的重要性。从美国政府采取的一般航空运输政策的框架以及法国与其他国家签订的国际协定来看，美国所采取的措施并非与法国的措施明显不成比例。因此，尽管经济损失差异较大，但仲裁庭依然判定美国的反措施合乎比例原则

---

① 括号内文字系作者为翻译需要所加入。

的要求。①

在"加布奇科沃-纳古马罗斯项目（匈牙利/斯洛伐克）案（Gabcikovo-Nagumaros Project（Hungary/Slovakia））"中，国际法院突破经济损失等定量（quantitative）判断，将权利的定性（qualitative）分析作为比例原则的衡量标准。此前有判决指出："在可航行河流上的利益共同体成为共同法律权利的基础，其基本特征是所有沿岸国完全平等地使用整条河流，并且排除任何一个沿岸国相对于其他沿岸国的任何优惠特权。"现代国际法的发展使得该原则在国际水道的非航行使用中得以强化。国际法院判定，斯洛伐克单方面控制了多瑙河这一多国共享资源，从而剥夺了匈牙利公平合理地分享多瑙河自然资源的权利，违背比例原则。因此，斯洛伐克将多瑙河改道的行为被判定并非合法的反措施。②由此，《草案》第 51 条将国际不法行为的严重性、权利争议共同作为判定要素。权利争议不仅包括不法行为对受害国的影响，也包括对责任国权利的影响，还可能考虑被不法行为所波及的其他国家的权利。

（七）尊重国际法规范

受害国采取的任何反措施不能背离基础性国际义务，尤其是一般国际法强行性规范。《草案》第 50 条"不受反措施影响的义务"分为两款。其中，第 1 款规定的是实体性义务，第 2 款则为程序性规定（后详述）。第 1 款中规定，采取反措施的受害国不得违背下列国际义务：一是《联合国宪章》中规定的不得实行武力威胁或使用武力的义务；二是保护基本人权的义务；三是禁止报复的人道主义性质的义务；四是依一般国际法强制性规范承担的其他义务。

具体而言，（1）第一项是指联合国大会在《关于各国依联合国宪章建立友好关系和合作的国际法原则宣言》中明确禁止武力形式的反措施。"各国有义务避免涉及使用武力的报复行为"（规定于第 50（1）

---

① *Case Concerning Air Service Agreement of 27 March 1946（United States v. France）*, 54 ILR (1979).

② *Gabcikovo-Nagumaros Project（Hung. v. Slovk.）*, 1997 I. C. J. 7.

(a) 条的释义）。[①] （2） 第二项中反措施必须"受到人道主义和适用于国家间关系的善意规则的限制"，避免采用违反人道主义要求的严厉措施（规定于第 50（1）（b）条的释义）。联合国经济、社会和文化权利委员会在 1997 年第 8 号一般性意见中讨论了经济制裁对于普通民众的影响，要求必须区分对一个国家的统治精英所施加的政治和经济压力，以及对该国最弱势群体所造成的附带伤害。（3） 第三项要求与《维也纳条约法公约》第 60 条第 5 款相适应，该条款规定当事国因违约而终止或停止施行条约的规定，"不适用于各人道性质之条约内所载关于保护人身之各项规定，尤其关于禁止对受此种条约保护之人采取任何方式之报复之规定。" 1929 年《关于战俘待遇的日内瓦公约》、1949 年日内瓦四公约及其附加议定书等均作出同样规定（规定于第 50（1）（c）的释义）。（4） 第四项是指受害国与责任国之间在双方同意的前提下可受制于其他国际法规则，而不论是否是国际强行法规则。见于《草案》第 55 条"特别法"规定："在并且只在一国际不法行为的存在条件或一国国际责任的内容或履行应由国际法特别规则规定的情况下，不得适用本条款。"举例而言，双边或多边条约的签约国可能会放弃在违约发生时采用反措施。如欧盟具有执行机制，WTO 争端解决机制中则设有排他性争端解决条款，成员国为此排除了采用反措施的可能性。（规定于《草案》第 50（1）（d）的释义）

（八）程序性要求

反措施的实施不能影响两国之间的纠纷解决程序，不能损害外交、领事的不可侵犯性。《草案》第 50（2）条规定："采取反措施的国家仍应履行其下列义务，（a）实行它与责任国之间任何可适用的现行解决争端程序；（b）尊重外交或领事人员、馆舍、档案和文件之不可侵犯性。"即在采取反措施之前，受害国必须给责任国发出遵守国际义务

[①] *Declaration on Principles of International Law Concerning Friendly Relations and Co-operation among States in accorclance with the Charter of the United Nations*, UN General Assembly resolution 2625 (XXV), October 24, 1970.

的要求，并邀请责任国协商解决争端；若国际不法行为已经停止并且争端得到妥善提交国际法院或法庭，则必须中止反措施。

详言之，第 50（2）条明确了两方面的程序性要求：争端解决程序、外交和领事的不可侵犯性。其中，（1）争端解决程序具有三项构成要件：一是发生于争议双方（即受害国和责任国）之间；二是必须与双方之间的争议直接相关的争端解决程序；三是所涉争端既包括责任国实施的最初国际不法行为争议，也包括受害国为此而采取的反措施的合法性问题。争端解决程序的有效性独立于条约其他条款效力，是国际法上广泛接受的基本原则。国际法院判决指出："在任何情况下，任何一方涉嫌违反（友好条约）的行为，都不发生阻止该方援引条约中关于和平解决争端相关规定的效果。"[1]（2）受害国不得违反外交或领事人员、馆舍、档案和文件之不可侵犯性的法律义务。影响外交或领事特权的措施，在不损害外交或领事人员或房舍、档案和文件的不可侵犯性、保证其安全的情况下，可构成合法的反措施。国际法院指出："外交法本身为外交或领事使团成员的非法活动提供了必要的防卫和制裁手段"，即使是针对责任国不法行为所采取的违反外交或领事豁免的行为，也不具有正当性。[2] 原因在于：一旦外交或领事人员可作为反措施的目标，其将在一国境内被当作人质，从根本上破坏外交和领事关系制度。但不影响受害国根据《维也纳外交关系公约》和《维也纳领事关系公约》采取其他解决路径。从主体范围而言，一国驻国际组织的代表、国际组织的官员亦属于外交、领事人员。值得注意的是，宣布不受欢迎的外交官、终止或中止外交关系，在《维也纳外交关系公约》规定的情况下召回大使——这些行为不构成草案中的反措施。[3]

---

[1] *Appeal Relating to the Jurisdiction of the ICAO Council（India v. Pakistan）*, Judgment, I. C. J. Reports 1972, pp. 13 – 59.

[2] *United States Diplomatic and Consular Staff in Tehran（United States of America v. Iran）*[1980] I. C. J. 3.

[3] "Draft Articles on Responsibility of States for Internationally Wrongful Acts". https：//legal. un. org/ilc/texts/instruments/english/commentaries/9_ 6_ 2001. pdf. 2022 – 06 – 24.

(九) 第三国采取的反措施

《草案》第 54 条"受害国以外的其他国家采取反措施"规定："本章不妨碍依第 48 条第 1 款有权援引另一国责任的任何国家，对该另一国采取合法措施以确保停止该违背义务行为和使受害国和被违背之该义务的受益人得到赔偿。"易言之，未受一国不法行为影响的第三国亦可合法采取反措施。一旦责任国违背整个国际社会抑或共同体的统一义务实施不法行为，侵害国际社会的共同利益、集体利益，则第三国被视为利益受到损害。《草案》仅针对第三国个体所采取的反措施，不包括由国家组成的国际组织所采取的集体行动。第三国采取反措施包括两类：一类是主动采取行动，如经济制裁、贸易禁运、冻结资产、中断航空运输等；另一类是基于情势变更而中止条约适用。《草案》第 54 条上述规定存在的问题是，第三国不需要任何该国利益遭受损害的证明即可采取阻断立法、追偿立法，因而存在被滥用的可能，尤其是对于实力悬殊的国家而言，易导致恃强凌弱的局面。

三 反措施与相关概念的区别

《草案》中专门对反措施与受害国所可能采取的报复（reprisals）、措施（retorsion）、终止条约关系、对等反制措施（reciprocal countermeasures）等其他自助（self-help）方式进行了对比区分。上述措施性质相同，但存在根本区别。传统国际法中，报复一词用于指代对不法行为的自助应对方式。近年来，报复被限定于国际武装冲突领域的交战报复行为。而反措施则涵盖了除武装冲突之外的其他应对方式。反报措施则是指针对国际不法行为所采取的不友好（unfriendly conduct）但并不与该国所承担的国际义务相冲突的应对行为。反报措施包括禁止或限制外交关系和其他联系、禁运、取消自愿援助计划等。不管目的和动机如何，反报措施并不在《草案》所规定的反措施之列。而"制裁（sanction）"一词也常被用作国家、国际组织授权对于责任国所采取的行动。但是，制裁一词尚无法在《联合国宪章》等国际法文件中找到准确界定，因而也不在《国家对国际不法行为的责任条款》所规定的反措施之内。总之，反措施是受害国促使责任国履行国际义务的方式。

第二，反措施与国家之间由于重大违约所导致的停止实施条约或者终止条约关系不同。根据《维也纳条约法公约》第 60 条的规定，条约终止或停止施行将对国家之间的法律义务产生根本影响。而反措施则是一国所采取的临时性措施，当其特定目的达成之后，正当性也随之消除。

第三，对等反制措施属于反措施的种类之一，而反措施并不限于对等反制措施。受害国所采取的对等反制措施，即停止履行相关国际义务，必须直接对应责任国所违反之法律义务，或者与责任国直接相关。[1] 但反措施并不受制于这一前提。主要原因有：其一，对于违反人权的不法行为而言，采取对等反措施是不可想象也是不可容忍的。其二，在双边关系中，可能出现仅有责任国需要承担单边法律义务的情形，抑或双方均承担义务但受害国已经履行完毕己方义务，则受害国无法采用对等反制措施。[2]

四　管辖权反措施的种类

反措施的目的是促使其他国家遵守其法律义务，而管辖权反措施（jurisdictional countermeasures）的目的是阻止另一国非法行使管辖权。针对美国非法的长臂管辖主张，其他国家采用相应措施，理应属于《草案》中规定的反措施，具体方式包括：拒绝引渡个人，拒绝承认美国司法、立法、行政等方面的决定和命令，采用阻断立法、追偿（claw-back）措施，进行报复性立法，施加程序限制等。此类措施可被

---

[1] "A/CN. 4/389 + Corr. 1 – 2 Sixth report on the content, forms and degrees of international responsibility (part two of the draft articles); and "Implementation" (mise en oeuvre) of international responsibility and the settlement of disputes (part three of the draft articles), by Willem Riphagen, Special Rapporteur". https：//legal. un. org/ilc/documentation/english/a_cn4_389. pdf. 2022 – 06 – 30.

[2] "Draft Articles on Responsibility of States for Internationally Wrongful Acts". https：//legal. un. org/ilc/texts/instruments/english/commentaries/9_6_2001. pdf. 2022 – 06 – 24.

统称为管辖权反措施。根据国际管辖权的运用范围和方式，管辖权反措施又可细分为立法反制措施（Prescriptive Countermeasures）、司法反制措施（Adjudicative Countermeasures）、执行反制措施（executive countermeasures）。①

（一）立法反制措施

立法反制措施，是指国家通过制定成文立法，明确其属地管辖、属人管辖、保护管辖和普遍管辖等不同类型的管辖权。② 近年来，立法管辖中出现了新的管辖标准，如效果标准、次级制裁等惩罚性政策等。一旦一国认为其他国家的域外管辖法律规定或命令是非法的，则可采用立法管辖反措施阻却外国法律或命令在其领土内以及对其国民的适用。

1. 阻断立法

如前所述，世界上不少国家针对美国的长臂管辖制定了阻断立法。阻断立法要求本国主体拒绝承认和执行外国法，即禁止根据外国当局的法律和命令而满足相关要求。

（1）适用对象

阻断立法所针对的发生域外适用效力的外国法主要分为三类：一是强制义务型外国法规定，如基于普遍管辖的一国法域外适用；二是非强制义务外国法规定，如基于对人管辖权的一国法域外适用；三是性质非法的外国法规定，如次级制裁。一国针对违背国际法的外国法采取反措施无疑是具有合法性的，可排除当事国的国际法律责任。

（2）报告义务

阻断立法规定了个人、法人、组织等向国家有关机关进行报告的法律义务。如欧盟1996年欧盟理事会（Council Regulation）第2271/96号条例（以下简称《第2271/96号条例》）要求相关主体在获知其经济利

---

① Seyed Yaser Ziaee, "Jurisdictional Countermeasures versus Extraterritoriality in International Law", 4 *Russ. L. J.* 27 (2016).

② Seyed Yaser Ziaee, "Jurisdictional Countermeasures versus Extraterritoriality in International Law", 4 *Russ. L. J.* 27 (2016).

益将受到外国法或制裁导致的直接或间接损失后 30 天内向欧盟委员会加以报告,违者将被处以"有效、合比例和劝阻"等处罚。

法院颁布的阻断法令(blocking decrees),也是常见立法反制措施的实施手段。法院可发布阻却法令禁止外国法在法院地的适用。如在 Fruehauf 一案中,法国法院为一家美国公司的法国分支机构指定管理人,以防止该美国公司的控制人迫使该分支机构遵守美国对中国的贸易禁运,从而损害该分支机构的利益。①

2. 追偿措施

追偿措施相对于阻断立法而言更为严厉,在预防功能之外还具有报复制裁功能。追偿措施受到国家财产豁免的限制。若以外国政府作为被告,事实上原告难以执行在其国内的被告财产。但若以外国个人、公司等民事主体为被告,追偿措施可发挥实践效力。追偿措施的实施目的在于受害国赋予法律主体诉权以追回其因外国判决而受有损失的相当金额。追偿诉讼中的对象则是外国判决中的原告在受害国境内的财产。

根据追偿对象的范围,主要分为两类:

第一类是等价追偿。如欧盟 1996 年第 2271/96 号《委员会决议》(Council Regulation)第 6 条规定,欧盟主体由于附件中所列美国法及相关行动所导致的损失,包括诉讼费用,均有权主张获得赔偿。追偿诉讼中的对象包括在欧盟任何一国境内的美国原告的财产、抑或原告的代理人所拥有的财产。

第二类是差额追偿,即在"多重损害赔偿判决(judgment for multiple damages,又可译为多倍赔偿判决)"中,当事人可起诉追偿其在外国判决赔偿数额与外国原告实际蒙受损失之间的差额。所谓多重损害赔偿判决,是指败诉一方被外国法院判定支付给胜诉一方两倍、三倍甚至是数倍于后者所蒙受损失的赔偿。如英国 1980 年《贸易利益保护法》(Protection of Trading Interests Act)第 5 条、第 6 条中授权英国公民追偿在美国法院判决中支付给原告的额外赔偿金。适用追偿措施的先决条件

---

① Alan V. Lowe, "The Problems of ExtroterritoriolJ urisdiction: E conomic Sovereignty and the Search For a Solution", 34(4) *The International and Comparative Law Quarterly* 727(1985).

是：原外国判决中的被告必须与英国有足够密切的地域联系，如在英国公民、在英国成立的公司或者在英国开展业务的主体，从而将在外国居住或开展业务的主体排除在外（规定于该法第 6 条）。

　　加拿大 1996 年《外国域外措施法》综合了上述两种追偿方式，并增加了扣押和出售外国主体财产的程序保障。该法第 8（1）（2）条规定：在加拿大承认、执行外国法院有关反垄断法、国际贸易法等领域的判决，对在加拿大境内开展商业活动、国际贸易相关的重大利益已经产生不利影响或可能产生不利影响的，加拿大司法部长[①]可通过命令宣布该判决在加拿大不得以任何方式得到承认或执行，或者该外国法院判决金额应被削减至加拿大司法部长在命令中确定的金额。第 8.1 条承接上述规定：因判决已在加拿大境外得到履行，或根据美国 1996 年《古巴自由与民主团结法》作出判决的，加拿大司法部长可应加拿大公民、加拿大居民、根据加拿大或各省法律注册成立的公司、开展经营业务的个人等申请，以命令的形式，宣布该主体可根据该法第 9 条的规定，追偿根据外国判决所支付的所有款项、损失或损害。第 9 条规定，对于根据第 8（1）（a）条和第 8（1.1）（a）条宣布的命令，可追偿的损失包括支付给外国判决原告的所有金额、外国审判程序中支付的辩护费用、根据本法提起诉讼的过程中发生的所有费用，包括所有律师委托费用、司法费用、司法外费用，以及因执行判决而遭受的任何损失或损害；而针对根据第 8（1）（b）条、第（1.1）（b）条作出的命令，则追偿范围包括命令与判决之间的差额，加拿大司法部长确定的在外国审判程序中的辩护费用，根据本法提起诉讼的过程中发生的所有费用，包括所有律师委托费用、司法费用、司法外费用，以及因执行判决而遭受的任何损失。第 9（1.1）条规定，上述律师委托费用、司法费用、司法外费用，可在最终判决作出前，可在加拿大司法部长同意的前提下，在诉讼期间的任何时间起诉收回。第 9（2）条规定，加拿大法院可签

---

　　① 加拿大 1985 年《司法部法》（Department of Justice Act）第 2 条第 2 款规定，司法部长兼任总检察长。以下将加拿大司法部长兼总检察长简称为加拿大司法部长。

发司法命令扣押和出售外国判决中的原告在加拿大境内的财产，以及在法律上或事实上控制该原告、并与之有直接或间接利益的相关主体的财产。可被扣押和出售的财产包括根据加拿大或各省法律注册成立的任何公司的股份，无论该股票位于加拿大境内还是境外。

但是，有学者担心追偿措施可能引起国际关系问题、破坏国际贸易稳定。[1] 主要问题在于：一国法的长臂管辖与其他国家所采取的阻断立法即报复性制裁（retributive sanctions）常常让经贸关系和当事人陷入两难境地。例如，1997 年 3 月，美国当局要求沃尔玛的一家加拿大子公司遵守美国对于古巴的制裁规定，停止在加拿大境内销售产自古巴的服装。与此同时，加拿大当局发布反措施，坚持要求该子公司继续销售源自古巴的产品，否则将因违背反措施而被处以高达 150 万加元的罚款。

（二）司法反制措施

所谓司法反制措施，是指主权国家法院不承认外国司法判决、司法程序限制等要求。

1. 不承认外国司法判决

对于外国立法、司法判决和行政决定的承认均源自国际礼让原则。"国际实践中，在不损害其他国家或其公民的利益的前提下，每个国家在其领土内实施的法律，在任何地域都有效。"[2] 国际礼让原则与互惠原则（reciprocity principle）不同：后者取决于双方国家之间的互相承认。但承认外国司法判决不同于也不必然导致将其加以执行。[3]

外国司法判决的承认主要有两类：一是针对政府行为的司法判决；二是针对私人或商业行为的司法判决。[4] 第一类外国司法判决包括刑法、税法、行政法、诉讼法等公法领域的司法判决和命令。由于违背主

---

[1] Steve Coughlan et al., Law Beyond Borders: ExtraterritorialJ urisdiction in an Age of Globalization 60（Toronto: Irwin Law, 2014）and Clark 2004, 487.

[2] Hessel E. Yntema, "The Comity Doctrine", 65（1）*Michigan Law Review* 26（1966）.

[3] Seyed Yaser Ziaee, "Jurisdictional Countermeasures versus Extraterritoriality in International Law", 4 *Russ. L. J.* 27（2016）.

[4] F. A. Mann, "The International Enforcement of Public Rights", 19 *N. Y. U. J. INT'l L. & POL.* 603（1987）.

权国家平等原则,该类司法判决原则上不会被其他国家所承认。① 而第二类司法判决则基于国际礼让原则被其他国家所承认,但并不涉及判决实质内容的判断。②

根据国家行为原则(act of state doctrine),第一类判决原则上不会被其他国家所承认。国家行为原则排除了一国法院对已获承认的外国主权国家在其自己领域内作出的国家行为的合法性进行审查的权力。易言之,任何国家都不应当对于其他国家政府在其领土范围内所实施行为的合法性进行指手画脚,否则有悖于国与国之间的平等性。③

具有域外效力的司法裁判构成新一类被不予承认的判决类型。在传统国际法中,对于私人或商业行为司法判决的承认主要有以下四类限制:欺诈(如挑选法院 forum shopping)④、不公正司法(包括无管辖权或不公正的审判程序)、违背公共秩序、推论司法(corollary jurisdiction)。欧盟1996年第2271/96号《委员会决议》第4条规定,禁止承认和执行欧盟之外的法院或行政机关直接或间接实施附件中所列美国法律的相关司法判决或者行政决定。墨西哥1996年《保护商业和投资免受外国政策干涉法》同样禁止承认和执行与前述法律有关的外国司法判决。与此不同,加拿大1996年《外国域外措施法》授权司法部长决定给加拿大国际贸易造成负面影响的外国判决是否需要被尊重和执行。美国法院则可基于不适当的案由管辖权而不承认外国判决,如针对美国境内的不动产而作出的外国判决。⑤

2. 不承认外国司法程序

阻断立法与程序限制的区别在于:前者禁止当事人遵守外国具有域

---

① Mark W. Janis, "The Recognition and Enforcement of Foreign Law: The Antelope's Penal Law Exception", 20 *INT'l L.* 303 (1986).

② Seyed Yaser Ziaee, "Jurisdictional Countermeasures versus Extraterritoriality in International Law", 4 *Russ. L. J.* 27 (2016).

③ Seyed Yaser Ziaee, "Jurisdictional Countermeasures versus Extraterritoriality in International Law", 4 *Russ. L. J.* 27 (2016).

④ 选择法院是指一方当事人选择某一特定法院进行诉讼,以为获得最有利的裁判。

⑤ Stacie I. Strong, "Recognition and Enforcement of Foreign Judgments in U. S. Courts: Problems and Possibilities", 33 *Review of Litigation* 116 (2014).

外适用效力的法律；后者并不禁止法律适用，只是限制法院选择、证据交换等。

不承认外国司法程序的种类主要包括：一是强制性立法规定，要求合同当事人在该国法院、依据该国法律进行诉讼，不论原被告双方是否已经选择了其他国家的法院或法律。① 例如，加拿大《海事责任法》（Marine Liability Act）第 46 条规定，不适用《汉堡规则》的水上货物运输合同中，双方约定在加拿大以外的其他地方对合同项下的索赔事宜进行诉讼或仲裁，但当事人仍可向加拿大境内的法院或仲裁机构提起司法或仲裁程序。易言之，不论合同中是否规定选择法院条款（choice of forum clause），均可在加拿大提起诉讼或仲裁，而法院或仲裁机构大概率适用加拿大本国法，不论双方合同中选择了何地法律作为纠纷解决依据。现实中这一权力很少被运用，原因在于普通法不愿在不必要的情况下干涉合同自由。

二是证据交换限制。立法机关、司法机关可禁止当事人向国外法院递交证据、记录和信息。例如，加拿大《外国域外措施法》第 3 条禁止、限制提交执行《霍尔姆斯·伯顿法》的记录和信息；第 4 条则规定，一旦高级法院发现当事人可能违背相关法律，法院可颁发临时没收相关记录，由法院或指定的人加以保管。② 1996 年墨西哥《外国域外措施法》禁止墨西哥公民参与外国的询问。任何此类调查或任何可能受到外国法律阻碍的活动都必须通知墨西哥政府。英国以违背国际礼让原则为由，禁止境内主体向其他国家法院出示证据。③

三是司法程序中其他形式的程序限制。例如，逮捕涉嫌国际刑事案件犯罪嫌疑人的国家，可拒绝将其引渡到不尊重公平正义、不尊重人权的其他国家。④

---

① Seyed Yaser Ziaee, "Jurisdictional Countermeasures versus Extraterritoriality in International Law", 4 *Russ. L. J.* 27 (2016).

② Harry L. Clark, "Dealing with U. S. Extraterritorial Sanctions and Foreign Countermeasures", 20 *U. PA. J. INT'l ECON. L.* 61 (1999).

③ Seyed Yaser Ziaee, Jurisdictional Countermeasures versus Extraterritoriality in International Law, 4 *Russ. L. J.* 27 (2016).

④ John Dugard & Christine van den Wyngaert, Reconciling Extradition with Human Rights, 92 *AM. J. INT'l L.* 187 (1998).

(三) 执行反制措施

执行反制措施是针对外国法不当域外适用在执行领域进行反制的措施。主要包括两类：不执行（non-execution）和报复措施（retaliatory measures）。

1. 不执行（non-execution）

一国对于其他国家立法、司法裁判和行政决定的执行，取决于单边或双边义务。例如，尽管荷兰和瑞典承认外国法令，但除非有条约或特殊规定，否则不会执行这些法令。[①] 国家实践表明，除非国家间缔结特别条约，否则各国不会执行其他国家公法领域的决定。例如，奥地利、西班牙、日本、哥伦比亚、波兰、黎巴嫩、匈牙利、列支敦士登、罗马尼亚和土耳其等执行外国法令取决于双边之间的交互实践。[②] 而伊朗等国明确排除执行与国内房地产有关的判决和危害国内公共秩序的判决。[③]

不执行国际条约中规定的强制执行义务，则被视为司法方面的反措施。目前，有关承认和执行外国司法裁判的国际条约主要集中于私法领域，如《关于民商事案件的管辖权及判决执行公约》（《布鲁塞尔公约》）和《关于民商事管辖权和判决承认的卢加诺公约》等。公法方面公约较少，如规定普遍管辖权的1949年《日内瓦公约》，关于双重征税、跨国破产等方面公约，以及司法协助或合作协议等，均要求缔约国承认和执行外国决定，并将嫌疑人或财产引渡到申请国。[④]

2. 报复措施

从广义而言，有学者将阻断立法、不承认外国裁判等均视为报复措施。但从狭义而言，在上述立法、司法措施之外，还有单独一类以行政

[①] Akehurst M., "Jurisdiction in International Law", 46 *British Yearbook of International Law* 145 (1974).

[②] Akehurst M., "Jurisdiction in International Law", 46 *British Yearbook of International Law* 145 (1974).

[③] *Enforcement of Civil Judgments Acts*, 1978, Iran, Art. 169.

[④] Seyed Yaser Ziaee, "Jurisdictional Countermeasures versus Extraterritoriality in International Law", 4 *Russ. L. J.* 27 (2016).

命令、执行命令为基础的非管辖形式的报复措施。例如，1982 年美国对苏联扩大经济制裁、实施能源禁运，导致其与英国、法国、意大利的盟友关系发生分裂，① 三国对美国采取了报复措施，仍然向苏联出口压缩机等违反美国制裁措施的设备。英国、法国政府强制美国公司在英和在法分支机构继续执行"亚马尔－欧洲"天然气管线的相关合同。意大利外交部长则发布声明要求全部涉及意大利主体的该管线合同均应得到尊重。② 上述举措属于国家行政机关所采取的报复措施。又如，在欧盟 1996 年立法出台后明确了一系列反制措施，其中包括签证限制、可被反制的美国公司被观察名单。首先，欧盟委员会在官方公报上发布通知，征集与起诉欧盟的、在名单上的美国公司或公民的相关信息。尽管最终欧盟与美国协商达成共识，未对观察名单上的美国公司提起诉讼，但这一方案是应对美国司法裁判的行政报复措施。③ 有学者指出："这些以牙还牙的反击没有任何帮助。事实上，它们破坏了国际贸易和跨国交易所依赖的商业信心，否定了民族国家之间的国际秩序，并否认了国际关系顺利运作至关重要的、各国政府之间的礼让原则。"④

五　管辖权反措施的合法性

外国法域外适用由于违背国际法中的管辖原则而被视为非法，对此加以反制在通常情况下具有合法性。但是，应对外国域外适用的不法行为也需要加以区分，并非所有的反措施都是合法而且合理的。如反报复措施尽管并不与该国所承担的国际义务相冲突，但仍被视为不友好（unfriendly conduct）行为。但在受害国和责任国双方存在双边条约或者多边条约规定的相关义务时，责任国违背该义务，则受害国采取反措施

---

① 付瑞红：《里根政府对苏联的"经济战"：基于目标和过程的分析》，《俄罗斯东欧中亚研究》2019 年第 1 期。
② Leslie Gelb, U. S. Hardens Curbs on Soviet Gas Line, N. Y. Times, June 19, 1982, at A-1.
③ Seyed Yaser Ziaee, "Jurisdictional Countermeasures versus Extraterritoriality in International Law", 4 *Russ. L. J.* 27 (2016).
④ Steve Coughlan et al., "Global Reach, Local Grasp: Constructing Extraterritorial Jurisdiction in the Age of Globalization", 6 *Canadian Journal of Law and Technology* 49 (2007).

具有合法性。

目前，国际法中的管辖权标准仍未得到全方位明确，甚至较为模糊。因此，一国法域外适用的合法性除了取决于国际法标准的客观评价之外，还受到受害国本身的主张。加拿大、墨西哥等国对于美国制裁古巴等的长期立法反对和国家实践，折射出相关美国法的违法性。在此情况下，反措施被视为合法。

欧盟在应对 1996 年美国《赫尔姆斯－伯顿法》时，援引 WTO 的解决程序，同时对美国的非法制裁采取最可行的反措施。根据 WTO 的争端解决机制，成员方必须首先获得争端解决机构的授权，然后才能因另一成员方未能遵守 WTO 专家组的建议或上诉机构的裁决，而停止履行相关义务。这一规定即"排他性争端解决条款"，也被解释为"阻止世贸组织成员单方面解决其在世贸组织权利和义务方面的争端的条款"。欧盟于 1996 年 10 月对美国提起 WTO 诉讼，理由是《赫尔姆斯－伯顿法》侵犯了欧盟成员国基于关税与贸易总协定（GATT）和服务贸易总协定（GATS）所规定的权利。同时，欧盟和美国之间开展谈判，并达成了相关立法的谅解备忘录。1998 年 5 月，美国和欧盟缔结了跨大西洋政治合作伙伴关系和关于加强投资保护的谅解，欧盟同意暂停世贸组织程序。但是，欧盟所采取的措施违反了《草案》第 52（1）（b）条协商和第 52（3）（b）条临时性规定两项规则。前一条款规定，受害国应当将采取反措施的任何决定通知责任国并提议与该国进行谈判。后一条款受害国已将争端提交有权作出对当事国具有约束力之决定的法院或法庭的，不得采取反措施，如已采取，务必停止，不得无理拖延。欧盟既没有履行实现通知义务，也没有在提交 WTO 争端解决后停止反措施，因此合法性存在争议。[①]

同样，1998 年，日本和欧盟要求 WTO 专家组裁定美国马萨诸塞州立法违背世贸组织《政府采购协议》。该法不允许与缅甸有经济来往的公司得到该州的政府采购合同。尔后，美国国际贸易委员会在美国法院

---

① Layton A. & Parry A. M. "Extraterritorial Jurisdiction: European Responses", 26 (2) *Houston Journal of International Law* 309 (2004).

起诉马萨诸塞州制裁立法，WTO 专家组程序暂停。2000 年 6 月，美国最高法院判定该州立法因违背宪法"对外贸易条款"而无效。WTO 程序随后结束。[1] 与前述案例同样存在违背《草案》第 52（3）（b）条的质疑。[2]

加拿大、欧盟等针对美国次级制裁出台了阻断立法，但对与被美国制裁国家存在经济往来的公司而言，上述法律无法免除其被美国制裁的风险，因而在加拿大、欧盟等境内的跨国贸易公司与美国达成协议，以遵守特定美国法要求的代价换取减轻其因违背美国贸易制裁法而承担的相应责任。[3]

---

[1] *Crosby v. National Foreign Trade Council*, 530 U. S. 363（June 19, 2000）.

[2] Clark H. L., Wang L. W. "Foreign Sanctions Countermeasures and Other Responses to U. S. Extraterritorial Sanctions, Report of National Foreign Trade Council", https://1library.net/document/y69ld64y-foreign-sanctions-countermeasures-responses-extraterritorial-sanctions-harry-clark.html, 2022-06-27.

[3] Clark H. L., Wang L. W. "Foreign Sanctions Countermeasures and Other Responses to U. S. Extraterritorial Sanctions", Report of National Foreign Trade Council, https://1library.net/document/y69ld64y-foreign-sanctions-countermeasures-responses-extraterritorial-sanctions-harry-clark.html, 2022-06-27.

第四编

反外国法域外适用的国际实践

本编着重分析欧盟和加拿大应对美国法域外适用和次级制裁的法治实践。欧盟原则上不承认其他国家法律的域外适用效力,同时强调欧盟制裁本身并不具有域外适用效力。禁止遵守外国要求与禁令是欧盟阻断法的核心机制,但在司法实践中遭遇解释适用难题。欧洲法院在"梅利银行诉德国电信公司案"中厘清欧盟阻断法的调整范围、与欧盟成员国国内法的权利冲突、相关行为的效力判定等三项内容。

即使是美国最为亲密盟友之一的加拿大,也通过《法国域外措施(美国)令》《特定外国域外措施(美国)令》等专门立法,阻断美国法的域外管辖效力。加拿大国会将实施制裁视为"支持国际和平与安全、执行国际立法规范的关键工具。"制裁实践中,加拿大边境服务局所颁布的"新疆产品进口"禁令,被加拿大联邦法院判定非法且无必要。

第十三章　欧盟阻断立法

原则上，欧盟不承认第三国法律的域外适用效力，并主张这种做法违反了国际法。同时，欧盟制裁本身并不具有域外适用效力，即其并不对第三国主体施加义务，除非该主体在欧盟境内开展部分业务。[①] 所谓第三国，规定于欧盟立法和相关文件之中，是指并不属于欧盟成员国，也不属于欧洲自由贸易联盟（European Free Trade Association，包括冰岛、列支敦士登、挪威、瑞士）以及欧洲经济区（European Economic Area，包括冰岛、列支敦士登）的其他国家。针对不同领域，欧盟公布了不同的第三国名单。[②]

一　欧盟阻断立法的历史发展

阻断立法（blocking statute）旨在保护欧盟运营商（包括个人、公司等主体）免受第三国具有域外适用效力的法律的域外管辖。阻断立法被视为欧盟国家统一采取行动的一项重要成就。欧盟1996年《第2271/96号条例》）是国际上最为知名的阻断立法之一。该条例也被称为《反对第三国立法域外适用条例》。[③] 其明确规定禁止外国具有域外

[①] European Commission, *Frequently asked questions: Restrictive measures (sanctions)*, February 26, 2022.

[②] "EU, EFTA and third countries". https://www.employland.de/knowledge/eu-efta-and-third-countries, 2022 - 06 - 27.

[③] 该条例全称为 Council Regulation (EC) No 2271/96 of 22 November 1996 protecting against the effects of the extra-territorial application of legislation adopted by a third country, and actions based thereon or resulting therefrom。

管辖权的法律法规在欧盟境内发生效力，以阻断并反制条例附件中所列之美国针对伊朗、古巴等国制裁立法的域外效力，从而保护开展合法国际贸易、资本流动、相关商业活动的欧盟运营商免受其附件中所列外国法域外管辖的影响；[①] 并对欧盟主体完全或部分遵守来自域外的要求或命令制定统一要求，以免对其自身或整个欧盟利益造成严重损害。该附件目前包括美国对古巴和伊朗的制裁措施。该条例附件中所列美国法律、法规和其他法律文件包括：《1993 财政年度国防授权法》(National Defense Authorization Act for Fiscal Year 1993)、1992 年《古巴民主法》(Cuban Democracy Act)、1996 年《古巴自由和民主团结法》(Cuban Liberty and Democratic Solidarity Act)、1996 年《伊朗和利比亚制裁法》等。

2018 年 5 月 8 日，美国通过总统备忘录的形式单方面退出伊核协议，宣布停止参加与该协议相关的任何活动，并重启对伊朗的域外制裁。伊核协议，即《关于伊朗核计划的全面协议》，官方名称为"联合全面行动计划"(Joint Comprehensive Plan of Action，JCPOA)，是指 2015 年 7 月伊朗与美国、英国、法国、俄罗斯、中国和德国达成的伊朗核问题全面协议。根据协议，伊朗承诺限制其核计划，国际社会解除对伊制裁。联合国安理会随后通过第 2231 号决议，对伊核协议加以核可。该决议第 11 执行段有"快速恢复制裁"机制内容，但规定只有伊核协议参与方才可以启动该机制。2018 年美国重新实施域外制裁被认为不可避免地影响与伊朗开展合法业务的欧盟运营商。

对此，欧盟理事会修订 1996 年《第 2271/96 号条例》，通过欧盟理事会第 2018/1100 号授权规则 (Council Delegated Regulation，以下简称《第 2018/1100 号授权规则》)，以阻断外国立法适用及以该立法为基础所采用的措施和产生的影响。欧盟理事会第 2271/96 号条例要求各国政

[①] 1996 年，美国为强化对古巴的制裁，颁布了极其严厉的《古巴自由民主团结法》，即《赫尔姆斯－伯顿法》。同年，美国又通过了《达马托法》，与相对"柔和"的《赫尔姆斯－伯顿法》相比，《达马托法》体现出强势的域外效力，即无论具体的投资行为是否与美国有关，也无论其域外管辖权是否具有国际法上的合法性，《达马托法》强势禁止一切国家及其国民向利比亚和伊朗的能源领域进行投资，一旦投资超过一定限额，美国即对相关国家进行经济制裁。

府和法院必须加以适用。《第 2018/1100 号授权规则》于 2018 年 8 月 7 日起开始实施。对于合同义务而言，即使合同生效于 2018 年 8 月 7 日之前，也将被该规则加以调整。

欧盟委员会《第 2018/1100 号授权规则》的修订内容主要是更新了阻断立法的附件内容，将适用外国域外管辖立法的范围加以扩大，包含了美国根据伊核协议所取消或放弃但重新实施或即将重启的域外制裁。具体而言，包含美国 1996 年《伊朗制裁法》、2012 年《伊朗自由与反扩散法》(Iran Freedom and Counter-Proliferation Act)《2012 财年国防授权法》(National Defense Authorization Act for Fiscal Year 2012)《伊朗减少威胁和叙利亚人权法》(Iran Threat Reduction and Syria Human Rights Act) 以及《伊朗交易和制裁条例》。上述美国域外管辖立法被欧盟认定为违反国际法。

二　欧盟阻断立法的基本要求

阻断立法的基本要求是禁止欧盟运营商遵守特定外国法律及以其为依据的特定要求、禁令。经济利益遭受外国法律域外适用影响的欧盟运营商有义务通知欧盟委员会。如果欧盟运营商认为不遵守基于特定外国法律的要求或禁令会严重损害他们的利益或欧盟的利益，必须在利益受到影响之日起 30 日之内向欧盟委员会申请授权以履行外国法律或禁令要求。（规定于《第 2271/96 号条例》第 2 条第 1 款）这一申请可直接向欧盟委员会或者通过欧盟成员国的主管机关提出。对于作为法人的运营商而言，该义务适用于其董事、经理和其他负有管理职责的人员。欧盟委员会接到个人、法人报告的此类信息后应当向欧盟成员国的主管机关加以通报（规定于《第 2271/96 号条例》第 2 条第 3 款）。欧盟委员会可在特定且有正当动机的情况下授予此类授权。

为此，欧盟专门提供了欧盟运营商的《指导规则：采用更新阻断立法的问答》(Guidance Note-Questions and Answers: adoption of update of the Blocking Statute (2018/C277I/03))和当事人的《申请模板》《指导规则》为欧盟理事会第 2018/1100 号授权规则的适用提供指引，但其仅具指导功能，并不具备法律效力。

三 欧盟阻断立法的适用对象

根据《第 2271/96 号条例》第 11 条规定，欧盟阻断立法适用于：（1）作为欧盟居民、欧盟成员国国民的任何自然人；（2）任何在欧盟范围内注册成立的法人；（3）任何在欧盟范围以外成立的成员国法人，以及任何在欧盟范围以外成立但由欧盟成员国公民或法人控制的航运公司，其船只根据 1986 年 12 月 22 日颁布的欧盟理事会《第 4055/86 号条例》（Council Regulation (EEC) No 4055/86）在该欧盟成员国注册；[1]（4）作为欧盟范围内居民的自然人；（5）欧盟范围内，包括其领海和领空，以及在成员国管辖或控制下的任何飞机或任何船只上，以专业身份行事的自然人。

阻断立法适用于所有欧盟运营商，无论其规模和活动领域如何。阻断立法有助于欧盟运营商识别欧盟成员国以外的其他国家域外管辖立法，以及可能对欧盟运营商产生的非法影响。这对欧盟的中小企业而言具有重要意义，囿于有限的资源，其往往无法确定哪些国家的域外管辖立法可能对其活动产生影响。[2]

四 欧盟阻断立法的保护方式

阻断立法不限制欧盟运营商与伊朗、古巴等开展业务，即欧盟运营商在遵守欧盟及其成员国法律的前提下、可根据其对经济形势的评估，自由地与伊朗、古巴等继续开展业务或停止业务运营。欧盟阻断立法的目的正是确保此类商业决策自由，即确保外国域外管辖法律不会强加于欧盟运营商。

---

[1] 该条例适用于欧盟成员国之间以及成员国与第三国之间的海上运输服务。

[2] European Commission, *Guidance Note Questions and Answers: adoption of update of the Blocking Statute*, August 7, 2018.

欧盟阻断立法保护欧盟运营商的主要方式包括：（1）禁止任何外国法院根据附件中外国法律作出的裁决在欧盟领域内发生法律效力。易言之，以附件中所列外国立法为基础而做出的所有外国法院判决、仲裁裁决，在欧盟范围内均属无效（规定于《第 2271/96 号条例》第 4 条）。这意味着，第三国当局违反欧盟阻断立法所作出的任何决定，无论是行政、司法、仲裁或其他性质的决定，欧盟均不予承认。同样，任何要求欧盟运营商服从经济处罚的决定（如扣押财产或经济处罚），欧盟成员国主管机关，包括各国司法机构、仲裁机构，均将不予执行。（2）允许欧盟运营商向给其造成损害的自然人、法人、其他主体追讨因适用外国域外管辖立法而造成的损害（规定于《第 2271/96 号条例》第 6 条）。即允许欧盟运营商通过司法诉讼追回因外国法律域外适用而遭受的损害。（3）欧盟运营商在其利益或欧盟利益将遭受严重损害的前提下，可申请欧盟委员会授权遵守外国域外管辖立法（规定于《第 2271/96 号条例》第 5 条第 2 款）。

五　欧盟阻断立法的实施主体

欧盟成员国、欧盟委员会、欧盟法院在阻断立法中承担着不同的实施职责：

第一，欧盟成员国主管机关负有实施阻断立法的职责，包括通过本国立法惩处相关违反阻断立法的行为。尽管各国立法可能有所差别，但必须确保所有处罚是有效的、合比例的、具有劝阻性的（规定于《第 2271/96 号条例》第 9 条）。同时，各成员国必须强化阻断立法的执行机制，包括责任追究的程序机制。

第二，欧盟委员会所发挥的作用包括：（1）修改附件中的域外适用制裁清单（规定于《第 2271/96 号条例》第 1 条第 2 款）；（2）收集欧盟运营商反映的外国域外适用立法的可能案例信息（规定于《第 2271/96 号条例》第 2 条）；（3）在需要完全或部分遵守外国域外制裁措施以避免严重损害其利益或欧盟利益时，授权欧盟运营商履行外国相关要求；并明确评估此类申请的判定标准（规定于《第 2271/96 号条例》第 5 条第 2 段、① 第 7（b）（6）条）。

第三，欧盟法院（Court of Justice of the European Union）监督阻断立法的实施，也唯有欧盟法院有权提供具有法律约束力的解释。②

六　损失追偿机制

欧盟运营商可追偿损失的范围涵盖：由于外国域外管辖法律实施、基于该法律的行为抑或由其导致的损害，包括法律费用"（规定于《第2271/96 号条例》第 6 条）。欧盟运营商的损失追偿对象是从"造成其损害的自然人、法人、其他主体抑或代表其行事的任何人或中间人"。这一宽泛的规定为欧盟运营商提供了更为广泛的保护范围。个案中被告人的确定取决于案件的具体情况、损害类型、实际造成损害的主体、主体间共同责任的划分等。

欧盟运营商的损失追偿程序见于《第 2271/96 号条例》第 6 条第 3 段的规定：欧盟运营商可通过法院诉讼进行追偿，如何确定管辖法院将取决于案件的具体情况、管辖权的适用规则、成员国民事诉讼程序规定等。作为一般规则，上述诉讼应适用 1968 年 9 月 27 日签订的、自 1973 年 2 月 1 日起生效的《关于民商事案件的管辖权和判决执行的布鲁塞尔公约》（以下简称《布鲁塞尔公约》）。此外，第 6 条第 4 段规定，追偿可以采取扣押和出售造成损害的自然人、法人、实体或其中间人或代表其行事的任何人在欧盟所拥有资产的形式，包括其持有的在欧盟范围内注册成立的公司的股份。追偿并不影响欧盟运营商以法定方式采取其他行动。欧盟理事会在《第 2271/96 号条例》之后，于 2012 年通过了《关于民商事案件的管辖权和判决的承认与执行的第 1215/2012 号条例》。该条例第 68 条规定，其已取代《布鲁塞尔公约》发挥作用，但属于成员国之间领土争议并被根据《欧盟共同体条约》（Treaty on the

---

① 此处"段"区别于款，《第 2271/96 号条例》条文中以阿拉伯数字标出并区分的内容译作"款"，而条文中没有此类专门标注、仅分为不同段落加以表述的内容译为"段"。

② European Commission, Guidance Note-Questions Answers: adoption of update of the Blocking Statute. August 7, 2018.

Functioning of the European Union）加以排除的事项除外。该条例适用于所有民商事案件，但不适用于国家在行使国家权力时作为和不作为导致应当承担的法律责任。

七　例外授权申请机制

第一，例外授权的含义。根据《第 2271/96 号条例》第 5 条第 2 段的规定，欧盟运营商可申请遵守外国域外管辖立法的授权，前提是若非如此，将严重损害运营商本身抑或欧盟的利益。条例并没有明确"严重损害"的含义，但并非欧盟运营商遭受的每一次滋扰或损害在授权范围之列。欧盟委员会在《实施条例（2018/1101）》第 9 条中指出，申请授权的适当性在于欧盟运营商被要求遵守基于阻断立法附件中所列外国域外管辖立法所作出的决定。申请人不能通过授权程序来确认其业务符合阻断立法或者取得"安慰函（letters of comfort）"。授权申请不具有中止效力。欧盟委员会授权自通知申请人之日起生效。

第二，授权决定主体。根据《第 2271/96 号条例》第 5 条第 2 款、第 7（b）条和第 8 条，欧盟委员会应在域外立法委员会的协助下、确立相同标准加以授权欧盟运营商遵守附件中具有域外效力的第三国立法。这些标准规定于《实施条例》之中。欧盟委员会将根据处理授权申请的实践经验，修订此类标准。域外立法委员会由每个成员国的代表组成，并通过"专家委员会（comitology）"程序协助欧盟委员会履行与授权有关的任务。根据《实施条例》第 3（5）条，欧盟委员会应在收到授权申请后立即通知域外立法委员会。欧盟委员会承诺努力尽快处理申请并回复申请人，但所需期限取决于以下因素：案件复杂性、申请的完整性、提交证据的完整性、申请人是否及时对欧盟委员会的相关要求作出反应、收到申请的总数量、域外立法委员会就案件发表意见所需时间、翻译时间等。

第三，欧盟运营商申请授权的证明材料。根据《实施条例》第 3（2）条和第 3（3）条，基本要求是申请授权的欧盟运营商必须说明需要遵守外国域外管辖立法的哪些规定，以及需要作出哪些行为。此外，欧盟运营商必须证明不遵守外国域外管辖立法所可能导致的严重损害其利益或欧盟利益的原因和程度。当事人必须提供适当证据加以佐证。欧盟委员会将考虑是否制定证据提交的统一模板或清单。

第四，欧盟运营商申请授权的方式。欧盟运营商申请授权应采用书面形式，通过邮寄或电子邮件的方式加以提交。授权申请可以单独提交，也可以由多个欧盟运营商联合提交，前提是其具有充分的同质化的共同利益。但集体申请将被逐案进行评估。

第五，美国公司在欧分支机构、欧盟公司在美分支机构申请例外授权的资格差异设置。美国公司在欧盟境内的分支机构、欧盟公司在美国境内的分支机构——主要分为三种情况：（1）若美国公司在欧盟境内的分支机构根据欧盟成员国法律成立并在欧盟境内设有注册办事处、核心管理机构或主要营业地点时，它们被视为欧盟运营商。其应遵守阻断立法中的全部义务。（2）不属于前款规定的美国公司在欧盟境内的分支机构，由于它们与母公司没有明显的法人资格差别，因而不被视为欧盟运营商。因此，它们不在阻断立法调整范围内。（3）欧盟公司在美国的分支机构受其注册成立地法律约束，通常是美国的法律。因此，它们不被视为欧盟运营商，不受阻断立法的约束。但在欧盟注册成立的母公司仍然属于欧盟运营商。

欧盟运营商是否可以向美国申请许可证，以免于实施美国法规定的域外制裁？答案是否定的。向美国当局申请许可被认为等同于遵守美国法的要求。即承认美国对于欧盟运营商的管辖，从而与欧盟及其成员国的管辖权发生冲突。欧盟委员会认为与美国之间的对话不应通过欧盟运营商执行美国法域外管辖的形式加以进行，而应在欧盟运营商向欧盟委员会申请授权之后进行。[①]

[①] European Commission, Guidance Note-Questions and Answers: adoption of update of the Blocking Statute. August 7, 2018.

第十四章　欧盟阻断法的适用进路

欧盟《第2271/96号条例》中第5条所规定的禁止遵守外国要求与禁令是阻断法的核心机制。① 但由于规定过于抽象，德国法院在"梅利银行诉德国电信公司案（Bank Melli Iran v. Telekom Deutschland GmbH）"（以下简称"梅利银行案"）中适用该条款时存在疑问，因而请求欧洲法院（European Court of Justice）对该条款的解释和适用作出先决裁决（preliminary ruling）。② 所谓先决裁决机制，是欧洲法院对欧洲联盟法律进行法律解释的重要手段，是欧洲法院与欧盟成员国国内法院建立联系与合作机制的重要途径。③ 根据《欧洲联盟条约》（Treaty on European Union）第19条、《欧洲联盟运作条约》第267条的规定，成员国法院在对特定案件做出判决之前，可就特定问题向欧洲法院请求做出先决裁决，主要针对条约作出解释、判定欧盟所属机构、团体、办公室、代理机构之行为的有效性及其解释。成员国法院根据先决裁决对特定案件做出判决。④

---

① 陈若鸿：《阻断法实施的严格进路》，《国际经济法学刊》2022年第2期。
② Judgment of the Court (Grand Chamber) of 21 December 2021, Bank Melli Iran v. Telecom Deutschland GmbH, Case C-124/20, ECLI: EU: C: C: 2021: 1035.
③ 王玉玮：《欧洲法院的先决裁决制度》，《人民司法》2008年第3期。
④ 有国内研究对欧洲法院佐审官（Advocates-General）针对本案给出的法律意见书进行分析。根据《欧洲联盟运作条约》（Treaty on the Functioning of the European Union）第52条，欧洲法院内部设立佐审官职务，"有义务秉持完全的公正性和独立性，在其被要求参与案件的公开审理中，根据欧盟联盟法院规约，提供合理的意见。"欧洲法院规约第59条也对此作出了规定。但佐审官的法律意见对欧洲法院并不具有拘束力。参见陈若鸿《阻断法实施的严格进路》，《国际经济法学刊》2022年第2期；漆彤：《欧盟〈阻断法〉的适用困境及其对我国的启示——以伊朗梅利银行诉德国电信案为例》，《财经法学》2022年第1期。由于本部分篇幅所限，不再对佐审官的法律意见书与该案判决进行比对分析。

梅利银行案中，德国电信有限公司（以下简称德国电信）与伊朗梅利银行签订了一项框架协议，为后者在德国境内的所有网点提供电信和互联网服务。此类服务对于梅利银行德国分行与各网点之间的内外部通讯至关重要。若缺少此类服务，梅利银行德国分行将无法开展任何金融服务。由于梅利银行是伊朗国有银行，在 2018 年美国对伊朗重启次级制裁之后，该银行被美国财政部海外资产控制办公室（OFAC）列入特别指定国民（SDN）清单，并冻结了该银行在美国管辖下的资产。这也意味着与该银行进行交易的第三国实体将受到美国制裁。2018 年 11 月 16 日，德国电信通知梅利银行将立即终止双方之间的所有合同。德国电信认为，其与梅利银行继续交易将有可能使自身被列入美国 SDN 清单，导致出现经营停摆的风险。梅利银行则在德国汉堡地区法院提起诉讼，请求法院判决德国电信维持合同。汉堡地区法院判令德国电信履行现有合同，直至法定通知期届满后，可依法终止合同。届时，终止合同的行为将不违反《欧盟阻断条例》第 5 条第 1 款的规定。梅利银行不服判决，上诉到汉萨高等地方法院，称德国电信的单方面终止行为纯属为遵守美国次级制裁而做出，因而违反了《欧盟阻断条例》第 5 条的规定。汉萨高等地方法院认为，欧洲法院对《欧盟阻断条例》第 5 条的解释是解决该争端的先决条件，遂中止诉讼程序，根据《欧洲联盟运行条约》将相关条约解释问题提交欧洲法院进行先决裁决。

该案争议焦点是欧盟境内的当事人基于合同相对方被列入美国次级制裁名单的事由而终止合同的行为是否有效。[①] 欧洲法院将与此相关的法律解释疑点区分为四项。[②] 以下将逐一进行分析。

[①] 本案中，原告伊朗梅利银行并非欧盟经营者，而是外国当事人。被告德国电信则是一家欧盟企业。佐审官在法律意见书中明确，欧盟阻断法允许外国主体提起民事诉讼，即阻断法的私人实施机制。参见陈若鸿《阻断法实施的严格进路》，《国际经济法学刊》2022 年第 2 期。

[②] 有学者将该案最终落脚点译为"第 5 条第 1 款应解释为，如果欧盟经营者未能遵守该法有关规定，受主要制裁的当事方所在国法院应命令欧盟经营者维持既有合同关系。"参见漆彤《欧盟〈阻断法〉的适用困境及其对我国的启示——以伊朗梅利银行诉德国电信案为例》，《财经法学》2022 年第 1 期。实际上误读了该案争议焦点。

一 适用疑点一：外国制裁法的范围界定

欧盟《第2271/96号条例》的适用疑点首先是：该条例第5条第1款规定"禁止任何该条例第11条所规定之主体①直接或者间接通过其分支机构以及其他中间人，遵守该条例附件中所列外国法律以及基于此类法律或者由其所产生的行为所提出的任何要求、禁令，包括外国法院的要求。"简言之，欧盟经营者不得遵守外国要求、禁令。这一条文的解释出现了狭义和广义两种观点：按照狭义解释，该条款仅适用于美国行政机关、司法机关对于欧盟经营者直接、间接所发布的命令；相反，按照广义解释，在尚无前述命令的情况下，要求、禁令包括外国立法在内的所有次级制裁相关要求。

欧洲法院从文义解释、上下文解释和目的解释三重解释进路来判断《第2271/96号条例》第5条第1款的适用范围。

首先，该条款规定禁止欧盟经营者遵守任何要求、禁令，"包括"外国法院的要求、禁令；而且，该要求、禁令是直接或者间接来自欧盟《第2271/96号条例》附件中所列外国法律，抑或来自基于此类法律或者由其所产生的行为，由上述"任何""包括""基于"等用词来看，该条款采用了广义的界定方式，而不只是限于行政命令和法院禁令。法院禁令只是该条款中所列情形之一。因此，该条款中规定的"要求、禁令"包括两个方面的内容：一是具体化的要求和禁令，既可以是单独作出的决定，也可以是一系列单独决定的集合；二是抽象意义上的普遍约束要求和禁令，包括外国立法行为。② 因此，欧盟《第2271/96号条例》并非只是针对外国法院或行政机关发布的、对影响欧盟经营者利益产生直接影响的要求或禁令，而是将美国次级制裁立法一概纳入调整范畴。

---

① 如前所述，该条例第11条所指主体包括欧盟及其成员国境内的居民、在欧盟境内成立的法人等经营者。

② Judgment of the Court (Grand Chamber) of 21 December 2021, Bank Melli Iran v. Telecom Deutschland GmbH, Case C-124/20, ECLI: EU: C: 2021: 1035, paras 44 – 46.

其次，从上下文解释来看，欧盟《第2271/96号条例》第4条、第7条等中使用的"决定（decision）""判决（judgement）"，被用来指代法院、行政机关的行为，又被统称为"命令（orders）"。这也从侧面佐证了第5条第1款中规定的"要求"和"禁令"具有更为广泛的外延界定。[1]

最后，从目的解释来看，欧盟《第2271/96号条例》的序言和正文中表明其立法目的在于维护已建立的法律秩序、欧盟及其经营者的利益，以最大程度地实现成员国和第三国之间的资本自由流动。其一，对于法律秩序和欧盟整体利益的维护而言，美国次级制裁立法通过法律责任的规定即可间接规制其他国家主体的行为，从而产生美国所追求的现实效果。如果认定欧盟《第2271/96号条例》第5条第1款仅针对个别法院命令、行政命令，则无法加以抗衡美国次级制裁立法的实施效果。[2] 其二，对于欧盟经营者的利益保护而言，欧盟宪章第16条和司法先例均表明，经营自由是欧盟主体的基本自由，涵盖从事经济或商业活动的自由、合同自由和竞争自由。欧盟经营者的上述自由受到美国次级制裁的严重威胁。[3]

因此，欧盟《第2271/96号条例》第5条第1款的含义应当解释为禁止欧盟经营者遵守外国法律所规定的要求、禁令，不论外国法院、行政机关是否据此先行发布了具体命令。

二 适用疑点二：阻断法是否排除国内法上的合同终止权

承接上一问题，若欧盟《第2271/96号条例》第5条第1款采用广

---

[1] Judgment of the Court（Grand Chamber）of 21 December 2021, Bank Melli Iran v. Telecom Deutschland GmbH, Case C-124/20, ECLI: EU: C: 2021: 1035, para 47.

[2] Judgment of the Court（Grand Chamber）of 21 December 2021, Bank Melli Iran v. Telecom Deutschland GmbH, Case C-124/20, ECLI: EU: C: 2021: 1035, para 49.

[3] Judgment of the Court（Grand Chamber）of 21 December 2021, Bank Melli Iran v. Telecom Deutschland GmbH, Case C-124/20, ECLI: EU: C: 2021: 1035, para 50.

义解释，那么，"当合同相对方被列入美国财政部海外资产控制办公室列入特别指定国民清单时，《第 2271/96 号条例》第 5 条第 1 款能否排除欧盟成员国国内法解释中一方当事人以通知方式终止尚在履行期限的合同义务，并宣布（该）终止合同（行为）是出于遵守美国制裁法的目的，——无需在民事诉讼中阐明和证明无论在何种情况下，终止合同的事由并非为遵守外国制裁？"① 简言之，欧盟《第 2271/96 号条例》是否允许未获例外授权的欧盟经营者行使国内法中规定的合同解除权，并进一步将终止合同判定为遵守外国制裁法要求的行为。② 依据该案起诉地德国民法典第 134 条，当事人享有终止合同的权利，且无需给出终止合同的任何理由。梅利银行认为这一合同终止权规定违反了《第 2271/96 号条例》第 5 条第 1 款。③ 欧洲法院指出，《第 2271/96 号条例》第 5 条第 1 款对于禁止欧盟经营者遵守外国法要求和禁令以"明确、准确和无条件"的立法语言出现，原因在于：一旦欧盟经营者实施终止合同等行为，等同于美国次级制裁法在欧盟发生了域外适用效力，这是欧盟阻断法所决不能容许的。④ 根据欧盟司法先例，欧盟成员国应在其境内实施欧盟法律，各国法院应确保阻断法充分发挥作用，因而必须保证国内民事程序符合《第 2271/96 号条例》的规定。⑤ 但是，《第 2271/96 号条例》前述规定并不排除欧盟经营者依据成员国国内法而终止合同的权利，也不排除国内法上所规定的终止合同而不必提供任何事由的规定。⑥ 有国内研究将这一问题归结为要求欧盟经营者为终止

---

① 括号中内容系作者为翻译需要所加入。

② 有研究将佐审官对此疑点的阐述归纳为：该条例第 5 条第 1 款"是否应被解释为凌驾于允许无正当理由终止合同的国内法之上？"参见漆彤《欧盟〈阻断法〉的适用困境及其对我国的启示——以伊朗梅利银行诉德国电信案为例》，《财经法学》2022 年第 1 期。这一论证与此处欧洲法院的判定并不相符。

③ Judgment of the Court（Grand Chamber）of 21 December 2021, Bank Melli Iran v. Telecom Deutschland GmbH, Case C-124/20, ECLI: EU: C: 2021: 1035, para 53.

④ Judgment of the Court（Grand Chamber）of 21 December 2021, Bank Melli Iran v. Telecom Deutschland GmbH, Case C-124/20, ECLI: EU: C: 2021: 1035, para 57.

⑤ Judgment of the Court（Grand Chamber）of 21 December 2021, Bank Melli Iran v. Telecom Deutschland GmbH, Case C-124/20, ECLI: EU: C: 2021: 1035, para 55, 59.

⑥ Judgment of the Court（Grand Chamber）of 21 December 2021, Bank Melli Iran v. Telecom Deutschland GmbH, Case C-124/20, ECLI: EU: C: 2021: 1035, para 63.

合同提供正当理由，① 有违此处欧洲法院的判决原意。

欧洲法院进一步指出，当终止合同行为由于违背《第 2271/96 号条例》第 5 条第 1 款而归于无效时，原本主张终止合同行为无效的一方当事人（本案中的梅利银行）需要承担对方（本案中的德国电信）违背欧盟阻断法的举证责任。但是，由于证明对象是对方当事人（本案中的德国电信）的主观目的，往往属于商业秘密，因而举证难度很大，甚至根本无法证明，从而导致《第 2271/96 号条例》无法发挥其规制效力。② 为避免这一不利后果的发生，确保《第 2271/96 号条例》的效力，若有证据证明表面上欧盟经营者的行为遵守了美国次级制裁法，则该经营者必须证明其主观目的并非为遵守美国次级制裁法而实施该行为。③

因此，欧洲法院判定，《第 2271/96 号条例》第 5 条第 1 款并不排除未获豁免授权的欧盟经营者终止其与被列入外国制裁名单的主体之间的合同。易言之，未获得豁免授权的欧盟经营者可依据国内法规定终止外国制裁对象所签订的合同，且无需提供任何终止理由。④ 若有证据证明表面上欧盟经营者的行为是为遵守美国次级制裁法，则该经营者必须证明其主观目的并非为遵守美国次级制裁法而实施该行为。

三　适用疑点三与适用疑点四：阻断法排除终止合同的无效判定

德国法院所提交给欧洲法院的适用疑点三是：若排除欧盟经营者的合同终止权，当事人终止合同的行为是否将因违反《第 2271/96 号条

---

① 陈若鸿：《阻断法实施的严格进路——欧洲法院伊朗 Melli 银行案对中国的启示》，《国际经济法学刊》2022 年第 2 期。

② Judgment of the Court（Grand Chamber）of 21 December 2021, Bank Melli Iran v. Telecom Deutschland GmbH, Case C-124/20, ECLI：EU：C：2021：1035, para 65 – 66.

③ Judgment of the Court（Grand Chamber）of 21 December 2021, Bank Melli Iran v. Telecom Deutschland GmbH, Case C-124/20, ECLI：EU：C：2021：1035, para 67.

④ Judgment of the Court（Grand Chamber）of 21 December 2021, Bank Melli Iran v. Telecom Deutschland GmbH, Case C-124/20, ECLI：EU：C：2021：1035, para 68.

例》第 5 条第 1 款的规定，而被判定无效？是否可以代之以罚金来实现阻断目的？考虑到德国电信所属集团公司 50% 以上的营业额来源于美国，要求其遵守《第 2271/96 号条例》存在经济损失风险。若再要求德国电信继续履行合同、并根据《第 2271/96 号条例》和德国国内实施机制对其处以罚款，是否违背《第 2271/96 号条例》第 9 条所规定的比例原则？① 况且《第 2271/96 号条例》并不直接调整和保护欧盟以外的经营者（本案中即伊朗梅利银行）的利益。

适用疑点四是：若判定终止合同无效，能否要求欧盟经营者继续履行合同，即使这一行为将导致其在美国市场上遭受巨额经济损失？追偿诉讼（规定于《第 2271/96 号条例》第 6 条）和授权机制（规定于《第 2271/96 号条例》第 5 条第 2 款）均无法足额赔偿德国电信的潜在损失。由于《第 2271/96 号条例》的立法目的在于预防美国次级制裁对欧盟经营者的适用，授权范围应当被严格限缩。因而单纯的经济损失不足获得该项授权。在上述背景下，《第 2271/96 号条例》的禁止遵守措施是否违背了欧盟基本权利宪章第 16 条规定的经营自由（the freedom to conduct a business）和第 52 条规定的比例原则？②

鉴于对适用疑点二给出的答案，欧洲法院对第三项和第四项争议进行了统一考量，将两项争议合并为：若欧盟经营者将面临实质性经济损失，《第 2271/96 号条例》是否应被解释为排除该经营者为遵守美国次级制裁法而终止合同行为的无效性。③《第 2271/96 号条例》第 9 条规定成员国对违法者的处罚必须符合有效性、合比例性和劝阻性。在整个

---

① Judgment of the Court (Grand Chamber) of 21 December 2021, Bank Melli Iran v. Telecom Deutschland GmbH, Case C-124/20, ECLI: EU: C: 2021: 1035, paras 30 – 31. 有研究将这一问题总结为："如果欧盟经营者遵守《阻断法》会对其造成重大经济损失，是否可以予以例外处理？"参见漆彤《欧盟〈阻断法〉的适用困境及其对我国的启示——以伊朗梅利银行诉德国电信案为例》，《财经法学》2022 年第 1 期。但此处使用"例外处理"，容易与授权豁免机制的例外规定相混淆；并且，并非欧盟经营者仅仅面临重大经济损失，即可排除终止合同无效判定。欧洲法院的原意是仍需进行比例原则的衡平。

② Judgment of the Court (Grand Chamber) of 21 December 2021, Bank Melli Iran v. Telecom Deutschland GmbH, Case C-124/20, ECLI: EU: C: 2021: 1035, paras 32 – 33.

③ Judgment of the Court (Grand Chamber) of 21 December 2021, Bank Melli Iran v. Telecom Deutschland GmbH, Case C-124/20, ECLI: EU: C: 2021: 1035, para 69.

欧盟缺乏统一制裁措施的情况下,各成员国可自行决定其认为合适的制裁措施,但必须符合保障基本权利和自由的欧盟宪章及其一般法律原则。① 并且,制裁措施的严厉性必须与违法行为的严重程度具有相称性,以确保制裁具有威慑效果,并且符合比例原则的要求。② 本案中,若德国电信终止合同的行为被证实违反《第 2271/96 号条例》第 5 条第 1 款的规定,则根据德国民法典第 134 条的规定,该合同终止行为归于无效,但这一无效判定可能减损当事人的经营自由。③ 欧盟宪章第 16 条规定了经营自由、合同自由和竞争自由,包含选择生意合作伙伴的自由、决定服务对价的自由。但是,欧洲法院指出:经营自由并非一项绝对权利,其受到自身社会功能、欧盟法律秩序所保障的其他权利以及公共利益的限制。正因如此,《欧盟基本权利宪章》(Charter of Fundamental Rights of the European Union)第 52 条中规定了比例原则的考量。④ 该条款规定,对于权利和自由的合比例限制必须符合以下要求:一是必须由立法加以规定;二是尊重权利和义务的本质;三是具有必要性,并符合保障公共利益或者他人权利和自由的合目的性。⑤ 具体至本案,上述要求是否得以满足?

首先,对于经营自由的限制是否由法律加以规定?《第 2271/96 号条例》第 5 条第 2 款规定了授权豁免机制:鉴于欧盟经营者不遵守美国次级制裁法将导致其自身或者欧盟面临严重利益损失,欧盟委员会有权决定授予其豁免权,即欧盟经营者可在获得授权后遵守美国次级制裁

---

① Judgment of the Court (Grand Chamber) of 21 December 2021, Bank Melli Iran v. Telecom Deutschland GmbH, Case C-124/20, ECLI: EU: C: 2021: 1035, para 72.

② Judgment of the Court (Grand Chamber) of 21 December 2021, Bank Melli Iran v. Telecom Deutschland GmbH, Case C-124/20, ECLI: EU: C: 2021: 1035, para 73. 有作者将这一有效性要求替代为比例原则的分析。参见陈若鸿《阻断法实施的严格进路——欧洲法院伊朗 Melli 银行案对中国的启示》,《国际经济法学刊》2022 年第 2 期。但"要求各成员国通过足够的惩罚保障阻断法的效力",仅仅是比例原则的论证起点。

③ Judgment of the Court (Grand Chamber) of 21 December 2021, Bank Melli Iran v. Telecom Deutschland GmbH, Case C-124/20, ECLI: EU: C: 2021: 1035, paras 75 – 76.

④ Judgment of the Court (Grand Chamber) of 21 December 2021, Bank Melli Iran v. Telecom Deutschland GmbH, Case C-124/20, ECLI: EU: C: 2021: 1035, paras 80 – 82.

⑤ Judgment of the Court (Grand Chamber) of 21 December 2021, Bank Melli Iran v. Telecom Deutschland GmbH, Case C-124/20, ECLI: EU: C: 2021: 1035, para 83.

法。根据欧盟制裁法的实施条例（Implementing Regulation 2018/1101）的规定，欧盟委员会考量因素包括对阻断法所保障之利益的危害紧迫性、造成危害的实质和来源、与美国的实质性联系、后续行为、对经济活动所带来的负面影响、欧盟经营者所面临的严重经济损失（典型情况如威胁其生存、构成严重的破产风险），以及权利行使遭受严重阻碍。可见，经营自由的限制已经得到欧盟法律明文规定。

其次，对于经营自由的限制是否尊重其本质要求？一旦经营者在合同履行中间维护自身商业利益的机会被剥夺，其经营自由无疑将遭受实质性损害。[①] 该案中，判定德国电信终止合同行为无效，并非完全剥夺了德国电信维护其合同利益的可能性，而只是限制了该种可能性，因为此处的无效判定仅针对该公司违反《第2271/96号条例》的行为。[②]

再次，对于经营自由的限制是否具有必要性，并符合保障公共利益或者他人权利和自由的合目的性？该案中，该限制是为实现阻断法所维护的公共利益，无疑具有必要性以及保障欧盟公共利益之目的。[③]

最后，德国电信由于未能遵守美国次级制裁法所可能遭受的经济损失，与《第2271/96号条例》所保护的法律秩序、整体利益、资本自由流动等是否合乎比例原则？法院对此进行了两个方面的考量。一是当事人怠于申请授权豁免。如前所述，《第2271/96号条例》第5条第2款给予了可能遭受严重利益损失的欧盟经营者获得授权豁免的申请机制。而德国电信从未申请豁免授权，放弃了避免自身经营自由被限制的机会。[④] 法院的言下之意是，德国电信对于终止合同无效所可能在美国市场遭受的损失，并未想尽办法加以解决，损失程度由此存疑。二是依据《第2271/96号条例》给予行政罚款的合比例性。就德国法上所规定的违反《第2271/96号条例》第5条第1款所设置的行政罚款（上

[①] Judgment of the Court (Grand Chamber) of 21 December 2021, Bank Melli Iran v. Telecom Deutschland GmbH, Case C-124/20, ECLI: EU: C: 2021: 1035, para 87.

[②] Iran, paras 88–89.

[③] Judgment of the Court (Grand Chamber) of 21 December 2021, Bank Melli Iran v. Telecom Deutschland GmbH, Case C-124/20, ECLI: EU: C: 2021: 1035, para 91.

[④] Judgment of the Court (Grand Chamber) of 21 December 2021, Bank Melli Iran v. Telecom Deutschland GmbH, Case C-124/20, ECLI: EU: C: 2021: 1035, para 93.

限是 50 万欧元）而言，德国法院无从加以衡量，因为其数额是根据欧盟经营者的违法程度以及所遭受的制裁，并依据比例原则而确定。[1] 因而造成了比例原则判断的循环逻辑。总体来看，鉴于先决裁决的根本定位，欧洲法院仅仅列明是否符合比例原则的法律规则解释，并未对规则适用至本案具体案情进行详细说理，而是指引德国法院衡量《第 2271/96 号条例》第 5 条第 1 款判定终止合同行为无效的立法目的与德国电信所可能面临的经济损失及其程度。《第 2271/96 号条例》究竟如何适用于该案争议还有待德国国内法院加以判定。

综合上述考量，若欧盟经营者终止合同的行为被判定无效，并且无效判定并未导致该经营者的利益损失与欧盟法律秩序、整体利益等目标显然不成比例，则《第 2271/96 号条例》无法排除该无效判定。[2] 简言之，欧盟经营者所遭受的损失并未违背比例原则时，其终止合同的无效行为仍归于无效。是否合乎比例原则的判定要素包括欧盟经营者无法终止合同所面临的经济损失的发生几率以及损失程度。

---

[1] Judgment of the Court（Grand Chamber）of 21 December 2021，Bank Melli Iran v. Telecom Deutschland GmbH，Case C-124/20，ECLI：EU：C：2021：1035，para 94.

[2] Judgment of the Court（Grand Chamber）of 21 December 2021，Bank Melli Iran v. Telecom Deutschland GmbH，Case C-124/20，ECLI：EU：C：2021：1035，para 95.

第十五章 欧盟制裁制度

一 欧盟制裁制度的基本内涵

(一) 概念

欧盟制裁 (sanctions),又称限制性措施 (restrictive measures),是指欧盟在必要时防止冲突、应对即将出现或已经出现的危机的应对工具,也是欧盟共同外交和安全政策 (common foreign and security policy) 的重要工具。[①] 尽管限制性措施又被称为制裁,但其实质并非惩罚性的,而是调整性的,即针对非欧盟国家的恶意行为作出政策性调整。

欧盟强调制裁是用于促进共同外交和安全政策 (CFSP) 目标的关键工具,可通过制裁措施维护和平和国际安全。因此,制裁措施在维护欧盟价值观和国际影响力方面发挥着关键作用:更加有力和迅速地实施欧盟制裁,将有利于欧盟的开放性、实力和韧性,提升欧盟的可信度,维护欧盟单一市场的完整性和公平竞争环境。[②]

欧盟制裁措施的目的在于执行联合国安理会决议,促进欧盟成员国共同外交和安全政策。具体包括:促进国际和平与安全;防止冲突;支

[①] European Commission, "Restrictive measures (sanctions)", https://ec.europa.eu/info/business-economy-euro/banking-and-finance/international-relations/restrictive-measures-sanctions/what-are-restrictive-measures-sanctions_en, 2022 - 06 - 27.

[②] European Commission, "Frequently asked questions: Restrictive measures (sanctions)". https://ec.europa.eu/commission/presscorner/detail/en/qanda_22_1401, 2022 - 06 - 27.

持民主、法治和人权；捍卫国际法原则。[①]

（二）类别

欧盟有四十多种不同的制裁制度。主要分为两类：一类是经由联合国安理会授权而采取的制裁；另一类是欧盟自主采用的制裁。欧盟理事会（Council of the European Union）根据欧盟外交和安全政策高级代表（High Representative of the Union for Foreign Affairs and Security Policy）的建议，采用一致原则决定是否采用、延长或取消制裁制度。一旦欧盟成员国之间达成政治协议，欧盟理事会与高级代表、副主席将准备理事会决定、并随附欧理事会条例的提案（Council regulations），并提交欧盟委员会（EU Commission），确立上述决定和条例以法律地位。[②] 欧盟理事会根据决定和条例的清单规定，决定所需采取的制裁措施。任何需要延长、扩大制裁措施的决定都必须经欧盟理事会的一致同意。欧盟委员会则承担监督各会员国实施欧盟制裁的功能。但截至2022年2月26日为止，并未发生过任何一起欧盟委员会因成员国不实施欧盟制裁措施而启动的侵权诉讼程序。执行制裁措施的主要责任归于各成员国。

欧盟通过以下四种类别实施对于非欧盟国家的政府、公司、团体、组织或个人的制裁：一是武器禁运；二是入境限制（旅行禁令）；三是资产冻结；四是其他经济措施，如限制进出口等。欧盟谨慎地确定制裁目标，仅将第三国对欧盟行动的负责人纳入制裁对象。[③] 欧盟所采取之措施也须符合比例原则，尽可能减少意外后果。

[①] European Commission, "Restrictive measures (sanctions)", https：//ec. europa. eu/info/business-economy-euro/banking-and-finance/international-relations/restrictive-measures-sanctions/what-are-restrictive-measures-sanctions_ en, 2022 - 06 - 27.

[②] European Commission, "Frequently asked questions：Restrictive measures (sanctions)". https：//ec. europa. eu/commission/presscorner/detail/en/qanda_ 22_ 1401, 2022 - 06 - 27.

[③] 欧盟立法和相关文件中，将并不属于欧盟成员国，也不属于欧洲自由贸易联盟（European Free Trade Association，包括冰岛、列支敦士登、挪威、瑞士）和欧洲经济区（European Economic Area，包括冰岛、列支敦士登）的其他国家称为第三国。根据不同领域，欧盟公布不同的第三国名单。参见"EU, EFTA and third countries". https：//www. employland. de/knowledge/eu-efta-and-third-countries, 2022 - 06 - 27.

(三) 适用范围

尽管欧盟制裁措施旨在对非欧盟国家产生影响，但其本质上仍属外交政策工具，仅在欧盟管辖范围内发生效力。易言之，欧盟制裁措施仅对欧盟国民、位于欧盟或在其境内开展业务的主体具有约束力。各成员国制定有效、合比例和劝诫性的惩罚措施，以保障欧盟制裁措施的执行，并负有查明违反制裁措施相关行为的义务。

二 欧盟制裁的分工合作机制

在充分尊重国际法的前提下，欧盟理事会、高级代表和欧盟委员会在欧盟制裁的设计、实施方面具有细致分工。欧盟委员会（Commission）作为制裁立法的守卫者（guardian），监管立法实施并确保制裁措施在欧盟范围内的统一适用。确保制裁立法的有效实施是欧盟委员会的第一要务。欧盟委员会有权就相关立法向成员国提供解释意见，或者为立法实施提供指导。欧盟委员会还对制裁执行具有监督功能，对未遵守欧盟法律义务的成员国启动侵权诉讼程序。欧盟委员会、各成员国国家主管当局（NCAs）与欧盟运营商通过定期交换信息机制等保持密切联系，并后者提供合法开展业务的指导和支持。

欧盟委员会专门设立金融稳定、金融服务和资本市场联盟（Financial Stability, Financial Services and Capital Markets Union，简称 DG FISMA），旨在维护金融稳定、保护储户和投资者、打击金融犯罪。[1] 同时，该联盟负责制裁措施的相关工作：一是准备制裁条例的提案，由欧盟理事会决定通过。二是代表欧盟委员会参与"欧盟理事会外交关系顾问工作组（Council Working Party of Foreign Relations Counsellors）"，与成员国就制裁措施进行磋商。三是将联合国制裁措施纳入欧盟法律体

---

[1] European Commission, "Mission statement-financial stability, financial services and capital markets union". https://ec.europa.eu/info/departments/financial-stability-financial-services-and-capital-markets-union/mission-statement-financial-stability-financial-services-and-capital-markets-union_ en, 2022 – 06 – 27.

系。四是代表欧盟委员会监督欧盟制裁措施在各成员国的实施，如解答各成员国主管部门等提出的条例解释问题。2020年，欧盟委员会主席冯德莱恩任命梅里德·麦吉尼斯（Mairead McGuinness）为负责该联盟的新任专员。在梅里德·麦吉尼斯的使命信中，要求其为形成更具韧性[①]的欧盟制裁措施提供建议，并确保欧盟制裁措施得到切实执行。这一点也反映在欧盟委员会的2020年工作计划（2020 Commission Work Programme）中。具体体现为：一是在该工作计划附件1中，制裁措施被作为金融主权倡议的组成部分，旨在强化欧盟的经济和金融主权。二是体现在该工作计划附件4第24条中，原有2015年向关于欧洲议会和理事会提交的立法提案"防止第三国通过立法域外适用及以其为基础采取或由其产生的行动在欧盟产生效果"，将被附件1中规定的强化制裁机制的新倡议所取代。[②]

三 欧盟制裁中的成员国责任

各成员国的责任：（1）负责欧盟制裁的实施，查处违反欧盟制裁的行为并给予处罚。（2）各成员国有义务通过国家立法，确定对于违反欧盟制裁的行为实施有效、合比例和劝诫性的处罚。就处罚设定而

---

① "resilience"一词目前翻译方式不同：一是被译为"适应力"，参见"欧盟外交与安全政策的全球战略"报告中文版。二是被译为"复原力"，如杨海峰在分析欧盟的全球战略时认为该词不仅指一个国家和社会具有经受住打击的韧劲，而且具有能恢复甚至改革发展能力的含义。在社会心理学、行政管理学等其他学科中，已有学者将该词译作"复原力"。参见杨海峰《有原则的务实主义——欧盟外交与安全政策的全球战略评析》，《欧洲研究》2016年第5期。三是被译为"韧性"，强调"适应力"或"复原力"仅描述出该概念内涵的诸多维度中的一个，因而使用韧性以在概念外延上涵盖且超出"适应力"或"复原力"。参见严骁骁《韧性研究：对安全治理的批判性反思及其超越》，载《欧洲研究》2017年第2期。具体到欧盟制裁领域，由于欧盟金融市场提供全球存款和信息服务，金融业务受到第三国法律和政策影响。为避免受到其他国家的破坏，包括第三国法域外管辖的干涉，欧盟提出保持其金融基础设施的全球影响力，而resilience也被用于表征欧盟金融市场基础设施应对上述问题的发展方向。故而采用最为广义的第三类翻译，即"韧性"。

② "Annexes to the Communication from the Commission to the European Parliament, the Council, the European Economic and Social Committee and the Committee of the Regions Commission Work Programme 2020". https://eur-lex.europa.eu/resource.html? uri = cellar: 7ae642ea-4340-11ea-b81b-01aa75ed71a1.0002.02/DOC_ 2&format = PDF, 2022 - 06 - 27.

言，欧盟的原则立场是，制裁措施应始终坚持尽量减少对非制裁目标人员的不人道影响或意外后果，并通过定期审查制裁制度和例外制度来确保合比例性，如制裁措施一般不调整满足人的基本需求的货物、医疗药品和人道主义援助。（3）各成员国与欧盟委员会与有义务就违反欧盟制裁和执法相关问题交换信息。（4）特定情况下欧盟理事会所采取的武器禁运和旅行禁令等制裁措施，对于成员国具有约束力，各成员国必须采取必要措施，防止制裁人员进入或过境其领土。值得注意的是，武器禁运和旅行禁令被规定于理事会决定（Council Decision），而非理事会条例（Council Regulation）之中。欧盟委员会因而不具有监督其实施或启动侵权程序的权限。唯一的例外是与武器禁运有关的部分规定——如禁止提供技术和财政援助——已在理事会条例中作出规定的除外。①

四　欧盟制裁的"吹哨人"机制

分享有关违反欧盟制裁的信息将有助于欧盟各成员国正在进行的调查，并提高欧盟制裁的有效性。个人可自愿向欧盟委员会提供相关信息，包括不为公众所知晓的相关事实，涵盖过去开始实施、正在进行或密谋计划中违反欧盟制裁措施的行为。两种举报方式：一是实名举报，该方式要求举报人提供个人信息，因而更具可信度；二是匿名举报，通过高度安全的举报人平台发送匿名消息。

欧盟人道主义援助联络点（EU-level contact point for humanitarian aid），是欧盟制裁措施中专门设置的人道主义通道，向欧盟运营商提供有关人道主义例外申请的指导，并帮助有关会员国当局提供初步答复和实际支持。

五　欧盟制裁的强化路径

2021年1月19日，欧盟委员会在题为《欧洲经济和金融体系：提

---

① European Commission, "Frequently asked questions: Restrictive measures (sanctions)". https://ec.europa.eu/commission/presscorner/detail/en/qanda_22_1401, 2022-06-27.

升开放性、实力和韧性》（The European economic and financial system: fostering openness, strength and resilience）的"欧盟委员会与欧洲议会、欧洲理事会、欧洲中央银行、欧洲经济和社会委员会以及各地区委员会的通讯"（COM（2021）32）中，提出一系列强化制裁机制和统一执行的建议，要求提高欧盟对第三国采取的非法域外单边制裁和其他措施所产生影响的抵御能力。该通讯是强化欧盟战略自主权的组成部分。[1] 其中指出，欧盟制定更为有效的应对第三国法域外适用中的单边制裁和其他措施的相关政策，更为迅速、有力、有效地实施制裁措施，有利于欧盟实现战略自主和恢复能力。制裁措施作为欧盟外交政策工具箱的组成部分，将与欧元国际化、金融部门改革一同成为欧盟捍卫其国际利益和价值观的重要工具。基于上述认识，欧盟将围绕三大支柱采取行动：一是强化欧元的国际作用；二是进一步发展欧盟金融市场基础设施并增强其韧性（resilience），包括对第三国域外制裁和其他措施的应对；三是进一步推动欧盟制裁的统一实施。

欧盟委员会将从以下十一方面入手采取具体措施：

第一，欧盟委员会自2021年起评估欧盟制裁的有效性，包括制裁措施对受制裁对象的经济影响、欧盟与有关国家之间的贸易模式、对欧盟企业、人道主义援助提供的经济影响。基于评估结果，欧盟委员会将与高级代表协调，提出强化欧盟制裁立法的有效性的针对性建议。

第二，对于金融市场基础设施受制于第三国法域外适用的短板进行彻底剖析。在金融市场基础设施领域，欧盟金融市场提供全球存款和信息服务，金融业务受到第三国法律和政策影响。为避免受到第三国的破坏，包括第三国法域外管辖的干涉，保持欧盟金融市场基础设施的全球"触角"极为关键。为此，在"关键行动7"中，欧盟委员会强调将与

---

[1] 欧盟战略自主涵盖五大领域：外交与安全、经济、数字化、气候变化与卫生健康。核心动因是增强欧盟的自主性，使欧盟成为多极世界中独立发挥作用的重要一极，能够在欧洲和世界上有效维护欧洲利益，避免沦为大国博弈的棋子。其目标是在安全上减少对美国和北约的依赖，经济上减少对中国的依赖，实现供应链多元化。概括而言，推动战略自主是欧盟在内外危机综合作用下的选择，包括欧债危机、难民危机、民粹主义等内部危机，欧美分歧、中国的竞争、俄罗斯的"安全威胁"等外部压力。参见高乔《欧盟战略自主如何梦想成真？》，《人民日报海外版》2022年1月29日第6版。

金融市场基础设施公司合作，与欧洲央行和相关监管机构按照各自权限共同参与禁令，针对金融市场基础设施受制于第三国法域外适用的单边制裁和相关措施的安全性进行分析。以此为基础，欧盟委员会将评估提出改革建议的必要性，并为欧盟提供金融市场基础设施应对第三国不当干预的一系列工具。

第三，探索进一步提高贸易结算支持机制等工具有效性的方法。在资本流动和金融服务全球化领域，第三国法域外适用中的单边制裁和其他措施严重影响了欧盟及其成员国外交目标的推进、国际条约的履行以及与受制裁国家双边关系的控制。并且，第三国单边行动往往损害了欧盟企业在其他国家或与其他国家的合法贸易和投资。为此，德国、法国和英国在欧盟委员会和欧洲对外行动署（European External Action Service，简称 EEAS）的技术和财政支持下，启动同伊朗贸易新机制，建立了贸易结算支持机制（Instrument in Support of Trade Exchanges），作为促进欧盟和伊朗之间合法贸易支付的专用工具。该工具于 2019 年 1 月推出，比利时、丹麦、芬兰、荷兰、瑞典和挪威此后相继加入。欧盟委员会与欧洲对外行动署合作探索确保欧盟与其贸易伙伴之间安全且不间断的基本金融服务，并保障欧盟运营商在多边条约和欧盟框架内的合法运营。为此，欧盟在"关键行动9"中提出，将探索进一步提高贸易结算支持机制等工具有效性的方法。

第四，欧盟委员会将设立由成员国代表组成的制裁和域外适用问题专家组。欧洲对外行动署代表将协助该专家小组开展工作。该小组负责解决欧盟阻却立法实施的相关技术问题，并进一步提升欧盟应对第三国单边制裁能力。

第五，欧盟委员会着力开发"制裁信息交换数据库"（Sanctions Information Exchange Repository），方便欧盟各成员国与欧盟委员会之间就制裁实施迅速通报并交换信息（规定于"关键行动10"）。欧盟委员会将收集专业信息和相关数据，并评估重新审视现行成员国报告义务的必要性。

第六，欧盟委员会将对规避和破坏制裁措施的行为进行调查，包括使用加密货币和稳定代币（stablecoins）的行为。调查结果将为2022年立法提案、实施指南提供基础。

第七，就跨境制裁相关事项建立联络协调机制（规定于"关键行动11"）。目前，各成员国在处理活跃于多个成员国的欧盟运营商的授权申请时，通常不会获知其他国家处理平行申请的情况以及已经发布的决定。这可能导致欧盟成员国之间制裁实施的不协调状况。欧盟委员会将与各成员国合作，建立集中通知和信息传送的统一系统。此外，欧盟委员会将与各成员国就欧盟制裁的实施标准和方式进行沟通，以确保采取统一的方法。上述内容也可在专家组中进行讨论。

第八，欧盟委员会将与各成员国及其国际伙伴合作开展最高水平的尽职调查，确保欧盟对外援助资金的使用完全符合欧盟制裁措施的要求，并进一步提高这一方面的国际合作（规定于"关键行动12"）。

第九，为提升欧盟制裁协调执行的监督效能，欧盟委员会创建匿名举报的专用工具，并提供必要的保密保障（规定于"关键行动13"）。2022年上半年，欧盟委员会制定从发现不遵守欧盟制裁行为至在欧盟法院审理案件的路线图（包括标准和时间表）。欧盟委员会与成员国合作，确保各国对违反欧盟制裁的处罚是有效的、合比例的和具有劝阻性的。

第十，加强制裁国际合作，强化现有应对工具，并创设新的应对工具（规定于"关键行动14"）。近年来，某些国家增强了运用制裁等措施来影响欧盟运营商行为的能力。欧盟认为，限制欧盟运营商的第三国法域外适用威胁到欧盟单一市场和金融体系的完整性，降低了欧盟外交政策的有效性，并对合法贸易投资造成压力，因而违反了国际法的基本原则。欧盟致力于与盟国和伙伴保持密切协调，最大限度地调整制裁制度，防止第三国采用在范围、实质上与欧盟不同的制裁措施。欧盟委员会和高级代表将根据各自的职责，与第三方合作伙伴，特别是七国集团就制裁问题进行定期对话与合作，以确保更好地协调制裁及其执行问题的决定，并向国际社会揭示对于第三国制裁措施域外适用的担忧。

第十一，欧盟委员会考虑进一步阻却、抵制第三国对欧盟运营商非法实施域外单边制裁的政策选择，包括修订第2271/96号条例（规定于"关键行动15"）。第三国域外单边制裁的增多导致欧盟应当探寻并增加应对措施，并强化威慑力。欧盟采取三个方面的措施：一是将强化非贸易领域反制措施的阻断立法。二是欧盟委员会将对政策选项进行全面反思，实现应对工具箱的现代化，采取新的应对工具来保护欧盟运营商在欧盟法律框架下的合法运营。三是欧盟委员会对其贸易政策进行审查，并在 2021 年底前提出阻却和抵制第三国制裁的提案。[1]

---

[1] European Commission, "Communication: The European economic and financial system: fostering openness, strength and resilience", https://ec.europa.eu/info/publications/210119-economic-financial-system-communication_en, 2022-06-01.

第十六章　加拿大阻断立法

加拿大阻断立法肇始于 20 世纪 50 年代。从地方层面而言，魁北克省于 1958 年出台《商业焦点记录法》(Business Concerns Records Act)，安大略省于 1970 年出台《商业记录保护法》(Business Records Protection Act)。从联邦层面而言，加拿大 1952 年出台《联合调查法》(Combines Investigation Act)，其中第 31.5 条系对于外国法院判决的阻断条款。[①] 目前，加拿大联邦体系中阻断立法的主要渊源是 1985 年颁布的《外国域外措施法》(Foreign Extraterritorial Measures Act) 以及根据该法所发布的两项命令——1992 年《外国域外措施（美国）令》(Foreign Extraterritorial Measures (United States) Order) 和 2014 年《特定外国域外措施（美国）令》(Certain Foreign Extraterritorial Measures (United States) Order)。这是加拿大针对具有域外效力并且可能影响加拿大公民和实体利益的外国法所作出的法律回应。

一　加拿大阻断美国次级制裁的斗争历史

20 世纪 60 年代开始，美国对古巴采取经济制裁和禁运措施。1963 年《古巴资产控制条例》(Cuban Assets Control Regulations) 禁止受美国管辖的个人与古巴进行贸易或前往古巴，仅有少数例外。1996 年，美国制定《赫尔姆斯-伯顿法》。由于遭到世界各国的强烈反对，该法具

---

① Mark Brodeur, Court Ordered Violations of Foreign Bank Secrecy and Blocking Laws: Solving the Extraterritorial Dilemma, 1988 U. ILL. L. REV. 563 (1988).

有域外效果的第三章于1996年8月即被宣布暂停实施半年。①

《赫尔姆斯-伯顿法》第三章"保护美国国民的财产权"系该法的核心内容。② 其中第302条规定，1959年1月1日及之后被古巴政府没收财产的美国国民，有权在美国法院向参与贩运（traffics）没收财产的任何人提起损害赔偿诉讼，获得外国理赔委员会抑或法院确定的赔偿额中最高部分（该法第302条至303条规定），其中也包括诉讼费用的赔偿。一旦原告向被告告知其所拥有或正在贩运的商品违反《赫尔姆斯-伯顿法》并经过三十天之后方才起诉的，损害赔偿将自动增加三倍（该法第302条规定）。贩运，在第一章"短标题、目录"第4条第13款中被广泛定义为包括在未经美国国民授权的情况下出售、转让、分发、分配、经纪、管理、处置、购买、租赁、接收、拥有、控制、使用或以其他方式持有或掌握被没收财产权益的行为，还包括未经授权使用没收财产或以其他方式从没收财产中受益的商业活动。而"没收"和"财产"的界定也很宽泛，指古巴政府将不动产和个人财产国有化、没收、扣押或者债务拒付等情形。古巴将所有外资企业财产无偿国有化，包括公用事业公司、采矿业、酒店、糖厂和烟草以及其他农业经营。实际上，与此类财产有商业联系的任何个人或公司都可能牵涉《赫尔姆斯-伯顿法》第三章诉讼。

《赫尔姆斯-伯顿法》第三章还隐藏着深层次的诉讼问题：一是有权根据1949年《国际索赔解决法》提出古巴财产被没收的索赔但未能提起诉讼的美国国民不得根据《赫尔姆斯-伯顿法》提起赔偿诉讼。二是在美的古巴难民不能就其被没收的财产立即依据《赫尔姆斯-伯顿法》提起相关诉讼，原因在于其身份仍是难民，而尚未取得美国公民资格。其必须在该法颁布生效后两年方可有权主张获得赔偿。三是《赫尔姆斯-伯顿法》规定了限制诉讼数量的争议限额。唯有超过五万

---

① 有学者将此处 Title III 译为第三条或第三篇并不准确。实际上，Title III 是指该法第三章第301条至306条的内容。

② Muriel van den Berg, "The Cuban Liberty and Democratic Solidarity Act: Violations of International Law and the Response of Key American Trade Partners", 21 *MD. J. Int'l L. & Trade* 279 (1997).

美元的被征用财产当事人方可提起诉讼,这一金额中不包含利息、成本和律师费用。从当时情况来看,这一高门槛将作为中产阶级的古巴移民排除在外,而仅仅赋予了最为富裕的阶层以索赔权利。[1] 迄今为止,美国政府已经许可了 5913 起被没收的财产索赔,价值约为 80 亿美元。[2]《赫尔姆斯－伯顿法》授权美国总统在向国会书面报告后,可将第三章生效期限推迟六个月(规定于《赫尔姆斯－伯顿法》第 306 条)。

《赫尔姆斯－伯顿法》第四章第 401 条"驱逐特定外国人"规定将以下个人驱逐出美国:一是没收财产或者指挥、监督没收财产之人;二是贩运没收财产的;三是参与没收财产或贩运没收财产的实体的、具有控股权益的高管、负责人或股东;四是前述人员的配偶、未成年子女及其代理人。

美国根据该法把同古巴有经贸关系的一些跨国公司列入了"黑名单"意欲制裁。与古巴合作开发石油和镍矿的加拿大谢里特国际矿业公司首当其冲,该公司于 1996 年 7 月 10 日被告知若在 45 天内拒不撤出在古巴的投资,将被美国列入拒发签证的名单。[3] 截至 1996 年 7 月底,共有 20 家加拿大公司被列为首批受到惩罚的名单之列。[4]《赫尔姆斯－伯顿法》第三章的域外管辖效力遭到了国际社会的一致反对和谴责:该法是美国不当行使域外管辖权并违反国际法的行为。在外交和政治层面,美国的盟友——加拿大和墨西哥——率先对该法案表达了强烈的抗议。[5] 加拿大很快联合墨西哥向美洲国家组织第 26 届大会提出议案,要求严厉谴责美国企图强化对古巴经济封锁的《赫尔姆斯－伯顿法》。这项议案最终以 23 票对 1 票获得通过。1996 年 5 月,中美洲六国领导人应邀访问加拿大,在联合公报中,七国表示坚决反对美国

---

[1] Louis F. Desloge, The Greatest Embargo Scam-A Little Known Loophole Will Allow the Richest to Cash In, *WASH. POST*, Mar. 3, 1996.

[2] "Completed Programs Cuba". https://www.justice.gov/fcsc/claims-against-cuba, 2022-04-29.

[3] 宋晓平:《赫尔姆斯－伯顿法及其与国际社会的冲突》,《拉丁美洲研究》1997 年第 6 期。

[4] Russell C. Trice, "Helms-Burton: Canada and Mexico v. the United States Blocking Legislation Is an Unwise Barrier between Neighbors", 4 *Sw. J. L. & Trade Am.* 87 (1997).

[5] 邹德浩:《加拿大顶住美国压力继续投资古巴》,《人民日报》1996 年 4 月 11 日第 7 版。

"单方面实施影响第三国的任何措施",指出该作法背离了自由贸易的原则和规定。① 从欧盟情况来看,1992 年《古巴民主法》通过之时,欧盟各成员国尚无法就阻断立法达成必要共识。而当《赫尔姆斯-伯顿法》在 1996 年 3 月通过仅仅半年有余,即 1996 年 10 月 28 日,欧盟就批准了阻断立法,这反映出《赫尔姆斯-伯顿法》对于欧盟各成员国的影响之深。② 联合国也通过决议对此予以谴责。③

由于欧盟、加拿大等国家和地区所采取的阻断立法仅仅在其范围内赋予本国当事人以追偿权,并不可能完全克服《赫尔姆斯-伯顿法》的潜在影响,因此,1996 年 10 月,欧盟正式要求启动世界贸易组织的争端解决小组。加拿大也作为第三方随之加入进来。主张美国干涉其他国家与古巴之间商业贸易的行为违反了关贸总协定第 11 条取消一般性数量限制的规定,并与第 23 条根据美贸易承诺而合理期望获得利益的规定背道而驰。④ 为此,美国总统克林顿依据《赫尔姆斯-伯顿法》第 306 条规定决定推迟该法的生效期限,以缓和与加拿大等国的紧张关系。⑤

加拿大最初于 1985 年颁布了《外国域外措施法》,以保护加拿大被告免受与美国反垄断法的域外管辖以及由此带来的重大损害赔偿管辖。⑥ 主要目标是美国所开展的涉嫌铀卡特尔和加拿大银行的各种离岸活动的全球调查。⑦ 因应《赫尔姆斯-伯顿法》的出台,该法在 1996 年 9 月进行修正,并于 1997 年 1 月 1 日起开始生效。根据这一修订,

---

① 陈刚:《〈赫尔姆斯-伯顿法〉引起的美加冲突》,《美国研究》2001 年第 3 期。
② Muriel van den Berg, "The Cuban Liberty and Democratic Solidarity Act: Violations of International Law and the Response of Key American Trade Partners", 21 MD. J. Int'l L. & Trade 279 (1997).
③ 叶研、刘玉翠、高晓姝:《论美国"赫尔姆斯-伯顿法"第三编》,《拉丁美洲研究》2020 年第 4 期。
④ 陈刚:《〈赫尔姆斯-伯顿法〉引起的美加冲突》,《美国研究》2001 年第 3 期。
⑤ 《赫尔姆斯-伯顿法》授权美国总统在向国会书面报告后,可将第三章生效期限推迟六个月(规定于《赫尔姆斯-伯顿法》第 306 条)。
⑥ Peter Glossop, "Canada's Foreign Extraterritorial Measures Act and U. S. Restrictions on Trade with Cuba", https://scholar.smu.edu/cgi/viewcontent.cgi?article=1799&context=til, 2022-06-27.
⑦ H. Scott Fairley, John Currie. Projecting Beyond the Boundaries: A Canadian Perspective on the Double-Edged Sword of Extraterritorial Acts, in M. Young & Yuji Iwasawa, eds., Trilateral Perspectives in International Legal Issues: Relevance of Domestic Law and Policy, Brill-Nijhoff, 1996, pp. 119-124.

任何依据《赫尔姆斯伯顿法》作出的判决不会在加拿大得到承认或执行；违反加拿大立法的公司将被处以最高150万加元的罚款，个人将面临最高5年的监禁；作为此类判决对象的加拿大公民、居民或公司可在获得加拿大司法部长的命令后，寻求在加拿大提起诉讼，追回任何损失，包括所有诉讼费用、以及因执行判决而遭受的任何损失。并且，加拿大主体无需等到《赫尔姆斯－伯顿法》第三章诉讼结束后才寻求追回这些诉讼费用。经加拿大司法部长同意，可在《赫尔姆斯－伯顿法》第三章诉讼期间的任何时间提起诉讼。然而，《外国域外措施法》修正案并未为对依据《赫尔姆斯－伯顿法》第四章被驱逐出美国或被拒绝进入美国的加拿大人提供任何追索权。此外，根据《外国域外措施法》发布的加拿大1992年《外国域外措施（美国）令》，对于加拿大公司、董事和高级职员以及特定情况下对于经理和雇员，规定了积极的合规和报告义务，旨在对抗美国制裁古巴法律的域外适用。1992年《外国域外措施（美国）令》明文规定阻断《古巴资产控制条例》和其他旨在防止、阻碍或减少加拿大与古巴之间商业贸易的立法。

奥巴马政府时期，《赫尔姆斯－伯顿法》中的前述限制已经放宽。然而，特朗普在2017年6月推出了一项新的"古巴政策"，重新对古巴施加限制措施；并于2019年重新启用《赫尔姆斯－伯顿法》第三章（Title III）和第四章（Title IV）。《赫尔姆斯－伯顿法》的重启再次引发了国际社会的强烈抗议。国际政治层面，欧盟认为这是对美国与欧盟此前所达成政治协议的违反，认为美国行使域外管辖权的单边限制性措施违反国际法，并表示将采取所有适当的措施来消除该法的影响，加拿大、日本和墨西哥等国也纷纷表达了类似的立场。法律层面，欧盟同加拿大发布了联合声明，表示将共同在世界贸易组织维护本国企业的利益，并使用阻断法来阻断《赫尔姆斯－伯顿法》在本国的效力，并将对美国采取反制措施来对抗第三编的重启。[①]

[①] 叶研、刘玉翠、高晓姝：《论美国"赫尔姆斯－伯顿法"第三编》，《拉丁美洲研究》2020年第4期。

《赫尔姆斯－伯顿法》被加拿大最高法院和学界认定为对加拿大主权的侵犯。在沃尔玛出售古巴睡衣事件中，当古巴所产睡衣在加拿大连锁超市中销售的事实被曝光后，沃尔玛美国总部要求加拿大分支机构撤下相关产品，而加拿大外交部、国内贸易部、司法部责令将产品重新上架销售。为此，沃尔玛总部谴责其加拿大子公司无视其明确指示的行为，而美国外国资产控制办公室（OFAC）表示将审查沃尔玛的行为。最终，沃尔玛美国公司以和解的方式向美国外国资产控制办公室支付了5万美元的罚款了结这一纠纷。[1] 对美加两国公司和个人而言，两国政府截然相反的外交政策逼迫其陷入两难境地。而这一领域美国法域外适用和加拿大阻断立法罕有司法案例，也表明两国检察机关均了解这一困境，并以克制启动公诉的方式处理此类棘手问题。易言之，要求司法机关介入此类政治纷争将是堂·吉诃德式"不可能的梦"。[2]

二　《外国域外措施法》

加拿大《外国域外措施法》是反制美国法域外适用的标志性立法，该法又被称为阻断立法，旨在限制外国法域外适用对加拿大产生影响。从本质上而言，其是一项授权法令，即授权加拿大司法部长发布命令阻止外国法域外措施的效力波及加拿大。[3] 一国法适用于另一国主体，被称为"域外"适用。该法第1条规定：对于影响国际贸易或商业的外国或外国法院的措施以及在加拿大承认和执行某些外国判决，授权拒绝制作记录并提供信息给外国法院的诉讼程序。迄今为止，加拿大《外国域外措施法》仅被用于禁止加拿大主体遵守美国对古巴实施的具有

---

[1] John W. Boscariol, An Anatomy of a Cuban Pyjama Crisis: Reconsidering Blocking Legislation in Response to Extraterritorial Trade Measures of the United States, 30 Law & Pol'y Int'l Bus. 439 (1999).

[2] H. Scott Fairley, Between Scylla and Charybdis: The U. S. Embargo of Cuba and Canadian Foreign Extraterritorial Measures against It, 44 Int'l Law. 887 (2010).

[3] William C. Graham, The Foreign Extraterritorial Measures Act, 11 Can. Bus. L. J. 410 (1986).

域外效力的次级制裁。①

加拿大1984年《外国域外措施法》形成了四个方面的阻断措施：

一是禁止向外国法院披露文件和记录。该法第3条规定：加拿大司法部长在认定外国法院已经行使、正在行使、正在提议或可能行使的管辖权或权力行使，已经严重威胁或者可能严重威胁到至少有一家全部或部分业务在加拿大开展的企业参与的国际贸易或者商事活动中加拿大的重要利益时，有权禁止向域外法院提供、披露和确认在加拿大境内的以及由加拿大公民或居民所掌握或控制的文件和记录的行为，禁止从事有可能导致相关文件记录的内容被确认信息披露行为，禁止任何加拿大公民或居民从事上述行为。

二是禁止遵守外国措施、法院判决。该法第5条规定：加拿大司法部长针对其他国家或者外国法院已经、正在或者有可能采取的相关措施，已经严重威胁或可能威胁到至少有一家全部或部分业务在加拿大开展的企业参与的国际贸易或者商事活动中加拿大的重要利益，或者已经侵犯或者可能侵犯加拿大主权时，在征得加拿大外交大臣同意的前提下，有权要求加拿大境内的任何人向其报告此类措施，与此有关的任何指令、指示、政策暗示，以及与有能力对前述措施产生直接指示或影响的在加拿大境内人员的所有交流信息；并有权禁止加拿大境内的任何人执行此类措施，有权禁止加拿大境内的任何人执行与此有关的自任何能够指标或者影响加拿大境内主体执行此类措施的主体处发出的任何指令、指示、政策暗示或者交流。

三是拒绝承认、履行外国判决。该法第8（1）条规定：加拿大司法部长认定承认或执行外国法院有关反垄断法的判决，对于至少有一家全部或部分业务在加拿大开展的企业参与的国际贸易或者商事活动中的加拿大的重要利益，已经产生或可能产生负面影响时，或者已经侵犯或者可能侵犯加拿大主权时，有权拒绝承认、执行该项外国判决；对于金钱赔偿判决的承认、执行，司法部长有权自行决定赔偿数额。同时，该

---

① Department of Justice of Canada, Foreign Extraterritorial Measures Act (FEMA) Fact Sheet. https://justice.gc.ca/eng/rp-pr/csj-sjc/fema.html, 2022-06-07.

法第 8（1.1）条规定：加拿大司法部长认定承认或执行外国法院有关外国贸易法的判决，对于加拿大重要利益已经产生或可能产生负面影响时，有权拒绝承认、执行该项外国判决；对于金钱赔偿判决的承认、执行，司法部长有权自行决定赔偿数额。

四是追偿损失。该法第 9 条规定：遭受国外法院判决的加拿大公民、居民，成立于加拿大的公司、或依据加拿大法律成立的公司，加拿大各省、在加拿大经商之人等，有权向加拿大法院起诉追讨在国外法院被判定赔偿的金钱数额、诉讼费用和其他损失。

三 1992 年《外国域外措施（美国）令》

在《外国域外措施法》的授权下，加拿大于 1992 年颁布了《外国域外措施（美国）令》。该命令颁布的直接动因是美国通过《古巴资产控制条例》（Cuban Assets Control Regulation）扩大对古巴商贸制裁的域外效力，阻碍或者减少古巴与其他国家之间的商业往来。加拿大通过上述命令阻断美国法的域外管辖效力。该命令于 1996 年进行了修订，将美国各级政府为阻碍加拿大和古巴之间的商贸活动而采取的所有域外措施涵盖其中。

第一，该命令中规定的"加拿大公司"，是指根据加拿大或各省法律注册或成立的公司，并在加拿大全境或部分地区开展业务。这意味着在加拿大注册并在加拿大开展业务的美国公司的附属机构，即使是小微企业，也属于该命令的规制对象。

第二，对于在古巴开展业务的加拿大公司而言，1992 年《外国域外措施（美国）令》规定了两项重要要求：通知义务和履行义务。

首先，通知义务。任何加拿大公司及其董事、高级职员应立即将其从指导、影响该公司决策之主体处所收到的，影响加拿大与古巴之间商贸活动的有关美国域外措施的指令、指示、政策暗示或其他通讯等报告加拿大司法部长（规定于 1992 年《外国域外措施（美国）令》第 3（1）条。此处"指令、指示、政策暗示或其他通讯"的含义没有进一步加以明确。但实务中很可能会被解释为在性质上类似于指令、指示和政策暗示的、具有指导性的任何通信方式（以下简称指令）。① 任何通信接收者有义务向加拿大司法部长报告以下内容：发出指令的主体的姓名和身份、将指令通知接受者的主体的姓名和身份、书面通知的全文、非书面形式通知的主要目的、收到通知的日期、该通知内容拟生效的期限（规定于1992年《外国域外措施（美国）令》第4条）。

其次，合规义务（Compliance Obligations）。1992年《外国域外措施（美国）令》第5条规定，禁止任何公司及其董事、高级职员、经理、雇员遵守任何影响加拿大与古巴之间商贸活动的美国域外措施、以及根据该措施发出的任何指令。这一禁令具有相当广泛的调整范围：一是涵盖所有遵守美国有关古巴域外制裁的作为或不作为方式（规定于1992年《外国域外措施（美国）令》第6条）。二是不以遵守该措施或指令作为目的限制，即不论该作为或不作为是否以遵守美国法为唯一目的。三是尽管上述通知义务适用于加拿大公司及其董事和高级管理人员，而合规要求也适用于经理或雇员。易言之，尽管公司经理、雇员不需要就其收到的指令通知司法部长，但有义务确保不遵守与美国有关古巴的域外措施以及根据该措施发出的任何指令。四是该命令"加拿大和古巴之间的商贸活动"包含商品贸易、服务贸易和技术贸易，并涵盖美国法中所谓"指定国民""特别指定国民"的商贸活动。所谓"指定国民""特别指定国民"，是指资产被美国政府封锁并且美国人被禁止与之开展交易的个人或公司。

由此，被美国公司控股的加拿大公司以及在美国设有分支机构的加拿大公司，由于美国与加拿大之间的法律冲突，在寻求与古巴之间的商业合作时将面临悖论式困境（catch-22）：如果加拿大公司遵守美国法律，将面临加拿大《外国域外措施法》的严厉制裁；另一方面，如果该公司不遵守美国法律，将面临美国禁止与古巴进行贸易的法律的严厉制裁。这一问题经常出现于以下两类情形：一是在古巴拥有业务的加拿大公司

---

① Danica Doucette-Preville, Wendy Wagner, "Canada's Foreign Extraterritorial Measures Act A Backgrounder for Doing Business in Cuba", https://www.mondaq.com/canada/export-controls-trade-investment-sanctions/531278/canada39s-foreign-extraterritorial-measures-act-a-backgrounder-for-doing-business-in-cuba，2022-06-24.

与美国公司发生合并的状况;二是出口货物至古巴的加拿大公司。[1]

第三,违法责任。违反1992年《外国域外措施(美国)令》的行为将面临刑事处罚。该命令第7条规定,循公诉程序定罪的,对公司最高处以150万加元的罚款,对个人处以15万加元的罚款,并处或替代最长5年的监禁;循即决定罪程序的,对公司的最高罚款为15万加元,对个人的最高罚款为1.5万加元,并处或单处最高两年的监禁。

第四,隶属于美国公司的加拿大子公司——当然受到包括阻断立法在内的加拿大法律约束。受制于美国法的域外适用,前述加拿大子公司也受到禁止与古巴开展业务的美国法律调整。为遵守加拿大阻断立法,上述加拿大子公司可通过公司规定、培训或其他方式,尽量避免对该公司活动施加直接影响的人员与古巴发生联系。但随着美古关系的破冰,美国进一步放松对古巴商贸的限制,此类交流的可能性实际上已经在增加。[2] 例如,美国公司正探索在古巴开展新业务的契机,并要求其加拿大子公司服从相关安排。但是,如果美国公司获悉由于美国法律适用而导致其拟进行的交易不可能继续实施,并将其告知加拿大子公司,则将触发加拿大子公司的通知义务。在许多情况下,加拿大子公司及其美国母公司别无选择,只能遵守更为严格的美国法律,导致加拿大子公司及其高级职员、董事和雇员处于不得不违反加拿大阻断立法中的合规义务。通知加拿大政府该公司即将违反加拿大法律并不理想。总之,随着美国公司开始探索他们在古巴可以拓展的业务领域,并将这些机会、同时也是风险传导给加拿大子公司,美国对古巴制裁的松绑引发了更多潜在的义务冲突。[3]

---

[1] Danica Doucette-Preville, Wendy Wagner, "Canada's Foreign Extraterritorial Measures Act-A Backgrounder for Doing Business in Cuba", https://www.mondaq.com/canada/export-controls-trade-investment-sanctions/531278/canada39s-foreign-extraterritorial-measures-act-a-backgrounder-for-doing-business-in-cuba, 2022-06-24.

[2] 2014年以来,美国宣布将恢复与古巴的外交关系,解除对古巴的贸易和旅行禁令,放松对古巴的经济封锁。

[3] Danica Doucette-Preville, Wendy Wagner, "Canada's Foreign Extraterritorial Measures Act-A Backgrounder for Doing Business in Cuba", https://www.mondaq.com/canada/export-controls-trade-investment-sanctions/531278/canada39s-foreign-extraterritorial-measures-act-a-backgrounder-for-doing-business-in-cuba, 2022-06-24.

第五，若加拿大公司出于商业原因（如利润率不足等）选择遵守美国法律，停止在古巴寻求商业合作。根据1992年《外国域外措施（美国）令》第6条规定，加拿大公司及其董事、高级职员、经理或雇员放弃此类商业利益，从而阻碍或减少加拿大与古巴之间的商贸往来，将被认定为遵守美国立法，而违反该命令的规定义务。因此，加拿大公司应仔细记录其不在古巴寻求商业机会的原因。更为重要的是，1992年《外国域外措施（美国）令》的相关规定尚未在司法实践中被作出解释。例如，该命令阻止加拿大公司遵守美国域外措施，但文字表述上将其限定为可能防止、阻碍或减少加拿大与古巴之间商贸往来的域外措施。由此可能引发的争议是，并非所有与古巴发生的交易都被加拿大阻断立法所调整，即遵守美国域外措施但并不影响加古贸易的行为并不违反加拿大阻断立法。例如，加拿大子公司需经美国政府授权才能与古巴开展业务，寻求此类授权的行为涉及遵守美国法律，但其本身不得被视为违反1992年《外国域外措施（美国）令》。[①]

第六，针对原产于美国货物的出口管制。美国法直接调整美国原产商品或技术经由加拿大的再出口。美国原产商品在美国法上被界定为包含10%以上的美国原产地成分的出口商品或技术。出于国际礼让，加拿大法律严格控制经由加拿大再出口的美国原产商品、技术，但根据加拿大出口管制清单第5400项，"美国原产商品、技术"的认定前提是在加拿大境内该商品、技术并未发生实质性转变。在实践中，若加拿大公司打算从加拿大再出口美国原产的商品或技术，而该商品或技术在加拿大境内并未发生实质性转变，那么加拿大出口商必须获得美国政府和加拿大政府的授权——加拿大政府签发许可证的前提是美国政府已授权再出口。另一方面，若加拿大公司希望再出口包含美国原产组件但在加拿大进行了实质性改造的商品或技术，并为此寻求美国法律授权，这可能会引发违反加拿大阻断立法的问题，因为该公司正在履行美国再出口

---

① Danica Doucette-Preville, Wendy Wagner, "Canada's Foreign Extraterritorial Measures Act-A Backgrounder for Doing Business in Cuba", https://www.mondaq.com/canada/export-controls-trade-investment-sanctions/531278/canada39s-foreign-extraterritorial-measures-act-a-backgrounder-for-doing-business-in-cuba, 2022-06-24.

管制的法定义务。该公司将陷入悖论式违法困境。①

四 2014年《特定外国域外措施（美国）令》

2015年1月19日，加拿大司法部长、外交部长签发《特定外国域外措施（美国）令》》，以应对《美国法典》第23章第313条即《美国联邦法规》第23篇第635部分第410条的规定。第313条又被称为"购买美国货物"条款，其中规定：（a）不论其他法律条款规定，除非项目中使用的钢铁及制成品是在美国生产的，否则美国交通部长不能支配被授权用于执行1982年《地面交通援助法》或本项下由交通部管理的资金。（b）前款规定不适用于以下三种情形：一是违背公共利益的；二是此类材料和产品在美国生产的数量不足且质量不堪的；三是使用国内材料将导致整个项目成本增加25%及以上的……（e）任何故意将非美国制造的商品上贴上带有"美国制造"字样或相同含义的标签，并在美国销售或向美国运输的行为；以及将非美国制造的商品假称为在美国制造的，行为人将被取消获得1991年《多式联运地面运输效率法》授权资金使用的合同或分包合同的资格。（f）不能享受本条所规定豁免的外国制造产品的限制条件：已与美国达成国际条约的其他国家，并且美国相关机构已放弃本条款要求；但是该国违反上述国际条约规定，歧视本条所涵盖的在美国生产并受国际条约约束的商品。

2013年，加拿大鲁珀特王子港港务局与美国阿拉斯加公路局签署了一份长达50年的租约，由后者运营鲁珀特王子港和阿拉斯加之间的渡轮及码头设施。阿拉斯加州有意将"购买美国货物"条款应用于其租赁的渡轮码头设施的重建之中。鉴于"在美国制造"要求从冶炼到任何改变材料物理形态、形状或化学成分的后续过程的所有制造过程都必须在美国进行，加拿大钢铁产品和相关供应商不得作为主要承包商或

---

① Danica Doucette-Preville，Wendy Wagner，"Canada's Foreign Extraterritorial Measures Act-A Backgrounder for Doing Business in Cuba"，https://www.mondaq.com/canada/export-controls-trade-investment-sanctions/531278/canada39s-foreign-extraterritorial-measures-act-a-backgrounder-for-doing-business-in-cuba，2022-06-24.

分包商参与鲁珀特王子港渡轮码头设施的重建。因此，加拿大司法部认定，前述美国"购买美国货物"立法中所包含的措施将会导致加拿大钢铁产品和相关服务的供应商丧失了加拿大境内项目的竞争机会，这一限制还可能瓦解上述企业与其客户之间业已形成的长期业务关系；而且，美国所采取的歧视性措施对于加拿大境内商贸关系的产生域外适用效力是不合理的，对在加拿大本土进行的国际商事贸易中所涉加拿大国家利益产生不利影响。加拿大司法部长在征得外交部长同意的情况下，根据加拿大《外国域外措施法》第5（1）（b）条的规定，颁布2014《特定外国域外措施（美国）令》。该命令第1条规定：禁止加拿大境内的任何人在美国阿拉斯加州政府从加拿大鲁珀特王子港港务局租用的房屋进行改建或改进时遵守前述购买美国商品立法条款；并禁止加拿大境内的任何人遵守来自能够指示或影响其作出决定的主体对于履行美国法的任何指示、政策暗示或其他通信。[①]

[①] Government of Canada, "Regulatory Impact Analysis Statement". https：//gazette. gc. ca/rp-pr/p2/2015/2015-02-11/html/sor-dors12-eng. html，2022-06-24.

第十七章　加拿大制裁措施体系

一　加拿大制裁的性质与种类

制裁被加拿大界定为用于解决国际和平与安全、严重侵犯人权和外国严重腐败等问题的外交政策工具，是政治对话、国际参与和政治规划三位一体的综合外交政策的组成部分。加拿大国会将对外国和非国家行为人实施制裁视为"支持国际和平与安全、执行国际法规范的关键工具。"[1] 制裁主要针对加拿大人与外国政府、个人、实体之间的活动加以限制。制裁措施包括但不限于：金融限制、旅行限制、武器禁运、进出口限制、航运禁令、暂停对其他国家的技术援助和（或）发展援助。[2]

与此相对应，加拿大制裁措施体系包括进出口管制、针对特定国家的制裁、针对外国腐败官员的制裁、恐怖分子名单制度等。加拿大对此通过的专门立法包括1985年《联合国法》（United Nations Act）、1992年《特别经济措施法》、2017年《外国腐败官员受害者正义法》（Justice for Victims of Corrupt Foreign Officials Act）[3]。相关立法和条例包括：1985年《刑法》第83.05条规定的与恐怖主义犯罪组织名单制度、

---

[1] "Canadian sanctions legislation", https://www.international.gc.ca/world-monde/international_relations-relations_internationales/sanctions/legislation-lois.aspx?lang=eng, 2022-04-30.

[2] Government of Canada, "Frequently Asked Questions", https://www.international.gc.ca/world-monde/international_relations-relations_internationales/sanctions/faq.aspx?lang=eng, 2022-06-19.

[3] 该法又被称为《谢尔盖·马格尼茨基法》（Sergei Magnitsky Law）。

1999 年《联合国关于塔利班、伊黎伊斯兰国（达伊沙）和基地组织决议的执行条例》(Regulations Implementing the United Nations Resolutions on Taliban, ISIL (Da'esh) and Al-Qaida)、2001 年《联合国制止恐怖主义决议执行条例》(Regulations Implementing the United Nations Resolutions on the Suppression of Terrorism)、1985 年《进出口许可法》(Export and Import Permits Act)、2011 年《冻结外国腐败官员资产法》(Freezing Assets of Corrupt Foreign Officials Act)、①2001 年《移民和难民保护法》(Immigration and Refugee Protection Act)。②

上述加拿大制裁立法主要具有以下分类：

第一，依据制裁对象，上述立法和制裁措施可分为两类：一是针对个别恐怖组织或特定商品的限制，如《进出口许可法》禁止危险商品的进出口。二是针对特定国家的制裁，如对其他国家实施制裁（unilateral sanctions）的《特别经济措施法》(Special Economic Measures Act)。

第二，依据制裁效力来源，加拿大制裁立法和措施也可分为两类：一是实施联合国制裁，是为执行联合国安理会根据《联合国宪章》第七章所作出决议而实施的国际制裁。在联合国安理会确认违法行为之后，将决定特定成员国可采取恢复、维持国际和平与安全的措施。联合国成员将承担将前述制裁转化为国内法的国际义务。加拿大于 1985 年通过《联合国法》规定加拿大总督可通过命令或规章形式执行联合国制裁。截至 2022 年 4 月，加拿大对中非共和国、刚果民主共和国、厄立特里亚、伊朗、伊拉克、黎巴嫩、利比亚、朝鲜、索马里、南苏丹、苏丹、也门等实施了制裁措施。

二是单边制裁，此类制裁并非为履行联合国会员国义务而产生，而

---

① 根据该法，加拿大可基于内部动荡或政治不确定因素，冻结某些具有政治影响力的外国人士（如政府官员或政客）的资产或限制其财产。这一措施是加拿大向请求国提供是司法协助的形式，与《刑事事项司法协助法》相通。截至 2022 年 4 月，加拿大对突尼斯 乌克兰实施了此类制裁，对埃及的制裁已被废止。See Related measures-Freezing Assets of Corrupt Foreign Officials Act. https：//www. international. gc. ca/world-monde/international_ relations-relations_ internationales/sanctions/current-actuelles. aspx？lang = eng，2022 – 04 – 30.

② 根据该法，加拿大当局可拒绝受制裁的外国人入境加拿大。

是基于加拿大限制与他国商业往来的政策性需求，根据相关立法所自主实施的制裁。加拿大的制裁旨在改变目标国家、个人或实体的政策、行为。通过确定有针对性的制裁措施，努力减少对平民和合法商业、人道主义或其他活动的不利影响。

单边制裁措施对于加拿大而言也是一项新事物。直到《特别经济措施法》通过，制裁措施首次作为有效手段写入立法；而直至21世纪初，加拿大单边制裁措施方才真正成为执行政策的有效工具。截至2022年4月，基于该法第4（1.1）（b）条威胁国际和平与安全的行为，被列入加拿大单边制裁名单的国家包括：白俄罗斯、伊朗、叙利亚、俄罗斯、缅甸、尼加拉瓜、朝鲜、乌克兰、津巴布韦、委内瑞拉、利比亚、南苏丹等。

此类立法包括《特别经济措施法》和《外国腐败官员受害者正义法》。《特别经济措施法》则是加拿大单边制裁的总括性立法。除联合国安理会通过制裁决定的情形之外，根据该法第4（1.1）条规定，在以下四种情况下，加拿大可对其他国家采取制裁措施：一是加拿大所属的国际组织呼吁其成员对外国采取经济措施；二是发生严重破坏国际和平与安全、并可能导致严重国际危机的情形；三是其他国家发生了严重和系统性侵犯人权的行为；四是对重大腐败行为负责、共谋重大腐败行为的其他国家的公职人员及其助手。根据该法第4（1）条的规定，加拿大总督有权制裁其他国家，包括以命令或条例形式限制、禁止与其他国家相关的活动，以及以命令形式扣押、冻结或没收外国政府、该外国国民、通常不在加拿大居住的该外国国民所持有的财产。简言之，《特别经济措施法》允许对一国及其境内的个人和实体进行统一制裁。

作为《特别经济措施法》的修正法案，2017年10月18日开始生效的《外国腐败官员受害者正义法》（Justice for Victims of Corrupt Foreign Officials Act），是对外国个人而非国家实施制裁的立法，专门规定了加拿大对"严重而系统性地"侵犯国际人权的外国人有权采取的限制措施——包括实施资产冻结和交易禁令。

二 加拿大制裁的规制对象

加拿大制裁立法的规制对象包括两类：一是加拿大境内的任何人，包括个人和实体；二是加拿大公民和实体，即使其身处加拿大境外或在外开展业务。[1]《联合国法》《特别经济措施法》《外国腐败官员受害者正义法》规定了针对上述主体披露和报告其所知晓的可能违反立法制裁的相关行为，尤其是与冻结目标的金融资产相关的内容。违反加拿大制裁立法，将面临处罚、罚款、监禁等法律责任。《联合国法》规定的刑事责任包括：通过简易程序审理的案件犯罪嫌疑人，刑事责任上限为10万加元并处1年监禁；通过普通程序审理的案件犯罪嫌疑人，最高可被判处10年监禁。《特别经济措施法》中规定的刑事责任上限则分别为25000加元并处1年监禁（简易程序）、5年监禁（普通程序）。加拿大皇家骑警和加拿大边境服务局负责这些法规和条例的执行。

三 加拿大采用制裁措施的原因

一是改变被制裁国的行为。无论是单边还是国际制裁措施，其实施效果仍然存在争议。尤其是制裁效果与制裁措施是否呈现一一对应的因果关系难以衡量。但毋庸置疑，部分制裁措施确实起到了改变被制裁国行为的作用。致于制裁措施是否给被制裁国施加了足够的压力，加拿大尚无专门政府机构予以研究。二是增进与盟国的关系。如加拿大制裁叙利亚乃是为支持美国削弱阿萨德及此后的ISIS的统治。[2]《特别经济措施法》立法资料显示，国会立法目的在于让其他国家政府为其不可被

---

[1] Government of Canada, "Frequently Asked Questions", https://www.international.gc.ca/world-monde/international_relations-relations_internationales/sanctions/faq.aspx?lang=eng, 2022-06-19.

[2] Michael Nesbitt, "Canada's Unilateral Sanctions Regime Under Review: Extraterritoriality Human Rights Due Process and Enforcement in Canada's Special Economic Measures Act", 48 *OTTAWA L. REV.* 507 (2016).

接受的行为付出严重代价。易言之，标识是否可被接受的行为以及起到威慑作用是该法的主要目的。由此而言，加拿大制裁立法的最终目的不仅在于究竟是否以及在何种程度上改变了被制裁国的行为，而且还要标识出加拿大对于特定行为的反对，以及彰显阻止其再次发生的震慑力。①

历史上，加拿大政府在实施经济制裁时一直遵循三项基本原则：一是就制裁的必要性和实效性达成广泛的国际协定；二是由实施制裁的国家分担制裁成本；三是尽最大努力避免使加拿大企业和工人陷入与外国竞争对手相比的不利地位。② 从近年来加拿大立法发展来看，制裁范畴得以扩展，而立法目的得到了进一步限缩。2017 年《特别经济措施法》修订后，第 4（1）条规定，加拿大的制裁措施针对以下两种情况：一是为执行加拿大所属国际组织或国家联盟所作出的对其他国家采取经济制裁措施的决定、决议或建议；二是加拿大总督认为已经发生的严重破坏国际和平与安全的事件，将导致或可能导致严重国际危机。由此可见，加拿大制裁措施由原本国际条约的单一"触发引信"转为国际国内的二元驱动模式；而立法目的则从避免竞争不利地位限缩为防止国际和平与安全危机。

但是，国际法上并没有"严重破坏国际和平与安全"的准确界定。传统意义上，是指国际武装冲突；尔后则发展为包含一国境内的武装冲突；1992 年《特别经济措施法》草案被提出时，有一种意见主张将其界定为严重违背人权的事件。这些标准均未被立法者采用。究竟这一标准如何加以界定？加拿大政府法律顾问曾将其解释为"跨境冲突"。③

---

① Michael Nesbitt, "Canada's Unilateral Sanctions Regime Under Review: Extraterritoriality Human Rights Due Process and Enforcement in Canada's Special Economic Measures Act", 48 *OTTAWA L. REV.* 507（2016）.

② Bill C-53, An Act to provide for the imposition of special economic measures, Minutes of proceedings and Evidence of Legislative Committee E, House of Commons Debates, 34th Parl, 3rd Sess, No 1,（27 February 1992, 10 March 1992）.

③ Craig Forcese, Human Rights Mean Business: Broadening the Canadian Approach to Business and Human Rights, in Isfahan Merali & Valerie Oosterveld, eds, *Giving Meaning to Economic, Social, and Cultural Rights*, University of Pennsylvania Press, 2001, pp. 71–93.

2009 年，时任外交部法律局法律顾问的艾伦·凯塞尔（Alan Kessel）在《加拿大国际法实践》的年度评论中指出："《特别经济措施法》第 4（1）条比联合国安理会依据联合国宪章采取行动的标准更为严格。"[①] 但从加拿大制裁实务来看，这一标准呈现出不同要求：一方面，俄罗斯等国行为可能构成"严重破坏国际和平与安全"的威胁之一；另一方面，津巴布韦、缅甸等国状况等并非是对国际和平的直接威胁，但加拿大仍然施加制裁措施。由此而言，加拿大总督对于制裁措施具有极大裁量空间——其他国家无论出现国内冲突还是国际冲突，即使尚未形成武装冲突，但仅构成"严重"事态，均可能成为加拿大制裁对象。[②]

《特别经济措施法》的适用尚无公开报道的起诉和宣判案例。但在 2014 年，位于加拿大阿尔伯塔省的公司 Lee Specialties 因向伊朗出口禁运物品，而被依据伊朗制裁条例罚款 9 万加元。2012 年时，该公司一个发往伊朗的包裹被卡尔加里国际机场的加拿大边境服务局拦截下来。包裹中装着价值 15 加元的合成橡胶产品。该产品可能用在油田项目或者核项目之中，属于加拿大制裁伊朗的禁运产品。该公司律师辩称，该包裹原本应当寄到迪拜，可因地址混淆，被错贴上了伊朗的地址标签。该公司表示认罪，并缴交了 9 万加元的罚款。但这样一家价值数百万加元的大型油田装备制造企业，最终仅被处以 9 万加元的罚款，学界认为可能出自两项考虑：一是由于疏漏混淆地址，不完全具备法定的故意因素；二是该公司并非为立法中限定的"在伊朗开展业务"而采取邮寄行为。但并不排除该公司通过迪拜作为中转而最终将包裹寄交伊朗的可能性。因此，加拿大在制裁措施实施过程中，依赖于充分的信息证明；而规避加拿大制裁措施的漏洞也由此可见，即通过第三方国家转运货物可大概率避免加拿大制裁的发生。[③]

---

① Alan Kessel, Canadian Practice in International Law at the Department of Foreign Affairs and International Trade in 2008 – 09, 47 *Can YB Intl Law* 411 (2009).

② Michael Nesbitt, Canada's Unilateral Sanctions Regime Under Review: Extraterritoriality Human Rights Due Process and Enforcement in Canada's Special Economic Measures Act, 48 *Ottawa L. Rev.* 507 (2016).

③ David Albright, Andrea Stricker. "Reports: Case Study-Canada Prosecutes Company for Possible Nuclear Related Export to Iran". https：//isis – online. org/isis-reports/detail/case-study-canada-prosecutes-company-for-possible-nuclear-related-export-to, 2022 – 04 – 30.

四 针对中国"新疆产品进口"的制裁措施被判定无效

针对我国新疆地区提出的所谓"强迫劳动",加拿大一些政客以所谓"人权问题"为由向加拿大法院起诉,要求加方全面禁止中国新疆地区产品进口。2022年4月10日,加拿大联邦法院对此作出判决,认为加拿大边境服务局无权颁布"新疆产品进口"的禁令。联邦法院副首席法官乔斯琳·加涅(Jocelyne Gagne)表示,《海关法》或相关关税的任何立法中均没有规定这一权限;而且,现有体制能够有效解决该问题,如每批运抵加拿大的货物都取决于官员对原产地、关税和价值的确定,如有不服可通过行政机制上诉;加拿大国际贸易法庭(Canadian International Trade Tribunal)则拥有审查边境机构调查结果的管辖权,不服该法庭裁决的可向联邦上诉法院上诉。[①] 因此,加拿大边境服务局颁布相关禁令并不合法、亦非必要。

[①] Court rejects bid to ban imports from China's Xinjiang region over labour concerns. https://www.ctvnews.ca/canada/court-rejects-bid-to-ban-imports-from-china-s-xinjiang-region-over-labour-concerns-1.5856395,2022-04-22.

第五编

中国法域外适用的法理意蕴与体系构建

　　中国法域外适用的理论构建，需要厘清适用范围，区别属地管辖与域外管辖、域外适用与域外管辖等不同概念。根据中国法适用的主体和地域范围，可分为中国法的"对外"适用与"在外"适用。"对外"理论面向，应在现有国际法原则、规则和制度框架下，在我国有效控制范围内针对涉外关系实现国内法域外适用。"在外"理论面向，指向中国法的域外传播与域外影响力，推动中国法律"走出去"，为我国法的域外输出以及影响特定国际法、国际规则的形成与发展奠定基础。根据作用效果的差异，中国法域外适用又可分为直接域外适用和间接域外适用。前者是指对外国人、财产、行为所发挥的直接规制作用；后者则是指我国立法颁布、司法规则确立之后对于本国人在域外的行为选择、外国主体的行为所产生的实质性影响。

　　在厘清中国法域外适用与域外管辖的基础上，中国法域外适用应最大限度地夯实合法性基础，通过域内管辖的合法性延伸规制域外行为。既有阻断、反制立法，应当在明确各自功能定位和调整对象的基础上，实现有效衔接。同时，应当注重阻断、反制立法与《民法典》等其他法律的衔接适用。从司法角度而言，我国法院应当在遵循立法要求的审慎姿态下，以是否与我国存在真实有效联系为前提区分不同情形决定域外管辖。从国际传播角度而言，应当注重提升中国法的域外传播和域外影响力，澄清国外学术界和理论界对于中国法的误解，展示真实立体全面的中国法治现状，增强中国在全球治理中的法治话语权。

第十八章　中国法域外适用的法理意蕴

一　中国法域外适用的概念范畴

近年来，我国学界开始系统思考域外适用与域外管辖问题，[①] 力图为中国法域外适用体系建设提供科学合理的理论框架。如前所述，现有研究在总结两条不同分析进路的基础上，将国内法域外适用、域外效力与域外管辖认定为存在内在关联的一组概念：国内法的域外效力通常是指国内法跨越地域边界，对本国领域外的人、行为和财产进行规制；[②]而国内法的域外适用是指一国司法机关、行政执法机关将国内法适用于境外的人、行为和财产。国内法的域外效力为"因"，国内法的域外适用为"果"，两者又被统合在域外管辖权的概念之中。[③] 由此，国内法域外适用是国家行使域外管辖权的行为，其后果是赋予国内法域外效力。[④] 易言之，一国法律对域外行为具有管辖权，既指一国法律对域外行为具有规制效力，也指该国法律可被适用于域外行为。这一结论的优势在于：不轻易放弃国内法域外适用中经冲突规范指引的域外适用，避免因无力给出理论解释而导致中国法域外适用理论构建残缺不全的根本

[①] 宋晓：《域外管辖的体系构造：立法管辖与司法管辖之界分》，《法学研究》2021年第3期。

[②] 霍政欣：《国内法的域外效力：美国机制、学理解构与中国路径》，《政法论坛》2020年第2期。

[③] 宋晓：《域外管辖的体系构造：立法管辖与司法管辖之界分》，《法学研究》2021年第3期。

[④] 廖诗评：《国内法域外适用及其应对——以美国法域外适用措施为例》，《环球法律评论》2019年第3期。

缺陷。① 但是，这一结论也存在以下疑问：其一，"跨越地域边界"与"境外"的国内法适用并非同一概念，域外管辖不应包括传统属地管辖的内容。其二，不能简单地将国内法域外适用归结为域外管辖的行为或后果。其三，中国法域外适用的主体不仅仅局限于我国立法机关、行政机关和司法机关，也包括国外法院根据当事人的选择适用中国法，抑或国外法院主动适用中国法的情形。厘清中国法域外适用的概念范畴，排除可能存在国际法争议的相关议题，对于确保中国法域外适用的合法性基础、主动维护以联合国为核心的国际体系和以国际法为基础的国际秩序具有基础性意义。

（一）经冲突规范指引的域外适用

目前，国内外理论界对于国内法域外适用的范畴存在不同界定。根据是否将合意选择和冲突规范纳入国内法域外适用的范畴，主要分为否定说和肯定说两种观点。否定说认为，国内法域外适用是指将具有域外效力的法律适用于国家管辖领域之外的人、财产和行为的过程，既包括国内行政机关适用和执行国内法的行为，也包括国内法院实施司法管辖的行为。但不包括当事人合意选择或由冲突规范指引适用的法律规范。一国的法律规范尤其是私法规范，经过当事人合意选择，或经法院按照既定规则确定其适用，都会对本国管辖领域外的人和物产生法律约束力，但这种情形不在域外适用范围之内。② 肯定说则认为，根据我国冲突法理论和立法的发展，经由冲突规范指引的民事法律规定适用于涉外案件，亦构成中国法域外适用的组成部分；如果当事人向外国法院起诉，也存在外国法院根据该国冲突规范指引适用我国民法的可能。③ 对

---

① 宋晓：《域外管辖的体系构造：立法管辖与司法管辖之界分》，《法学研究》2021 年第 3 期。
② 廖诗评：《中国法域外适用法律体系：现状、问题与完善》，《中国法学》2019 年第 6 期，第 20—38 页。
③ 肖永平、焦小丁：《从司法视角看中国法域外适用体系的构建》，《中国应用法学》2020 年第 5 期。

此，国外学者指出，准据法的选择同样能够引发国内法对域外行为的规制，从而产生域外适用效力的结果；然而，"本应引人入胜的这一立法管辖权，被长期遗忘"。① 即使是持否定说的学者也在文中指出，一国的法律规范，经当事人合意选择或经法院按照既定规则确定适用，均可对本国管辖领域外的人和物产生法律约束力。②

第一，经当事人合意选择的国内法域外适用，详言之，主要发生于民商事合同、侵权责任等领域。③ 首先，合同领域，如在中国企业与荷兰企业订立的国际货物买卖合同中，双方约定中国法为合同准据法，则中国《民法典》等当对荷兰企业产生法律拘束力。④ 其次，侵权责任领域，法院按照既定规则所选择的国内法也将发生域外适用效果。例如，A 国公民甲由于疏忽，未能安全连接火车车厢，导致该火车行驶在 A 国和 B 国边境时，车厢突然断裂，一节车厢跨越边境线撞到身处 B 国的乙。⑤ 若法院依照传统准据法规则，适用损害发生地法，则 B 国法律得以适用。此时，B 国法适用于 A 国主体、以及发生于 A 国的行为，发生域外适用效果。

第二，美国跨国民商事案件的司法实践表明，法院长期按照准据法的既定规则发挥国内法的域外适用效力。法院地法（forum law）的优先适用长期居于主导地位，即法院地法的适用率远远高于外国法。主要原因有二：一是当事人选择在一国法院起诉，通常因为该国与案件有某种事实联系，法院地法因此联系而胜出。二是各国的国际私法规范体系中都有导向法院地法的规定，如单边规范、公共秩序保留条款、因外国法不能查明而适用本地法的规定等。由此，法院地法适用于与法院地存在联系、而其他案涉行为发生于该国之外的案件，从而发生域外适用的效

---

① Anthony J. Colangelo, What is Extraterritorial Jurisdiction, 99 Cornell L. Rev. 1303 (2014).
② 廖诗评：《国内法域外适用及其应对——以美国法域外适用措施为例》，《环球法律评论》2019 年第 3 期。
③ 根据当事人意思选择合同的准据法，分为明示选择、默示选择两种不同方式。参见董立坤《国际私法论》，法律出版社 2000 年版，第 294 页。
④ 廖诗评：《国内法域外适用及其应对——以美国法域外适用措施为例》，《环球法律评论》2019 年第 3 期。
⑤ Alabama G. S. R. Co. v. Carroll, 11 So. 803, 803–04 (Ala. 1892).

力。① 因此，美国各州法院通过准据法的选择展现出广阔的域外适用可能。②

归根结底，国内法域外适用的界定差异，乃是研究视角的区别使然。国际私法规则中所产生的一国法域外适用现象，不宜被贸然排除出研究视野，尤其是在国内法域外适用的理论构造初始阶段。为此，建议将由国内法院、仲裁机构等经当事人合意选择、经冲突规范指引等在涉外案件中适用中国法等情形纳入中国法域外适用的概念范畴。

（二）厘清属地管辖与域外管辖

目前国内大多研究未对域外管辖基础加以区分，③ 而是将一般属地管辖统一纳入域外管辖的范畴。尽管有学者指出"域外管辖在逻辑上构成了属地管辖的例外"，但在论证中仍将属地管辖归入"域外管辖的法律原则"。④ 由此引发的问题是，域外管辖的概念可能发生自相矛盾。举例而言，若甲乘坐中国船舶行驶至美国领海之上，并实施犯罪行为。按照现有理论，对于这一案件的管辖权属于"以属地管辖权为基础的域外管辖权"。⑤《中华人民共和国刑法》对于在国外行驶的中国船舶，则规定了属地管辖权。⑥ 此时，就出现了理论上将其认定为域外管辖、而依照法律规定属于域内管辖的潜在冲突。由此导致域外管辖概念的界

---

① 王艺：《法院地法扩大适用探因——中、美两国比较研究》，载《现代法学》2015 年第 3 期。

② 美国联邦法律与各州法律在域外适用方面存在差异：联邦立法受制于反域外适用推定等限定，而各州立法并无此类限制. See Katherine Florey, State Law, U. S. Power, Foreign Disputes: Understanding the Extraterritorial Effects of State Law in the Wake of Morrison v. National Australia Bank, 92 B. U. L. REV. 535（2012）.

③ 如有学者谈及域外管辖权可以属人管辖权、属地管辖权、保护管辖权和普遍管辖权为基础。参见廖诗评《国内法域外适用及其应对——以美国法域外适用措施为例》，《环球法律评论》2019 年第 3 期。

④ 宋晓：《域外管辖的体系构造：立法管辖与司法管辖之界分》，《法学研究》2021 年第 3 期。

⑤ 现有研究主张，以属地管辖权为基础的域外管辖权属于属地管辖权在域外的延伸，强调所管制的对象与本国领土的联系。参见廖诗评《国内法域外适用及其应对——以美国法域外适用措施为例》，《环球法律评论》2019 年第 3 期。

⑥ 《中华人民共和国刑法》第 6 条第 2 款规定："凡在中华人民共和国船舶或者航空器内犯罪的，也适用本法。"

定矛盾。再从联合国国际法委员会对于"域外管辖"的界定来看，域外管辖是指一国在其"境外"行使主权权力或权威。因此，建议将域外管辖的概念界定为主权国家超越传统属地原则之外、依据新的管辖基础和连接点所实施的对外管辖。①

（三）区分中国法域外适用与域外管辖

域外适用与域外管辖并非同一概念。中国法域外适用与域外管辖的适用依据（合法性）、适用情形存在根本差异。第一，从适用依据而言，中国法域外适用，是以国际法为依据的，不存在国际法上的争议；而域外管辖中美国无限延伸的长臂管辖、通过次级制裁实现的美国法域外适用等已然超越了国际公认的管辖权基础，存在广泛国际争议。第二，从适用范围而言，中国法域外适用包括经合意选择或经冲突规范指引情形中域外法院适用当事人选择的中国法依据等情形，而域外管辖并不包括上述问题。第三，司法领域，域外管辖的案件中可能同时包含域内适用和域外适用，域外适用被纳入域内适用的间接效果。如前所述，美国反域外适用推定的步骤二中，即使立法没有明确规定域外效力，若与立法焦点相关的案涉行为发生于美国境内，即使有其他行为发生于其他国家，美国立法此时被允许适用于该案，但仍被认定为域内适用。总体而言，中国法域外适用，符合国际法秩序，包含当事人合意选择情形，以及作为立法域内适用的间接效果，而域外管辖是超越地域管辖的广义概念，是一国确定在何范围内行使管辖权的自行选择，涵盖充满争议的长臂管辖、次级管辖等内容。

二 中国法域外适用的多重理论面向

根据中国法适用的主体和地域范围，应当区分狭义的中国法域外适用与广义的中国法域外适用。前者聚焦中国法的"对外"适用，后者

---

① Restatement of the Law Fourth: The Foreign Relations Law of the United States § 402 Comment and Reporter's Notes.

则统筹中国法的"在外"适用。狭义的中国法域外适用，仅包括我国法院依据客观属地管辖权、属人管辖权、保护管辖权、普遍管辖权新型连接点等管辖的涉外案件。狭义概念是以立法机关、执法机关和司法机关的管辖权为视角，因而未将当事人的自由选择纳入研究视角，这就是前述否定说的主张，集中探讨立法管辖权、执法管辖权和司法管辖权及其相互关系。而广义的中国法域外适用，除狭义范畴之外，还包括我国法院审理的经当事人合意选择或经冲突规范指引适用中国法律规范的情形。

此外，应当注重对于中国法的域外传播与域外影响力的研究。这是中国国际传播能力与国际话语权在法治领域的集中体现。中国法的域外传播与域外影响力主要包括以下三重维度：一是域外法院、仲裁机构等在其审理的案件中，当事人通过合意选择或冲突规范指引而适用中国法律规范的情形；二是外国司法机关、仲裁机构等援引中国法律规定及司法案例进行说理；三是中国法律规定对于国际法、国际规则所产生的影响。[1]

（一）中国法域外适用：对外理论面向

狭义的中国法域外适用，即"对外"理论面向，应在现有国际法原则、规则和制度框架下，在我国有效控制范围内针对涉外关系实现国内法域外适用，这既是深化对外开放和国内法治改革的需要，也是履行大国责任和深度参与全球治理的需要。近年来，美国频繁通过具有域外效力的国内法，采取国内法域外适用措施，使得国内法的域外效力和域外适用问题再次成为国际社会的焦点。在现有国际法原则、规则和制度框架下，我国完善中国法域外适用法律体系，在我国有效控制范围内针对涉外关系实现国内法域外适用，既是深化对外开放和国内法治改革的需要，也是履行大国责任和深度参与全球治理的需要。就域外管辖权而言，"长臂管辖权"是域外管辖权的美国表达。随着中美关系的变化，

---

[1] 张鹏：《中国法的域外适用现状与域外影响力研究——以美加两国普通法为例》，《中国应用法学》2018年第1期。

加上"长臂管辖权"基础本身的模糊性，美国对涉中国事项滥用"长臂管辖权"的倾向愈发明显。对此，我国应根据国际法规则，构建我国法的域外适用法律体系。

（二）中国法的域外影响力：在外理论面向

中国法的域外传播与域外影响力，系"在外"理论面向，让海外各国的法律界充分认识中国法律和中国司法体制，理解中国法律的民主性、科学性、可行性，认可中国司法体制的公平、公正、透明，在此基础上才能更好地推动中国法走出去。这些都离不开法治国际传播的推动。广义的中国法域外适用包括中国法在域外的司法适用、国际传播与影响力。2021年5月31日，习近平总书记在主持中共中央政治局第三十次集体学习时强调加强和改进国际传播工作，展示真实立体全面的中国，"要深刻认识新形势下加强和改进国际传播工作的重要性和必要性，下大气力加强国际传播能力建设，形成同我国综合国力和国际地位相匹配的国际话语权，为我国改革发展稳定营造有利外部舆论环境，为推动构建人类命运共同体作出积极贡献。"并指出："必须加强顶层设计和研究布局，构建具有鲜明中国特色的战略传播体系，着力提高国际传播影响力、中华文化感召力、中国形象亲和力、中国话语说服力、国际舆论引导力。""要广泛宣介中国主张、中国智慧、中国方案，我国日益走近世界舞台中央，有能力也有责任在全球事务中发挥更大作用，同各国一道为解决全人类问题作出更大贡献。要高举人类命运共同体大旗，依托我国发展的生动实践，立足五千多年中华文明，全面阐述我国的发展观、文明观、安全观、人权观、生态观、国际秩序观和全球治理观。要倡导多边主义，反对单边主义、霸权主义，引导国际社会共同塑造更加公正合理的国际新秩序，建设新型国际关系。要善于运用各种生动感人的事例，说明中国发展本身就是对世界的最大贡献、为解决人类问题贡献了智慧。"[①] 中国法治的国际传播是我国国际传播体系的重要

[①] 《习近平在中共中央政治局第三十次集体学习时强调 加强和改进国际传播工作 展示真实立体全面的中国》，《人民日报》2021年6月2日第1版。

组成部分，是全面依法治国战略布局的重要组成部分，是建设涉外法治体系、开展涉外法治工作的关键环节，是统筹国内法治和涉外法治的关键环节，是中国参与全球治理、提升中国法治话语权和影响力、推动构建人类命运共同体的必由之路，是进一步扩大对外开放、推动共建"一带一路"的必然要求。要注重经由参与全球治理所产生的对于国际法、国际规则的形塑，反映出中国在国际法治体系中的话语权。从国际规则的制定过程来看，一国是否能掌握话语权，往往取决于该国在相关规则领域所的综合实力。这里的综合实力既包括经济实力和军事实力，也包括提出能为其他国家广泛接受的提案或主张的法律实力。[1] 中国法域外适用为我国法的"扩散化"提供实践途径，为中国影响特定国际法、国际规则的形成与发展奠定基础。[2]

三　中国法域外适用的立体效果

根据作用效果的差异，中国法域外适用可分为直接域外适用和间接域外适用。中国法域外适用的直接效果，是指对外国人、财产、行为所发挥的直接规制作用。而间接域外适用，是指中国法并未以立法、司法、执法等方式直接适用于外国当事人、财产和行为，而是在立法颁布、司法规则确立之后对本国人在域外的行为选择、外国主体的行为等产生的实质性影响。

间接域外适用主要表现为三种方式：其一，通过对本国人、财产、行为的方式规制对本国主体可能实施的域外行为施加影响。即"主权国家告诫本国人会以国家力量惩处域外行为，进而达到规制目的。"[3] 例如，一国立法明确对国内参与非法网络空间交易的用户进行处罚，[4]

---

[1] 廖诗评：《中国法域外适用法律体系：现状、问题与完善》，《中国法学》2019年第6期。
[2] 张鹏：《体育法域外适用的国际挑战与中国应对》，《体育科学》2021年第3期。
[3] Jack L. Goldsmith, The Internet and the Abiding Significance of Territorial Sovereignty, 5 Ind. J. Global Legal Stud. 475, 479 (1998).
[4] 参见美国《禁止网络赌博法》（Internet Gambling Prohibition Act）的规定。

消除外国网络内容提供者对本国产生的不良后果，从而通过提高传输成本、传播难度等规制外国网络内容提供者的行为。

其二，表明本国法将惩处外国当事人特定行为，从而间接促使外国当事人遵守本国法律要求。例如，与美国开展商业往来的外国公司很难拒绝美国式文件取证的司法要求，因为该外国公司很有可能受到美国管辖和处罚。由此而言，美国法院的域外调查令在美国法院实际确立对外国主体的属人管辖权之前，就已经开始规制该外国主体在美国之外的文件保留行为。[①]

其三，本国法间接影响其他国家法院对于行为性质的判断。以美国法为镜鉴，在孟晚舟引渡案中，美国法成为加拿大法院判断行为是否在加拿大构成犯罪的支撑性"法律背景"。该案争议焦点之一是孟晚舟的行为是否在加拿大构成欺诈（fraud）犯罪。孟晚舟律师团队从排除欺诈行为的违法性入手，尝试说服法院孟晚舟女士的相关行为并不违反加拿大刑法规定。理由在于：加拿大并未出台制裁伊朗的法律，因此即使孟晚舟女士在加拿大向银行作出华为与伊朗公司的关系陈述，在加拿大也不构成犯罪。本案中，由于美国对伊朗制裁的禁令要求美国银行在给伊朗实体机构提供金融、信贷服务之前获得授权，HSBC 银行因为此前的逃避授权行为，已经与美国司法部达成延迟起诉协议，并保证不再违反相关禁令。孟晚舟女士涉嫌的虚假陈述行为误导该银行，导致后者陷入刑事处罚、经济风险和声誉影响。由此，加拿大司法部长承认孟晚舟女士的行为并未违背美国对于伊朗的制裁，反而仅仅主张其行为构成加拿大刑法规定的欺诈罪。尽管加拿大英属哥伦比亚省最高法院判定，[②] 孟晚舟女士的虚假陈述与 HSBC 作出贷款决定并遭受损失之间没有因果联系，但是，双重犯罪的认定需要将美国禁令纳入实质行为的判断。法官强调双重犯罪规则下犯罪行为的认定标准：不应采用孟晚舟律师团队所主张的"以犯罪为基础的"认定路径，即把每一项犯罪行为都还原

[①] S Nathan Park, Equity Extraterritoriality, 28 Duke J. Comp. & Int'l L. 99 (2017).

[②] 加拿大英属哥伦比亚省最高法院名为"最高法院"，但在审级上并非该省最高法院，而是上诉法院。

成加拿大刑法规定；而应采用"以行为为基础的"判断路径，即法院仅判断行为的本质，并将美国禁令作为得出结论的"法律背景"。法院的判断逻辑因而转变为：假定案涉行为发生于加拿大，虚假陈述行为是否将导致银行在美国遭受损失。[①]

[①] *United States V. Meng*, 2019 BCSC 2137.

第十九章　中国法域外适用的立法体系

一　中国法域外适用的立法模式

从现有立法层面而言，我国法律法规域外适用效力的规定，主要有以下四种模式。其一，明确规定域外适用效力。如《中华人民共和国刑法》（以下简称《刑法》）在总则第六条至第九条中采用以属地管辖权为基本原则，属人管辖权、保护管辖权、普遍管辖权并存的模式，明确域外适用的效力。《中华人民共和国反垄断法》第二条后半段中规定："中华人民共和国境外的垄断行为，对境内市场竞争产生排除、限制影响的，适用本法。"《中华人民共和国证券法》第二条第四款规定："在中华人民共和国境外的证券发行和交易活动，扰乱中华人民共和国境内市场秩序，损害境内投资者合法权益的，依照本法有关规定处理并追究法律责任。"2020年12月26日第十三届全国人民代表大会常务委员会第二十四次会议通过、并于2021年3月1日起施行的《中华人民共和国刑法修正案（十一）》（以下简称《刑法修正案（十一）》）中新增第三百五十五条之一与兴奋剂有关的规定，[1] 自体系解释而言，同样具有域外适用效力。

其二，明确规定立法规制对象范围，但不排除域外适用可能。如《体育赛事活动管理办法》第二条规定，"本办法所称体育赛事活动，是

---

[1] 该条规定："引诱、教唆、欺骗运动员使用兴奋剂参加国内、国际重大体育竞赛，或者明知运动员参加上述竞赛而向其提供兴奋剂，情节严重的，处三年以下有期徒刑或者拘役，并处罚金。组织、强迫运动员使用兴奋剂参加国内、国际重大体育竞赛的，依照前款的规定从重处罚。"

指在中国境内依法举办的各级各类体育赛事活动的统称。"尽管该管理办法规制的是"中国境内"举办的体育赛事，但仍有可能涉及中国法的域外适用。现有研究表明，中国法的域外适用既包括国内行政机关适用和执行国内法的行为，也包括国内法院实施司法管辖的行为。① 因此，具备外国运动员参赛等涉外因素的、在中国境内举办的体育赛事，一旦发生法律争议，即使在中国提起诉讼，中国法仍将域外适用的法律效力。

其三，仅规定域内适用效力。如《全民健身条例》以权利义务的形式明确了其仅在域内发生效力。具体表现为，该条例在总则中第 1 条明确，是为保障我国公民在全民健身活动中的合法权益，而制定该条例；同时第二条至第五条以及分则中明确了我国全民健身工作的主管机关及其相应法律义务。

其四，没有明确规定法律的地域效力。我国不少法律对域内和域外效力均不作规定，但从其立法目的、调整对象范围来看，具有域外效力是此类法律的应有之义。其中，外商投资、国际运输领域立法是典型代表。如《中华人民共和国海商法》《中华人民共和国民用航空法》等。②

二　中国法域外适用的立法进路

在厘清中国法域外适用与域外管辖的基础上，中国法域外适用应最大限度地夯实合法性基础，通过域内管辖的合法性延伸规制域外行为。详言之，在域外立法管辖中，应遵循国际法的管辖权规则，以超越属地主义、在国际法上具有公认正当性的管辖连接点为依据，在我国与域外主体、财产和行为之间存在真实有效联系的基础上，③ 积极发挥立法域外适用效力，为管辖域外主体、财产和行为提供坚实的合法性依据。与

---

① 肖永平、焦小丁:《从司法视角看中国法域外适用体系的构建》，《中国应用法学》2020 年第 5 期。

② 肖永平、焦小丁:《从司法视角看中国法域外适用体系的构建》，《中国应用法学》2020 年第 5 期。

③ 如前所述，主权国家根据国际法规则行使域外管辖权的共同要求是：该国管辖权与管辖事项（人、财产和行为）之间存在真实有效的联系。

此相适应，在域外司法管辖中，与域外存在联系的行为若威胁国家利益、社会公共利益，严重损害我国公民、法人、社会组织的利益，则可依据域内管辖将中国法适用于境外的人、行为和财产（第二十一章中详述）。易言之，在强调与我国存在真实有效联系的前提下，最大限度发挥跨越地域边界的法律适用效能。从反面而言，对于与中国并无真实有效联系的域外行为以及对不特定第三国可能施加的次级制裁，则不宜采用作为中国法域外适用的调整对象。除非依据普遍管辖规制我国缔结或者参加的国际条约所规定的罪行。①

例如，根据我国《反外国制裁法》第十五条的规定，特定情形下我国有权对外国国家、组织、个人采取反制措施。② 从国家责任法角度而言，针对外国国家行为采取的反制措施，属于《国家对国际不法行为的责任条款草案》承认的反措施范畴，具有合法性。但对于外国组织、个人所施加的反制措施，则存在双重可能：其一，外国组织、个人的行为可归因于国家，则仍属于反措施；其二，若其行为无法归因于国家，则超越《国家对国际不法行为的责任条款草案》中反措施的范畴，应被认定为主动制裁。③ 对此，必须充分挖掘我国域外管辖权的合法性基础。就危害中国国家主权、安全、发展利益和尊严的行为而言，援引保护性管辖原则；对于在我国个人、组织合法权益产生不利影响的域外行为，可依据客观属地原则、效果标准加以管辖；对于外国人在国外实施的危害我国个人、组织合法利益的行为，可依据被动属人原则加以管辖。

实际上，美国立法机关明确域外适用条款暗藏了上述潜在逻辑。以美国法对于外国主体的管辖权为例，美国法及制裁命令——不仅是次级制裁，而且包括初级制裁——将以下五类外国主体纳入调整对象：第一，出现于美国的主体，不论其是否是外国公司，只要其位于美国、或者行为发生于美国，即满足这一要求。美国外国资产控制办公室对于这

---

① 我国《刑法》第九条规定："对于中华人民共和国缔结或者参加的国际条约所规定的罪行，中华人民共和国在所承担条约义务的范围内行使刑事管辖权的，适用本法"。
② 《反外国制裁法》第十五条规定："对于外国国家、组织或者个人实施、协助、支持危害我国主权、安全、发展利益的行为，需要采取必要反制措施的，参照本法有关规定执行"。
③ 张辉：《单边制裁是否具有合法性：一个框架性分析》，《中国法学》2022年第3期。

一主体范围进行了相当宽泛的解释：外国主体开展的任何"触及"美国领土的交易行为均被涵盖其中，仅仅通过美国金融机构开展的资金流转也不例外。由此，外国主体以美元进行结算甚至从美国境内的服务商处下载软件等均可能被纳入美国法的调整范畴。① 第二，美国人（a United State person）概念中的外国主体。其中，具有两项涉外因素：一是主体范围，不仅包含美国公民、具有双重国籍的公民、根据美国法律或其管辖权成立的实体，② 也包括具有外国国籍但在美国具有合法居留身份的永久居民，在美国设有分支机构或者子公司的外国公司；二是美国公民、双重国籍公民、永久居民、根据美国法律或其管辖权成立的实体，其在外国（地区）所实施的行为也被纳入美国法的调整范畴。第三，美国主体所有、控制的外国实体。通常情况下，美国主体所拥有或者控制的外国主体不在美国制裁的直接对象范围之内。然而，美国在对伊朗、古巴等国的制裁措施中明确将此类主体纳入调整范畴。第四，基于美国商品的域外适用。美国制裁法律和措施对于自美国出口、再出口的货物往往施加制裁限制。此时，外国公司若从美国运出此类货物将违反美国法。第五，次级制裁所管辖的与美国没有联系但涉及美国制裁目标国主体存在交易行为的第三国主体。可见，前四类情况下，外国主体与美国具有实质联系，而最后一类，则是与美国制裁目的相关的外国主体行为，旨在改变其他国家对于被制裁国的外交策略。③

从美国立法情况来看，域外适用立法注重以维护美国利益为连接点不断拓展域外适用的立法范畴。在美国国会立法数据库（https://www.congress.gov/browse）中查询，自1955年以来，美国国会共审议具有明确域外管辖（extraterritorial jurisdiction）条款的法案（bills）212

---

① Tahlia Townsend, "The Aggressive Extraterritorial Reach of U. S. Economic Sanctions: Foreign Company Exposure to OFAC Enforcement", https://www.wiggin.com/publication/the-aggressive-extraterritorial-reach-of-u-s-economic-sanctions-foreign-company-exposure-to-ofac-enforcement/, 2022 – 06 – 17.

② 这一概念被广泛应用于域外适用立法中，参见 31 CFR § 560. 314 United States person; U. S. person.

③ Julia Schmidt, The Legality of Unilateral Extra – territorial Sanctions under International Law, 27 *J. Conflict & Sec. L.*, 53（2022）

件，共出台具有明确域外适用效力的立法（legislations）31 件。[①] 由于篇幅所限，在此仅列举 2009 年以来美国所制定的相关立法及其中域外适用条款规定。

立法名称	规制内容
2021 年《海梅·萨帕塔和维克多·阿维拉联邦官员和雇员保护法》（Jaime Zapata and Victor Avila Federal Officers and Employees Protection Act）	第 3 条规定，对于杀害、企图杀害、伤害、绑架联邦官员、雇员及其家庭成员等行为，美国刑法具有域外适用效力，可对域外发生的上述行为提起刑事诉讼
2019 年《罗琴科夫反兴奋剂法》（Rodchenkov Anti-Doping Act）	世界上首部对兴奋剂犯罪具有域外适用效力的法律。其第 3 条第 2 款明确规定该法具有域外管辖效力：联邦对于本条规定的犯罪行为，具有域外管辖权
2018 年《伊拉克和叙利亚种族灭绝救济和问责法》（Iraq and Syria Genocide Relief and Accountability Act）	第 5（b）条规定鼓励外国政府通过安全数据库和安全检查程序识别可能在伊拉克犯下种族灭绝罪等的犯罪嫌疑人
2016 年《旅游、商业和国家安全促进法》（Promoting Travel, Commerce, and National Security Act）	明确美国刑法第 3271 条至第 3273 条具有域外管辖效力，确保美国对驻加拿大人员所犯下的罪行拥有管辖权
2013 年《2013 财年情报授权法》（Intelligence Authorization Act for Fiscal Year 2013 112th Congress（2011–2012））	废止域外适用条款
2011 年《食品药品管理安全与创新法》（Food and Drug Administration Safety and Innovation Act）	第 311 条规定：对于该法规定的任何准备进口至美国的商品实施违反该法规定的行为，或者促成违法的任何行为发生于美国，则该法具有域外适用效力
2009 年《多德-弗兰克华尔街改革和消费者保护法》（Dodd-Frank Wall Street Reform and Consumer Protection Act）	修订 1933 年美国《证券法》第 22 条、1934 年美国《证券交易法》第 27 条的规定，赋予上述法律域外适用效力。例如，明确美国法院对于违反该法《证券法》第 17（a）条的诉讼具有管辖权，一是在美国境内实施的行为构成促成违法证券交易行为的重要步骤，即使该证券交易发生于美国境外且仅涉及外国投资者；二是发生于美国境外且对美国本土具有可预见的实质性影响的行为

[①] 最后检索日期 2022 年 6 月 14 日。

三　阻断、反制立法及其衔接

近年来，美国全方位围堵打压中国，西方国家对华政策日益凸显竞争与对抗的一面，中国国家安全和利益面临巨大挑战，中国法域外适用已成为我国涉外法律工具箱的重要组成部分。目前，中国法域外适用法律体系正在加快推进：已经通过《反外国制裁法》《阻断外国法律与措施不当域外适用办法》等直接规定阻断、反制的专门法律和部门规章；《出口管制法》《对外贸易法》《不可靠实体清单规定》等法律规章中就对外制裁措施加以规定，也为中国法域外适用提供了法律依据。[1]

《反外国制裁法》与《阻断外国法律与措施不当域外适用办法》作为阻断、反制法律体系的直接依据，共同服务于反击霸权主义和强权政治的迫切需要，维护国家主权、安全、发展利益的迫切需要，统筹推进国内法治和涉外法治的迫切需要，[2] 共同构成反制裁、反干涉、反制长臂管辖的立法体系。[3] 但两者在功能定位、调整对象上各有侧重：

（1）功能定位不同。《阻断外国法律与措施不当域外适用办法》重在阻断，"不得承认、不得执行、不得遵守有关外国法律与措施"。《反外国制裁法》重在反制、反击，涉及"反制清单和反制措施的确定、暂停、变更或者取消"，包含四类反制措施：一是不予签发签证、不准入境、注销签证或者驱逐出境；二是查封、扣押、冻结在我国境内的动产、不动产和其他各类财产；三是禁止或者限制我国境内的组织、个人与其进行

---

[1] 如《中华人民共和国对外贸易法》第七条规定："任何国家或者地区在贸易方面对中华人民共和国采取歧视性的禁止、限制或者其他类似措施的，中华人民共和国可以根据实际情况对该国家或者该地区采取相应的措施。"

[2] 新华社：《以法律利剑坚决捍卫国家主权利益——全国人大常委会法工委负责人就反外国制裁法答记者问》，《中国人大》2021年第12期。

[3] 2021年全国人民代表大会常务委员会工作报告指出，加快推进涉外领域立法，围绕反制裁、反干涉、反制长臂管辖等，充实应对挑战、防范风险的法律"工具箱"，推动形成系统完备的涉外法律法规体系。参见栗战书《全国人民代表大会常务委员会工作报告——2021年3月8日在第十三届全国人民代表大会第四次会议上》，《中国人大》2021年第6期。

有关交易、合作等活动；四是兜底性规定，即"其他必要措施"。①

（2）调整对象不同。《阻断外国法律与措施不当域外适用办法》的主要调整对象是次级制裁，②即该办法第二条所规定的不当禁止或者限制我国公民、法人或者其他组织与"第三国（地区）及其公民、法人或者其他组织"进行正常的经贸及相关活动的情形，而非初级制裁即外国法律与措施限制中国实体与该外国的本国实体进行交易的情形。③《反外国制裁法》则直接针对以干涉我国内政为目的，外国国家对我国进行遏制、打压，对我国公民、组织所采取的歧视性限制措施。这一界定具有广泛的涵盖范围。全国人大法工委在立法说明中指出："制定反外国制裁法，主要目的是为了反制、反击、反对外国对中国搞的所谓'单边制裁'"。④从而这一广义界定将初级制裁和次级制裁一并统摄在内。

对于这一问题的理解差异已经出现在学术研究之中。有学者认为，美国《反垄断法》《反海外腐败法》以及法庭域外证据开示命令等法律或措施也可能构成《阻断外国法律与措施不当域外适用办法》中对中国实体和第三国实体之间经贸及相关活动的不当限制，并以相关案例加以说明：美国哥伦比亚特区联邦地区法院曾要求中国银行向其提供其他国家客户的银行交易记录。⑤在该案例中，美国行使长臂管辖权的合法性存在根本缺陷。该案中，三家中资银行（未具名）被判定遵守大陪审团的传票，就美国执法机构对一家香港公司涉嫌违反美国制裁朝鲜相关法令的调查提供银行记录。⑥这也意味着，美国法院要求中国企业在未经中国执法部门同意的情况下为其提供相关证据。换言之，中国企业

---

① 张宝山：《反外国制裁法：以法律利剑坚决捍卫国家主权利益》，《中国人大》2022年第1期。
② 徐伟功：《论次级经济制裁之阻断立法》，《法商研究》2021年第2期；廖诗评：《〈阻断外国法律与措施不当域外适用办法〉的属事适用范围》，《国际法研究》2021年第2期。
③ 廖凡：《我国对外国法不当域外适用"亮剑"》，《中国外汇》2021年第6期。
④ 新华社：《以法律利剑坚决捍卫国家主权利益——全国人大常委会法工委负责人就反外国制裁法答记者问》，《中国人大》2021年第12期。
⑤ 丁汉韬：《论阻断法的实施机制及其中国实践》，《环球法律评论》2022年第2期。
⑥ In Re Grand Jury Investigation of Possible Violations of 18 U.S.C. § 1956 and 50 U.S.C. § 1705.

今后很难援引中国法律、法规作为理由而免遭美国执法机构的调查。①
这一要求无疑对我国主权尤其是司法管辖权造成了侵犯。但是，对其加以阻断的法律依据应当进一步明确：该案并非对上述三家资与第三国实体之间经贸活动的限制，因而并不符合《阻断外国法律与措施不当域外适用办法》第二条所规定的标准；相反，应当归入《反外国制裁法》的调整范畴。

　　从阻断法与反制法的调整对象而言，阻断法的调整范畴与反制措施存在根本差异。根据《国家对国际不法行为的责任条款》，反措施必须针对他国不法行为，方具有合法性和正当性。而阻断法的调整对象归根结底是具有域外适用效力的外国法。从立法模式的选择而言，世界上主要国家采用了以下两种进路：一是辅之以清单规定的阻断立法模式，如欧盟《第 2271/96 号条例》在立法序言中明确其阻断对象包括外国所颁布的域外适用法律，以及依据前述法律或以其为基础而实施的各种行为，包括法院、行政机关颁布的各类命令、要求等，在附件清单中则列明该条例所针对的具有域外适用效力的美国法律、法规及其他立法形式。加拿大也采取了这一模式。综合欧盟与加拿大在附件清单中所列美国立法来看，全部属于次级制裁类别。二是直接应对立法模式。20 世纪七八十年代以来，为应对美国反垄断法、证券法等国内法无限制地域外适用，许多国家制定阻断法。② 例如，英国 1980 年《保护贸易利益法》（Protection of Trading Interests Ac），就是英国为应对美国反垄断法的域外适用而专门出台，直接针对美国对英国贸易产生不利影响的管制措施。

　　从《阻断外国法律与措施不当域外适用办法》的目的和内容而言，我国基本采用了第一种模式——只是未添加附件清单——即针对或者主要针对次级制裁而展开。这也是最为稳健的立法模式，将国际社会一致加以批评和阻断的次级制裁作为调整对象，确保我国第一部阻断法的合

---

① 刘相文、王德昌、Graham Adria、王晶涛：《美国法院判令：中资银行不得援引国内法拒绝提供交易信息》，http：//www.zhonglun.com/Content/2019/05-20/1343169319.html，2022 – 06 – 14.

② 钱振球：《论阻断法的司法适用》，《中国应用法学》2022 年第 2 期。

法性，排除可能的国际争议。对此，后续立法具有继续拓展调整范围的可能。应借鉴英国经验，将外国立法机关、司法机关、行政机关直接干涉我国主权，以及外国法律、措施直接对我国境内主体开展国际商贸往来发生不利影响等纳入阻断法的调整范围。如美国《外国腐败行为法》的域外适用规定与中国等 140 个国家所签署的《联合国反腐败公约》存在直接冲突，应当将这一美国立法列入阻断对象之列。

四 《阻断外国法律与措施不当域外适用办法》的适用进路

在制度运行层面，商务部《阻断外国法律与措施不当域外适用办法》仍需对适用范围、与国内其他法律规定的衔接、支持对象等进一步厘清。此外，该适用办法所设定之减损公民、法人和其他组织权利和增加其义务的规范，上位法依据不尽充分，建议尽快提升立法层级或制定修改上位法加以明确。

（一）从宽界定"外国法律与措施"

《阻断外国法律与措施不当域外适用办法》第二条明确，适用对象是违反国际法和国际关系基本准则，不当禁止或者限制中国公民、法人或者其他组织与第三国（地区）及其公民、法人或者其他组织进行正常的经贸及相关活动的"外国法律与措施的域外适用"。从欧洲法院梅利银行案的判决来看，阻断法的对象既包括抽象意义上的立法，又包含具体实施的命令和要求。我国《阻断外国法律与措施不当域外适用办法》也将调整对象确定为"外国法律与措施"，此处的措施应当理解为包含外国法院的域外司法管辖、行政机关的域外执法管辖。

（二）阻断法并不排除当事人依法解除合同

现有研究注意到阻断法对于我国当事人合同履行义务和违约责任的影响，着重分析当事人因外国经济制裁无法履行合同时，经济制裁可作为免除违约责任的因由。① 但前述研究并未注意到当事人遵照其他民事法律规定解除合同与阻断法之间的潜在冲突。

从国际经验来看，阻断法对于本国主体与采用不当域外适用法律和措施的外国主体之间的民商事合同具有根本性、破坏性影响。② 除非获得豁免资格，否则相关主体必须遵守阻断法。《阻断外国法律与措施不当域外适用办法》也作出了不得承认、不得执行、不得遵守外国法律与措施的豁免安排：中国主体可向商务部书面申请豁免遵守禁令。见于该办法第八条的规定："中国公民、法人或者其他组织可以向国务院商务主管部门申请豁免遵守禁令。申请豁免遵守禁令的，申请人应当向国务院商务主管部门提交书面申请，书面申请应当包括申请豁免的理由以及申请豁免的范围等内容。国务院商务主管部门应当自受理申请之日起30日内作出是否批准的决定；情况紧急时应当及时作出决定。"

从阻断法与民事法律规范的衔接而言，中国公民、法人或者其他组织在未获豁免禁令的前提下，仍有权依据国内法规定，与被外国具有域外适用效力的法律与措施制裁的外国主体解除合同、终止合作等；这一行为并不属于承认、遵守、执行外国法律与措施的范畴。例如，《中华人民共和国民法典》第五百六十三条规定的单方解除权情形："（一）因不可抗力致使不能实现合同目的；（二）在履行期限届满前，当事人一方明确表示或者以自己的行为表明不履行主要债务；（三）当事人一方迟延履行主要债务，经催告后在合理期限内仍未履行；（四）当事人一方迟延履行债务或者有其他违约行为致使不能实现合同目的；（五）法律规定的其他情形。以持续履行的债务为内容的不定期合同，当事人可以随时解除合同，但是应当在合理期限之前通知对方。"若中国主体依据上述《民法典》规定合法解除合同，《阻断外国法律与措施不当域外适用办法》并不能否定其效力。原因在于：解除合同的行为并非自愿抑或默示地承认、遵守、执行外国法律与措施，其合法性得到《民

---

① 丁汉韬：《论阻断法的实施机制及其中国实践》，《环球法律评论》2022年第2期。
② Bluebook 21st ed. Justin D. Stalls, Economic Sanctions, 11 U. Miami Int'l & Comp. L. Rev. 115 (2003).

法典》的承认。除非有证据证明当事人解除合同的行为系有意违背阻断法，则可能符合《民法典》第一百四十六条的规定，导致其解除合同行为被判定无效。①此外，立法层级的冲突也是需要加以明确的问题。《中华人民共和国立法法》（以下简称《立法法》）第八十八条第一款规定："法律的效力高于行政法规、地方性法规、规章。"作为部门规章的《阻断外国法律与措施不当域外适用办法》不得违背上位法《民法典》的规定。

（三）解除合同的当事人不能获得政府部门的必要支持

当事人依法解除合同的情况下，该主体若遭受重大损失的，能否向政府有关部门主张获得必要的支持？《阻断外国法律与措施不当域外适用办法》第十一条规定了政府有关部门的必要支持措施，其适用范围是"根据禁令，未遵守有关外国法律与措施并因此受到重大损失的"中国公民、法人、其他组织。在前述情况下，解除合同的当事人并未违反我国禁令，其行为也并非为遵守有关外国法律与措施而实施，一旦遭受重大损失，并不直接违背前述第十一条的规定。但是，从客观角度而言，解除合同的行为与外国法律与措施所追求的制裁目的相吻合。在此情况下，能否将当事人排除在获得必要支持的情况之外？此时，我国其他法律为当事人提供了解除合同的合法性依据，因此其不应因此"无心之过"受到任何处罚，②但能否得到政府部门的必要支持需要区分情形加以慎重考虑。其一，需要明确当事人依据我国其他法律所实施的解除合同的行为是否属于"根据禁令，未遵守有关外国法律与措施"的范畴？从立法本意而言，该办法是为阻断外国法律和措施限制、禁止第三国主体与我国主体之间的正常经贸往来。此时，我国当事人解除合同尽管客观上断绝了与第三国主体的经贸往来，但若为保护双方利益而依

---

① 《民法典》第一四六条规定："行为人与相对人以虚假的意思表示实施的民事法律行为无效。以虚假的意思表示隐藏的民事法律行为的效力，依照有关法律规定处理。"

② 《阻断外国法律与措施不当域外适用办法》第十三条规定："中国公民、法人或者其他组织未按照规定如实报告有关情况或者不遵守禁令的，国务院商务主管部门可以给予警告，责令限期改正，并可以根据情节轻重处以罚款。"

法为之，则从长远角度而言符合立法目的。由此而言，并不能将解除合同的我国当事人一概排除在获得支持的主体范畴之外。其二，需要明确我国当事人所遭受的重大损失的范围，是否仅包含为执行我国禁令而遭受外国制裁的情形，还是包含民商事意义上的合同损失。从法律规则的语义解释而言，重大损失与"根据禁令，未遵守有关外国法律与措施"之间以"因此"相连接，两者之间应为因果关系。由此而言，立法本意是支持我国当事人在面对外国次级制裁时，有法定依据不予遵守，继续与被该外国所制裁的第三国开展或继续保持正常的经贸往来。问题在于：正常经贸往来为何会造成我国当事人的重大损失？由此而言，重大损失应当指向我国当事人所遭受的外国制裁。在此情形下，排除了美国主体由于中国主体不遵守美国次级制裁法律、措施而起诉中国主体、导致后者遭受商业利益损失的情形，原因在于我国当事人解除与第三国主体的合同并未违背美国次级制裁法律、措施。因此，我国当事人因解除合同而遭受民商事重大损失的，不能获得政府部门的必要支持。其三，从民商事角度而言，当事人在未受到外国法律和措施的影响下，依据我国法自愿解除合同的，应当自行承担损失。如我国当事人依据《民法典》第562条协商一致而解除合同的，① 其应自行承担由此带来的商业风险，无权申请获得政府有关部门的必要支持。

（四）提升立法层级

《阻断外国法律与措施不当域外适用办法》作为商务部制定的部门规章，其所设定减损公民、法人和其他组织权利和增加其义务的规范缺乏上位法的充分依据支撑，建议尽快提升立法层级，上升为行政法规；抑或在法律、行政法规中单独增加相关条款。《立法法》第八十条第二款规定："部门规章规定的事项应当属于执行法律或者国务院的行政法规、决定、命令的事项。没有法律或者国务院的行政法规、决定、命令的依据，部门规章不得设定减损公民、法人和其他组织权利或者增加其义务的规范，不得增加本部门的权力或者减少本部门的法定职责。"作

---

① 《民法典》第五百六十二条第一款规定："当事人协商一致，可以解除合同。"

为部门规章，《阻断外国法律与措施不当域外适用办法》应当遵循前述要求。该办法在保护我国公民、法人、其他社会组织的合法权益的同时，实际上创设了减损公民、法人和其他组织权利或者增加其义务的规范。其中，一是增加义务规定，包括及时报告义务及相应处罚措施。[①]二是减损权利规定。《阻断外国法律与措施不当域外适用办法》并未直接明文规定减损主体的权利，但从第十一条规定及上下文条款来看，根据我国中央国家机关有关部门参加的工作机制所确定的，由国务院商务主管部门发布的不得承认、不得执行、不得遵守有关外国法律与措施的禁令，中国公民、法人或者组织未遵守外国法律与措施存在遭受重大损失的可能。[②] 由此而言，依据《立法法》的规定，《阻断外国法律与措施不当域外适用办法》必须具有法律或者国务院的行政法规、决定、命令的依据。《阻断外国法律与措施不当域外适用办法》第一款所规定的立法依据指向"《中华人民共和国国家安全法》等有关法律"。从《国家安全法》第七十七条第一款的规定来看，中国公民和组织应当履行维护国家安全的义务。[③] 但是，从义务来源来看，《国家安全法》的义务规定与《阻断外国法律与措施不当域外适用办法》存在差别。主要表现为两个方面：第一，与阻断报告义务最为近似的义务规定源自

[①] 报告义务规定于《阻断外国法律与措施不当域外适用办法》第五条规定："中国公民、法人或者其他组织遇到外国法律与措施禁止或者限制其与第三国（地区）及其公民、法人或者其他组织正常的经贸及相关活动情形的，应当在 30 日内向国务院商务主管部门如实报告有关情况。报告人要求保密的，国务院商务主管部门及其工作人员应当为其保密。"法律责任规定于该适用办法第十三条和第十四条。其中，第十三条规定："中国公民、法人或者其他组织未按照规定如实报告有关情况或者不遵守禁令的，国务院商务主管部门可以给予警告，责令限期改正，并可以根据情节轻重处以罚款。"第十四条规定："国务院商务主管部门工作人员未按照规定为报告有关情况的中国公民、法人或者其他组织保密的，依法给予处分；构成犯罪的，依法追究刑事责任。"

[②] 《阻断外国法律与措施不当域外适用办法》第十一条规定："中国公民、法人或者其他组织根据禁令，未遵守有关外国法律与措施并因此受到重大损失的，政府有关部门可以根据具体情况给予必要的支持。"

[③] 《国家安全法》第七十七条规定："公民和组织应当履行下列维护国家安全的义务：（一）遵守宪法、法律法规关于国家安全的有关规定；（二）及时报告危害国家安全活动的线索；（三）如实提供所知悉的涉及危害国家安全活动的证据；（四）为国家安全工作提供便利条件或者其他协助；（五）向国家安全机关、公安机关和有关军事机关提供必要的支持和协助；（六）保守所知悉的国家秘密；（七）法律、行政法规规定的其他义务。"

《国家安全法》第七十七条第一款第二项"及时报告危害国家安全活动的线索"。但是，《阻断外国法律与措施不当域外适用办法》中规定的报告义务仅仅是"禁止或者限制其与第三国（地区）及其公民、法人或者其他组织正常的经贸及相关活动"，并未限定危害国家安全这一条件。第二，与阻断报告义务相关的规定还有《国家安全法》第七十七条第一款第一项和第七项的规定。但是，该条款第一项仅限于遵守"宪法、法律法规关于国家安全的有关规定"，第七项兜底条款则强调"法律、行政法规规定的其他义务"，即立法明确义务来源仅限定于宪法、法律和行政法规规定。因此，《阻断外国法律与措施不当域外适用办法》中减损主体权利和增加其义务的规定无法获得上位法的有效支撑，建议将其提升为行政法规，由国务院统一制定阻断法规；抑或在修订《国家安全法》及制定、修改相关法律时增加阻断的专项条款。

五 《反外国制裁法》的适用进路

《反外国制裁法》在实施过程中，建议明确通报制度、紧急反制措施制度、反制措施重启制度，严格遵循比例原则，明确追偿制度的不同情形。

（一）构建通报制度

《国家对国际不法行为的责任条款草案》第五十二条规定了采取反措施的受害国的在先义务，即事先通报责任国并开展谈判的义务。我国《反外国制裁法》并没有相关规定。由于程序性要求是满足反措施的必要要件，且程序性事项在国际司法实践上极具重要性，《反外国制裁法》在实施时，应构建通报制度。[1] 具体而言，在行政部门采取反制措施之前，我国政府应履行以下三项通报程序：一是要求目标国停止不法行为，并给予赔偿；二是将拟采取反制措施的意图向目标国予以通报；三是邀请目标国在合理期限内与我国进行谈判和磋商。当目标国停止不

---

[1] 霍政欣：《〈反外国制裁法〉的国际法意涵》，《比较法研究》2021年第4期。

法行为、并将争端提交国际法院或仲裁庭后，我国不再采取反制措施；已经采取的，即时停止。但若目标国拒不进行谈判磋商，则可即时采取反制措施，或者恢复实施反制措施。

(二) 设立紧急反制措施制度

《国家对国际不法行为的责任条款草案》第五十二条第二款中明确，在紧急情况下，受害国可采取必要的紧急反制措施以维护其权利。这一制度的意义在于：在受害国邀请责任国进行谈判之前，责任国可能采取从受害国银行抽逃资产等快速行动以逃避法律责任。目前，我国《反外国制裁法》在第六条中明确了对于违法个人、组织的必要措施,[①]但并未明确紧急情况下对于外国国家的紧急反制措施。仅在第十五条中给出参照适用规定：对于外国国家实施、协助、支持危害我国主权、安全、发展利益的行为，参照本法有关规定执行。[②] 为此，建议按照《国家对国际不法行为的责任条款草案》规定，创设紧急反制措施制度，明确我国可采取的紧急反制措施种类，如针对实施国际不法行为的目标国实施扣押、冻结资产等。

(三) 确立反制措施重启制度

《国家对国际不法行为的责任条款草案》中第三十条"停止和不重复"规定，责任国所承担的国际不法行为责任形式包括停止国际不法行为、保证不重复该国际不法行为和赔偿义务。我国《反外国制裁法》在第8条中规定了国务院有关部门针对反制措施所依据的情形发生变化的，可以暂停、变更或者取消有关反制措施。但是，该法中并未对重启反制措施进行规定。建议明确在以下情况下国务院有关部门可重启反制

[①] 《反外国制裁法》第六条规定："国务院有关部门可以按照各自职责和任务分工，对本法第四条、第五条规定的个人、组织，根据实际情况决定采取下列一种或者几种措施：(一) 不予签发签证、不准入境、注销签证或者驱逐出境；(二) 查封、扣押、冻结在我国境内的动产、不动产和其他各类财产；(三) 禁止或者限制我国境内的组织、个人与其进行有关交易、合作等活动；(四) 其他必要措施。"

[②] 《反外国制裁法》第十五条规定："对于外国国家、组织或者个人实施、协助、支持危害我国主权、安全、发展利益的行为，需要采取必要反制措施的，参照本法有关规定执行。"

措施：一是目标国未能停止正在持续的国际不法行为；二是目标国未能以适当形式确保国际不法行为的重复发生；三是目标国未能按时提供赔偿（以上三点规定于《国家对国际不法行为的责任条款草案》第三十条）；四是目标国未能善意履行争端解决程序（规定于《国家对国际不法行为的责任条款草案》第五十二条第四款规定）。

（四）严格遵循比例原则

《国家对国际不法行为的责任条款草案》第五十一条规定了比例原则："反措施必须和所遭受的损害成比例，并应考虑到国际不法行为的严重程度和有关权利。"国际法实践表明，与触发行为完全不相称的过度反制是非法的。[1] 我国《反外国制裁法》原则上是针对外国制裁而采取的"对等制裁"，蕴含着比例性要求。外交部之前发布的反制措施也表明，我国在反制裁实践中大体上遵循了这一要求。[2] 但该法本身并未明确比例原则，《反外国制裁法》在实施时应注意遵循比例原则，将国际不法行为的严重性、对于目标国的权利影响以及可能波及的其他国家的权利共同作为判定要素。

（五）明确追偿制度的不同情形

鉴于美国法中存在的多倍赔偿制度，建议借鉴英国1980年《贸易利益保护法》的规定，明确我国当事人可要求等价追偿和差额追偿。我国《反外国制裁法》《阻断外国法律与措施不当域外适用办法》规定了我国公民、组织的追偿制度：《反外国制裁法》第十二条第二款规定："组织和个人违反前款规定，侵害我国公民、组织合法权益的，我国公民、组织可以依法向人民法院提起诉讼，要求其停止侵害、赔偿损失。"《阻断外国法律与措施不当域外适用办法》第九条规定："当事人遵守禁令范围内的外国法律与措施，侵害中国公民、法人或者其他组织

---

[1] *Portuguese Colonies case* (*Naulilaa incident*), UNRIAA, vol. II (Sales No. 1949. V. 1), p. 1011 (1928).

[2] 霍政欣：《〈反外国制裁法〉的国际法意涵》，《比较法研究》2021年第4期。

合法权益的，中国公民、法人或者其他组织可以依法向人民法院提起诉讼，要求该当事人赔偿损失；但是，当事人依照本办法第八条规定获得豁免的除外。根据禁令范围内的外国法律作出的判决、裁定致使中国公民、法人或者其他组织遭受损失的，中国公民、法人或者其他组织可以依法向人民法院提起诉讼，要求在该判决、裁定中获益的当事人赔偿损失。"当外国判决赔偿数额双倍、甚至多倍于外国原告实际蒙受损失时，应当明确我国公民、组织所要求的赔偿中包含外国多倍赔偿判决中超出原告实际损失的赔偿金额。

第二十章　中国法域外适用的司法体系

针对我国法院参与中国法域外适用法律体系建设中所能发挥的作用，有学者提出，法院应当积极行使涉外案件的管辖权，[1] 发挥我国法院在涉外案件中的司法能动性。[2] 但反思美国反域外适用的历史发展和国际评价，我国法院在中国法发生域外适用中，应当在遵循立法要求的审慎姿态下，以是否与我国存在真实有效联系为前提区分不同情形决定域外管辖。一方面，避免僭越立法权、不当揣测立法目的，而导致我国与其他国家司法管辖权的直接冲突；另一方面，最大限度发挥跨越地域边界的法律适用效能，接下来，从遵循立法目的、注重立法焦点判断、明确司法解释的有限效力等三个方面对法院的审慎姿态加以阐述。

一　遵循立法目的

在判断中国法是否发生域外适用效力时，法院应当以法律文本的规定为前提。但更深层次的问题在于：立法的抽象规定一旦发生理解歧义，如何判断其是否具有域外适用效力？如《证券法》第二条第四款规定："在中华人民共和国境外的证券发行和交易活动，扰乱中华人民共和国境内市场秩序，损害境内投资者合法权益的，依照本法有关规定处理并追究法律责任。"该条款明确规定了域外管辖效力，但从条文表

---

[1] 上海市第一中级人民法院课题组：《我国法院参与中国法域外适用法律体系建设的路径与机制构建》，《法律适用》2021 年第 1 期。
[2] 韩永红：《中国对外关系法论纲——以统筹推进国内法治和涉外法治为视角》，《政治与法律》2021 年第 10 期。

述而言,"扰乱中华人民共和国境内市场秩序""损害境内投资者合法权益的"均存在广义和狭义两种不同理解。从广义而言,前一句可理解为扰乱中国境内的任何市场秩序,而狭义理解针对的是我国证券市场秩序。后一句从狭义而言,是指境内投资者在境内证券市场上受有损失;在广义上则包括境内投资者在世界范围内遭受的任何损失。依循广义理解试举一例,发生于美国境内、由美国主体实施的违法证券交易行为,凡是造成我国在美上市公司和该公司内部投资人遭受损失的,则我国公司和境内投资人可主张中国法的域外适用。这一理解显然过度宽泛,将导致域外管辖权的过度扩张,造成不同国家之间管辖权的冲突和司法、执法资源的过度浪费。[1] 从《证券法》第一条所规定的立法目的来看,主要目标是"规范证券发行和交易行为""保护投资者的合法权益"。因而,法院在适用该法时宜对域外适用效力作出符合立法目的的狭义解释:唯有扰乱境内与证券投资相关的市场秩序,侵犯境内证券市场投资者合法权益的,该法相关规定方可对境外的证券发行和交易行为发生域外适用效力。

二 明确复杂涉外案件中焦点行为判断

中国法的域外适用涵盖简单涉外案件与多重涉外案件两类不同情况,建议在司法适用中引入规制焦点的判断标准。所谓复杂涉外案件,借鉴前述美国三重涉外案件之概念,系指案涉行为链条发生于不同国家,不法效果波及多个国家法律所保护利益的案件。[2] 如跨国洗钱、人口贩卖、毒品交易、黑客攻击、白领犯罪等,作为犯罪链条的行为构成发生于不同国家,侵害了不止一国当事人的合法权益。而简单涉外案件,是指涉外案件中主体、行为等构成要素之一发生于中国,抑或在外国发生之行为对我国所保护之法益产生效果。此时,法院依据属人管

---

[1] 张迈:《中国〈证券法〉的域外管辖标准及其适用条件》,《金融法苑》2020年第4期。

[2] Franklin A. Gevurtz, Determining Extraterritoriality, 56 *Wm. & Mary L. Rev.* 341 (2014–2015).

辖、保护管辖等原则来判断中国法是否发生域外适用效力。如法院可依据《反垄断法》第二条中规定的效果原则，对发生于我国境外的垄断行为行使管辖权。① 对于多重涉外案件，中国法和其他国家法律均具有适用可能，即存在发生我国与其他国家司法管辖权冲突的可能。此时，法院应当综合考量立法目的、立法焦点、管辖标准（如行为、效果原则）等进行系统判断。例如，发生于美国境内、由美国主体针对我国上市公司实施的合同欺诈行为，造成我国在美上市公司和中美两国投资人遭受损失的，我国上市公司和境内投资者是否可主张我国《证券法》发生域外适用的效力？对于此类案涉行为和效果发生于不同国家的复杂案件，法院需要借助立法焦点所指向的行为判断。《证券法》第五条、第八十九条、第九十三条、第二百零三条等四处明确规定了"欺诈"行为。② 但从上述条款的表述来看，该法所规制的欺诈行为仅限于证券的发行、交易领域，并不包括合同欺诈行为。该法第二条第三款中也明确调整对象扰乱中华人民共和国境内市场秩序、损害境内投资者合法权益的、在中华人民共和国境外的"证券发行和交易活动"。因而，即使该案对我国当事人和投资者产生不利效果，我国《证券法》也不宜在该案中发生域外适用效力。③

---

① 孙南翔：《美国法律域外适用的历史源流与现代发展——兼论中国法域外适用法律体系建设》，《比较法研究》2021年第3期。

② 《证券法》第五条规定："证券的发行、交易活动，必须遵守法律、行政法规；禁止欺诈、内幕交易和操纵证券市场的行为。"第八十九条规定："根据财产状况、金融资产状况、投资知识和经验、专业能力等因素，投资者可以分为普通投资者和专业投资者。专业投资者的标准由国务院证券监督管理机构规定。普通投资者与证券公司发生纠纷的，证券公司应当证明其行为符合法律、行政法规以及国务院证券监督管理机构的规定，不存在误导、欺诈等情形。证券公司不能证明的，应当承担相应的赔偿责任。"第九十三条规定："发行人因欺诈发行、虚假陈述或者其他重大违法行为给投资者造成损失的，发行人的控股股东、实际控制人、相关的证券公司可以委托投资者保护机构，就赔偿事宜与受到损失的投资者达成协议，予以先行赔付。先行赔付后，可以依法向发行人以及其他连带责任人追偿。"第二百零三条规定："提交虚假证明文件或者采取其他欺诈手段骗取证券公司设立许可、业务许可或重大事项变更核准的，撤销相关许可，并处以一百万元以上一千万元以下的罚款。对直接负责的主管人员和其他直接责任人员给予警告，并处以二十万元以上二百万元以下的罚款。"

③ 此处不涉及我国其他法律发生域外适用效力的探讨，由于篇幅所限，不再展开详细探讨。

三 明确司法解释在中国法域外
适用中的有限效力

美国国会对于司法系统运用反域外适用推定的结论多次加以修正，甚至是整体推翻。① 为此，有必要审慎分析法院在理解和判断中国法域外适用中所起到的作用，尤其是司法解释作为国家最高司法机关在适用法律过程中对法律应用所作出的说明，能否对中国法域外适用作出权威规定。目前，对于中国法域外适用的法律依据究竟是否包含国家立法以外的其他规范依据，尚未有权威解释。② 但司法解释侵入立法领域并产生"司法解释立法化"的现象，已经引起学界的广泛关注。③ 合法限制司法解释权的行使成为理论界长期以来的共识。司法解释权缺乏宪法层面的职权安排，与立法解释权之间存在界限不明的问题。④ 因此，司法解释在中国法域外适用效力的判定功能必须加以慎重考虑。就司法解释的行权依据、与立法解释的边界划定、基本法律的相关规定来看，中国法域外适用效力的确定不宜单独由司法解释作出，而应留待立法和立法解释给予明确。

首先，从《立法法》第一百零四条第一款第一句所规定的司法解释权限来看，司法解释不宜单独作为中国法域外适用的效力来源。根据该条款，司法解释必须满足"在审判、检察工作中具体应用法律""主要针对具体的法律条文"和"符合立法的目的、原则和原意"等三项限权条件。但从现有研究来看，条件一和条件二仅存在形式上的规范价值，而条件三作为惟一的实质性限制条件虽然表述清晰，但客观内涵的

---

① See Aaron D. Simowitz, The Extraterritoriality Formalisms, 51 Conn. L. Rev. 375（2019）.
② 叶青、莫纪宏：《习近平法治思想与国家治理体系现代化研究（笔谈）》，《探索与争鸣》2020 年第 12 期。
③ 袁明圣：《司法解释"立法化"现象探微》，《法商研究》2003 年第 2 期。
④ 聂友伦：《论司法解释的权力空间——我国〈立法法〉第 104 条第 1 款的法解释学分析》，《政治与法律》2020 年第 7 期。

确定不具有现实可能性。① 对照美国司法机关对于立法域外适用效力的判断实践，司法解释对于域外效力的判断作用极为有限，容易引发矛盾纷争。

其次，从《立法法》第四十五条第二款和第一百零四条第一款第二句所规定的立法解释与司法解释的界限来看，"法律制定后出现新的情况，需要明确适用法律依据的"应当由全国人民代表大会常务委员会加以解释。遇到此类情况的，最高人民法院和最高人民检察院"应当"向全国人民代表大会常务委员会提出法律解释的要求或者提出制定、修改有关法律的议案。因此，若立法中缺少域外适用的规定，司法解释无权对于新出现的情况明确域外适用方面的法律依据。

最后，从《刑法》《民法典》等基本法律规定来看，域外适用效力的依据指向狭义"法律"范畴。《刑法》第六条至第十条中有关域外管辖权的规定，均明确为"本法"。但《民法典》的域外适用规定需要进一步推敲。该法第十二条规定："中华人民共和国领域内的民事活动，适用中华人民共和国法律。法律另有规定的，依照其规定。"此时的"法律"是狭义还是广义的法律概念并不明确。学界通说认为该条是关于涉外民事关系法律适用的规定，"法律另有规定"主要是指《中华人民共和国涉外民事关系法律适用法》。② 此外，立法语言的表达连贯性要求可以佐证此处的法律是指全国人大及其常委会颁布的狭义法律概念。《民法典》第五十八条、第六十八条、第一千二百二十二条等众多条款中区分"法律""行政法规"以及"规章"概念。③ 由此，从立法所使用概念的前后一致的基本要求来判断，《民法典》中域外适用的依据是狭义的"法律"概念。

总之，美国法院确立反域外适用推定的两阶段判定标准和补充要

---

① 聂友伦：《论司法解释的权力空间——我国〈立法法〉第104条第1款的法解释学分析》，《政治与法律》2020年第7期。
② 王利明：《中国民法典释评：十卷本·总则编》中国人民大学出版社2020年版，第40页。
③ 如《民法典》第1222条中规定：患者在诊疗活动中受到损害，有下列情形之一的，推定医疗机构有过错：（一）违反法律、行政法规、规章以及其他有关诊疗规范的规定。

素，旨在以统一的司法标准限定美国法域外适用范畴，从而避免国际争端的发生。然而，上述标准在司法实践中陷入了不确定性的泥淖，法院系统据此作出的判断也多次被美国国会加以修正，甚至是整体推翻。这一矛盾揭示出法院在国内法域外适用体系构建中两个层面的作用发挥：一是从总体定位而言，法院应当秉持审慎姿态，而非一味追求在涉外案件中发挥积极的司法能动性；二是在个案判断中，应当注重立法焦点的判断，遵循立法机关的立法目的，与域外存在联系的行为若威胁国家利益、社会公共利益，严重损害我国公民、法人、社会组织的利益，则可依据域内管辖将中国法适用于境外的人、行为和财产。

第二十一章　提升中国法域外影响力的路径

有效提升中国法域外传播与域外影响力，对于澄清国外学术界和理论界对于中国法的误解、增强中国在全球治理中的法治话语权具有重要的意义。建议做好以下三个方面的工作。

一　中国法英译工作的自主化和专业平台建设

语言是交流的媒介。"就外部世界来说，随着中国的崛起，人们对中国抱有越来越巨大的不确定性。其中，对中国的误解扮演了一个关键的角色。从前，外界对中国的误解多半是因为中国的封闭。但现在搞改革开放已经数十年，中国已经相当开放。当然，中国体制运作很多方面仍然很不透明，这种不透明在继续阻碍着世界对中国的客观认识。透明度越高，越能帮助外国人理解中国。"[①] 无论是在立法、司法判决公布还是学术研究领域，实现英译都是提高中国法域外影响力的必经途径。在法律法规英译方面，我国已经取得了突出的成绩。据统计，截至2011年6月底，宪法以及230多件法律已经由全国人大法工委组织翻译成英文，并出版了22本英文法律汇编；700多件行政法规已经由国务院法制办组织翻译成英文，并出版了21本《中华人民共和国涉外法规汇编（中英文对照）》；8025件地方性法规以及8309件规章中有

[①] 郑永年：《中国知识体系的缺失与建设问题》，《学术界》2012年第1期。

4500多件已经由有关地方政府法制机构翻译成英文。① 2019年，全国人大常委会法工委法律英文译审专家委员会正式成立，这是全国人大常委会加强法律英文翻译工作、推进我国法律制度对外宣传和交流、讲好中国立法故事的一项重要举措。②

鉴于我国并没有英美法中的先例制度，司法判决的翻译工作和域外研究一直是项短板。前述加拿大最高法院大法官们的引述错误无疑是一很好的反面教材。自2010年11月26日开始，最高人民法院印发《关于案例指导工作的规定》，开始发布指导性案例。对此进行英译最具代表性的是斯坦福大学"中国指导性案例项目（China Guiding Cases Project，下简称斯坦福项目）"和北大法宝"指导性案例（Guiding Cases）"项目。对比两家机构的翻译成果，却发现差异巨大。仅以指导性案例1号"上海中原物业顾问有限公司诉陶德华居间合同纠纷案"的名称翻译为例，斯坦福项目将其译为"Shanghai Centaline Property Consultants Limited v. TAO Dehua, An Intermediation Contract Dispute"，而北大法宝则译为"Shanghai Zhongyuan Property Consultancy Co., Ltd. v. Tao Dehua (intermediary contract dispute)"。首先，"中原"一词的英文翻译，斯坦福项目采用的是中原集团英文名称中的"Centaline"，而北大法宝则直接用汉语拼音"Zhongyuan"译出。相比之下，前者尊重企业自身的名称翻译，而后者更为重视国人的语言习惯。其次，就"陶德华"姓名的翻译，北大法宝显然出现了错误。在英文中，姓与名的排列可以采用不同方法：一种是先写名后写姓，就陶德华而言即Dehua Tao；第二种是先写姓再写名，两者之间用逗号，即Tao, Dehua；第三种是先写姓再写名，但需要将姓的全部字母大写，即斯坦福项目翻译的"TAO Dehua"。北大法宝的译法是中国式英语思维模式导致的错误。最

---

① 张福：《我国法律法规规章对外翻译基本情况》，中国翻译协会网，http://www.tac-online.org.cn/index.php?m=content&c=index&a=show&catid=428&id=2461，最后访问日期：2016年1月13日。

② 《全国人大常委会法工委成立法律英文译审专家委员会》，http://www.npc.gov.cn/npc/c30834/201911/13da0359ad574bd696a5a89c34712ffc.shtml，最后访问日期：2022年6月22日。

后,居间合同翻译的不同。斯坦福项目将居间合同译作"intermediation contract";北大法宝在翻译中国《合同法》第二十三章"居间合同"时使用的是"intermediation contracts",此处却采用了另外一词"intermediary"。"intermediary"一词在英美法中通常指居间人。在美国法律数据库中以"intermediary contract"为关键词搜索,案例多达 99 件;而"intermediation contracts"则没有任何搜索结果。从这一点而言,北大法宝一改之前的翻译方式从而取得了相对优势。除此以外,在具体判决内容的翻译中,斯坦福项目和北大法宝在逻辑思路、具体词句的翻译方法上都存在很大差异。总体而言,斯坦福项目的英译本更趋近于英美法的思维习惯和表达方式,而北大法宝则更趋向于直译模式。由此而言,应当打造一支致力于中国法域外传播的、既精通法学知识又熟练应用英文翻译甚至撰写判决书的专业队伍。同时,在加强我国政府和立法机关中国法英译工作的同时,应当大力支持我国法律专业数据库、新型智库开展相关业务;大力支持法律数据库、新型智库创办中国法英文网络平台,宣传中国法,为消除国外法学界和司法实务界对中国法的误解贡献力量。

二 打造中国法域外传播专业人才

习近平总书记指出:"参与全球治理需要一大批熟悉党和国家方针政策、了解我国国情、具有全球视野、熟练运用外语、通晓国际规则、精通国际谈判的专业人才"。[①] 中国法域外影响力的提升同样需要充足的人才储备。前述斯坦福项目组囊括了来自全球的 150 余位法律学生、律师、翻译工作者,并且聘请了 40 余位两国最高法院法官等资深专家作为顾问。但中国法英译工作的未来不能完全依赖国外法学力量,因为法律术语、逻辑思路、本土文化等差异难免造成翻译文本的模糊与失真。我们应当培养一批"立足中国、面向世界、学贯中西"、能够独立

[①] 《习近平主持中央政治局集体学习强调推动全球治理体系变革》,《人民日报海外版》2016 年 9 月 29 日第 1 版。

以英文完成判决书写作的专业团队来承担中国法英译的主体工程。① 目前，中国与西方的法律交流活动为上述目标的实现提供了更多契机。首先，国内外法学界和司法实务界的交流访问项目让中国法学专业人才有机会亲密接触英美法，提升英语写作能力。其次，越来越多的中国留学生依托多种项目迈入美国、加拿大等国知名法学院。例如，清华大学法学院与加拿大哥伦比亚大学法学院两院合作培养法学学士和法律博士（LL. B. + J. D.）双学位项目，清华大学法学院每年推荐 5 人赴哥伦比亚大学攻读法律博士学位。又如，在加拿大萨斯卡彻温大学（University of Saskatchewan）法学院，2014—2016 届法律博士毕业生中就有 4 位来自中国，其中两位同时具有中国律师执业经历。此外，国内外大学法学院的合作让更多的中国学生得以以交换生的身份到国外法学院深造。最后，随着中国的崛起和中外贸易与交流的发展，越来越多的外国人对中国法产生了浓厚的兴趣。美国、加拿大律师界不乏掌握普通话、粤语的来自不同种族的律师。清华大学等高校举办中国法法律硕士项目吸引国外学生来华就读，中国政法大学、南京师范大学等高校举办国际法律交流夏令营等活动，都为国外人才了解中国法、学习中国法创造了宝贵的机会。如果能够吸引海归人才和海外人士来华工作，充分调动海外中国法学者的积极性，中国法域外影响力的提升就具备了坚实的人才基础。

三 推动具有国际影响力的中国法理论建设

在习近平法治思想的引领下，中国法理论建设是提升域外影响力的根本途径。当代中国法学人要实现理论创新、提供知识增量，"只能着眼于中国这个特定的场域，以自己对中国问题、中国现象的清晰认识和解读，以自己对中国法治的见解和主张，体现自己的文化存在和学术才能，而不应把学术目标设定于同西方学术大师们单向度、甚至是一厢情愿的文化交流"。中国法苦练内功不仅需要加强法学普遍理论的研究，

---

① 陈冀平：《加快建设社会主义法治国家作出新贡献》，《法制日报》2012 年 7 月 25 日第 9 版。

更应注重强化中国问题意识、加强以司法裁判为基础的理论研究：重视人民法院的司法活动对于完善法律体系的独特作用，注重在立法与用法的隔阂中研究法律法规在具体案件中的适用标准、推理过程，发掘本土实践中的司法真知，构建中国特色的理性法律制度，真正让法学研究成为"对中国有用""在中国有用"、有实践指导意义的智力成果，并以世界通行的语言来推动中国法的域外传播，让中国法治文化软实力影响整个世界发展进程。[1]

---

[1] 张鹏：《中国法的域外适用现状与域外影响力研究——以美加两国普通法为例》，《中国应用法学》2018 年第 1 期。

后　　记

　　初与中国法域外适用结缘还是在加拿大留学期间。满怀对于普通法系运行奥秘的好奇，来到加拿大萨斯卡彻温大学（University of Saskatchewan）攻读 JD（Juris Doctor 职业法律文凭）学位。第一学期就在合同法教材里读到加拿大最高法院引用中国司法案例加以说理的判决。彼时的激动心情仍然记忆犹新。此后有机会当面向加拿大最高法院大法官罗莎莉·阿贝拉（Rosalie Abella）请教对于中国法的看法，深受启发。在加拿大留学的最后一年几乎全身心地投入在这一问题的研究上，回国后又将最初的英文论文改写为中文版。承蒙《中国应用法学》编辑部的肯定，初步成果《中国法的域外适用现状与域外影响力研究——以美加两国普通法为例》于 2018 年 1 月见刊。此后，学界有关中国法域外适用的理论研究进入了发展的快车道。现将一点点不成熟的思考分享出来，敬请读者多多批评指正。

　　行文至此，请允许我向留学回国之后给予我无私帮助的各位师长、同仁致以崇高的敬意！特别感谢为书稿审校付出大量心血的中国社会科学出版社许琳老师！